极简美国史

Brief history of the
United States

墨哈文◎编著

中国华侨出版社

图书在版编目（CIP）数据

极简美国史 / 墨哈文编著. —北京：中国华侨出版社，2017.3
ISBN 978-7-5113-6703-7

Ⅰ.①极… Ⅱ.①墨… Ⅲ.①美国－历史 Ⅳ.①K712.0

中国版本图书馆 CIP 数据核字（2017）第 045288 号

● 极简美国史

编　　著 / 墨哈文
责任编辑 / 焦　雨
责任校对 / 孙　丽
装帧设计 / 环球互动
经　　销 / 新华书店
开　　本 / 710 毫米×1000 毫米　1/16　印张 /16.5　字数 /213 千字
印　　刷 / 北京柯蓝博泰印务有限公司
版　　次 / 2017 年 4 月第 1 版　2017 年 4 月第 1 次印刷
书　　号 / ISBN 978-7-5113-6703-7
定　　价 / 32.80 元

中国华侨出版社　北京市朝阳区静安里 26 号通成达大厦 3 层　邮编：100028
法律顾问：陈鹰律师事务所　　　编辑部：（010）64443056　　64443979
发行部：（010）64443051　　　　传　真：（010）64439708
网　址：www.oveaschin.com　　　E-mail：oveaschin@sina.com

前言
PREFACE

美国是一个年轻的新兴国家，它不像欧洲那么古老，也没有创造出光辉灿烂的文明，但是美国在世界上的影响力却是为世人所瞩目的，虽然它只有短短200多年的历史。提起美国，人们首先想到的是一个高度发达、高度繁荣的超级大国，它拥有雄厚的经济实力、先进的科技力量和强大的军事力量。在硬实力方面无可匹敌，同样在软实力方面也让人无法小觑。

美国是一个移民国家，祖先是包括英国人在内的欧洲移民，他们有的是为了躲避政治迫害，有的是为了追求高尚的信仰，有的是为了改变自身的命运，这些人怀着不同的理想和目标，带着无限憧憬纷纷远离了故土，历经千难万险，登上了荒凉苍莽的新大陆。他们经历了艰辛的拓荒岁月，一手垒建起了新的文明，在一片荒原中建立了家园与社会。由于不堪忍受英国的苛政与压迫，他们奋起反抗，投入到了独立战争的事业中，最终击败了实力强大的英国，建立了美利坚合众国。

美国的快速发展和两次世界大战是分不开的，对于老牌儿欧洲国家来说世界大战是可怕的浩劫和灾难，但对于美国来说，它们却是机遇。由于两次战争都不在美国本土，美国的损失和付出相对都比较小。在双方打得难分难解的时候，美国成为了扭转战局的关键力量。作为战胜国，美国获得了主导战后格局的地位。在战争期间，美国通过军火生意发了大财，可谓是名利双收。

美国强势崛起以后，苏联成为了它唯一的竞争对手，双方经常为了维护自己的霸权地位而剑拔弩张，不过作为核武器拥有国，双方均担负起了大国的责任，没有把人类推向毁灭的深渊。苏联解体以后，美国成为了首屈一指的超级大国。

不可否认的是，任何一个国家的历史都有光辉的一面，也都有黑暗的一面，美国也不例外。人类社会都是由野蛮阶段过渡到文明阶段的。在建国前，移民驱逐和残杀了大量的原住印第安人，贩卖和奴役过不计其数的黑人，犯下了累累罪行。扩张阶段，美国巧取豪夺，发动了一系列的不义战争，给弱小民族带来了深重的苦难。

成为世界主导以后，美国对自己的历史进行过深刻的反省和反思，很多白人两次投票给黑人总统奥巴马。过去的美国种族问题十分严重，随着社会的进步，黑人和少数民族获得了更多的平等权利，平权思想已经渗透到了美国人生活的各个领域。

目 录
CONTENTS

第一章　移民新大陆——璀璨文明的诞生与毁灭

　　原住居民的荣耀与悲情　/2

　　一个美丽的误会：发现新大陆　/4

　　"五月花"号探险与美国感恩节　/7

　　印第安人的灭顶之灾　/9

　　成分混杂的美洲移民　/13

第二章　殖民美洲——拓荒者的燃情岁月

　　北美第一块英属殖民地——弗吉尼亚　/18

　　一波三折的普利茅斯之旅　/21

　　得天独厚的殖民地——马萨诸塞　/25

　　宾夕法尼亚之父——威廉·佩恩的传奇一生　/28

　　新罕布什尔的土地权之争　/31

　　梦碎"乌托邦"——佐治亚的困惑　/34

　　皇家特许状贴遍北美　/37

　　大航海永远的痛——黑奴贸易　/39

第三章　独立战争——艰难曲折的建国之路

　　抗税风波和反英运动　/44

　　战争导火线：莱克星顿的枪声　/47

惊险生死战：大陆军勇渡特拉华河 /50

独立战争转折点：萨拉托加大捷 /54

最后一役：约克镇围城之战 /57

和平开端：巴黎和谈 /61

第四章 英雄之歌——苍茫大地谁主沉浮

华盛顿——开拓北美艰难独立之路 /66

杰斐逊——把独立的呼声传遍世界 /69

富兰克林——为美国建国大业推波助澜 /73

马里恩——为游击战倾尽热情的"沼泽狐狸" /77

托马斯·潘恩——用思想点燃革命之火的民主斗士 /81

约翰·琼斯——用私掠船打破英国海军不败的神话 /85

内森·黑尔——美国谍战中英勇献身的第一人 /89

第五章 扩张之路——血火搏杀中的征服与掠夺

路易斯安那购地案 /94

如火如荼的西部大开发 /97

原住民的血泪西迁路 /100

誓死捍卫家园的勇士 /104

野牛灭绝与印第安文明陷落 /107

英美战事又起 /111

武力强取半个墨西哥 /115

第六章 南北战争——奴隶制终被废除

半奴隶半自由状态下的美国 /120

种植园里的罪与罚 /123

一本书酿成的一场战争 /127

激进的废奴领袖——约翰·布朗 /130

林肯上台，为奴隶制敲响丧钟 /134

南方先发制人，北方节节失利　／138
　　　战局大逆转：葛底斯堡取得大捷　／143
　　　攻克维克斯堡，胜利的天平倾向北方　／148
　　　投降仪式上的会晤　／152
　　　林肯遇刺，普天同悲　／156
　　　国之殇，恸未央　／160
　　　战争阴影下的经济增长　／163

第七章　镀金时代——华而不实的繁荣
　　　棘手的战后重建　／168
　　　金色迷梦下的黑暗岁月　／172
　　　改变美国的"扒粪运动"　／175

第八章　大国崛起——走向"蓝水海洋"
　　　摘取"夏威夷熟梨"，称霸太平洋　／180
　　　美西战争：速战速决的殖民地争夺战　／183
　　　铁腕总统的"大棒政策"　／186
　　　以金元代替枪弹　／190
　　　柯立芝时代：无为而治，坐享繁荣　／194

第九章　大萧条时期——凝重悲怆的金融惨剧
　　　经济危机　／200
　　　罗斯福新政　／203
　　　新政的延续：立法为工人维权　／206
　　　身残志坚的救世总统　／209
　　　对法西斯说"不"的底气　／213

第十章　二战时期——从中立到火线支援
　　　处身事外的中立政策　／218
　　　震惊世界的珍珠港事件　／221

血战太平洋　/ 224

　　残酷的硫磺岛争夺战　/ 228

　　铁雨之战：登陆冲绳岛　/ 231

第十一章　美苏争霸——两极格局的形成与对抗

　　雅尔塔体系与两极格局　/ 236

　　冷战中的对峙　/ 239

　　惨烈无情的越南战争　/ 242

　　末日边缘：古巴导弹危机　/ 247

　　超级大国的诞生　/ 249

第一章
移民新大陆——璀璨文明的诞生与毁灭

美洲是一片神奇的土地，在哥伦布之前，欧洲人对美洲一无所知。哥伦布的航海活动，彻底改变了美洲的命运，直接决定了不同文明的诞生与毁灭。一批又一批的殖民者为了寻梦，为了发财或是为了躲避迫害，纷纷逃离了环境复杂、人口极具膨胀的欧洲，来到了莽莽苍苍的新大陆，过上了与文明世界截然不同的生活。

随着移民的增多，印第安人和白人的冲突越来越严重，最终转变成了残酷的搏杀。殖民者试图在新大陆上播种新的文明，他们带着与生俱来的优越感审视着尚处于氏族部落时代的印第安人，并将原住民视为阻碍文明进步的蛮族，于是对其进行了残酷的驱逐和杀戮。古老的欧洲文明和原始朴素的印第安文明在血色和火光中激烈地碰撞，最终印第安文明败下阵来，美洲成了殖民者创建新家园和新文明的大本营。

原住居民的荣耀与悲情

在殖民者登陆之前，北美大陆还是一片莽莽苍苍的蛮荒之地，那里没有任何工业文明的痕迹，放眼望去，目力所及之处要么是辽阔无际的草原，要么是茂密葱郁的森林，要么是浩浩荡荡疯狂奔驰的野牛群，可以毫不夸张地说，那里就像是动植物的天堂。和亚欧非大陆不同的是，北美在很漫长的历史时期，始终维持着原生态的自然面貌，几乎不曾遭到人类活动的破坏，而这一切首先要归功于它的原住民——印第安人。

印第安人是崇尚自然的古老民族，他们与飞禽走兽为伍，与花草树木为伴，把所有的动植物都看成是自然之母的伟大馈赠，所以从不巧取豪夺，也没有猎杀过超出自身需求的动物。在漫长的时间里，印第安人与大自然和谐共处，创造了属于自己的独特文明。

印第安人肤色与亚洲人近似，他们喜欢在皮肤上涂满红色涂料，所以看起来就像红种人一样。和其他种族一样，印第安人也深受地理决定论影响，活跃在西北沿海一带的印第安人以渔猎为生，他们长年过着定居生活；生活在加利福尼亚平原和新墨西哥干旱地带的印第安人以采集为生，野果是他们的主要食物；生活在中西部大草原上的印第安人以猎捕野牛为生，他们熟知了水牛迁徙的必由之路，会事先做好埋伏，然后将水牛驱赶到危崖下面或直接赶进畜栏。栖息在大西洋沿岸、大湖区及密西西比河以东区域的印第安人既从事渔猎活动，又发展农业，培植出了豆类、玉米、南瓜等农作物。

印第安人每个部落都维持着原始而简朴的生活，但由于处在原始氏族公社末期，部落之间的杀伐和战争从来就没有间断过。流血战争和残酷的生存环境，使印第安人养成了剽悍的民风，练就了强壮的体魄。早期，印第安人便信奉适者生存的法则，据说，每当有新生儿降临人世，父亲都会毫不犹豫地把孩子带到高山上，然后将孩子放在篮子里，任凭他随着湍急的流水漂走，自己再马上赶到下游处等候。如果孩子漂到下游，仍然活蹦乱跳，说明他的生命力异常顽强，符合做族人的基本条件，父亲会立即欣喜地把他带回家中抚养。倘若孩子太过羸弱，没有承受住考验，那么父亲便会将夭折的孩子放回篮子里，任其随流水漂流而去。

经过人为的严格筛选，能够幸运活下来的印第安人孩子，个个身强体壮，剽悍勇猛，其中一部分人长大后会成为无所畏惧的勇士和马革裹尸的战士。部落之间的战争是残酷的，同样和自然界的抗争其实也是残酷的。野牛是印第安人的衣食来源，在没有先进武器的情况下，他们只能靠长矛和弓箭等冷兵器征服野牛群，这是一项非常艰巨而危险的工作。有时成千上万头野牛气势汹汹地奔驰过来，所过之处尘土飞扬，强健的牛蹄似乎能把一切都踏成平地。面对这群易怒的庞大动物群，英勇的印第安人丝毫没有畏惧，他们凭借着自己的智慧和勇气战胜了野牛群，顽强地在这片蛮荒之地上生存了下来。

印第安人把野牛皮做成衣服、帐篷、马鞍、剑鞘，把野牛毛制成披肩和毯子，较长的部分编成马缰绳。野牛角可以做成汤匙、长柄勺。野牛骨做成刮刀、锥和武器。野牛胃做成水袋。野牛的油脂是肥皂和蜡烛的原料。可以说，野牛浑身都是宝，印第安人无论需要什么，都可以从野牛身上取。

北美大陆是一块神奇、美丽、富饶的土地，那里活跃着成千上万的野牛，堪称是野牛的国度。据说印第安人之所以会大批大批地迁移到美洲平原，就是因为被上天所赐予的珍贵礼物所吸引。北美野牛体型庞大，牛角极富杀伤力，它们全身长满粗毛，有着狮子般的毛发和类似于驼峰般的隆峰，显得威风凛凛。直接与野牛对撞，无异于死路一条。在征服野牛的过程中，印第安人渐渐掌握了一种有效的狩猎方法，那就是利用野牛易受惊的特点，把它们成群成群地赶到悬崖峭壁边，将其逼上死路。

印第安人以自己的方式守卫着这片荒凉，但却无比美丽的神奇土地，他们唱诵着古老的歌谣，赞美着这片赐予自己一切的沃土，世世代代恪守着同样的信条，传承着朴素的文化和价值观，延续着剽悍的民风，为北美大陆蒙上了一层神秘而又悲情的色彩。

一个美丽的误会：发现新大陆

美洲大陆历史的转折点源于人类历史上的一个重大事件——哥伦布发现新大陆，如果没有这一发现，人类的历史将会改写，世界舞台上也不会出现美国这么一个强盛一时的新兴国家。由于特殊的历史地位和贡献，克里斯托弗·哥伦布成为了全世界最著名的航海家和探险家。

克里斯托弗·哥伦布1451年出生在热那亚，父亲是一个中规中矩的纺织厂老板，一心想要把儿子培养成合格的接班人，以便让家族企业世代传承下去。但哥伦布从小就对纺织业没有兴趣，他只对那片神秘莫测的蔚蓝色大海感兴趣，并梦想着长大以后成为一名出色的航海家。

哥伦布小时候并没有什么过人之处，他长得其貌不扬，性格又比较呆板孤僻，经常受到同龄人的嘲笑。在小伙伴眼里，他就是一个呆头呆脑、爱幻想的怪人。哥伦布不在乎别人怎么看待自己，心中始终藏着一个航海梦。他亲手制作过一个小木船模型，把它想象成一艘乘风破浪的豪华巨轮，试航当天，将它经过的地方逐一做上标记，特地标注出了存在暗礁激流或风高浪急的危险区域，幻想着自己踏上了冒险之旅，心里别提多得意了。

天性浪漫、喜欢幻想的哥伦布阅读了不少航海书籍和冒险书籍，其中对他影响最大的一部就是《马可·波罗游记》，他完全被里面描述的内容迷住了，十分向往黄金遍地、美丽富庶的东方国度，渴望有朝一日能像伟大的冒险家马可·波罗一样，游历中国和印度。长大以后，他迫切地想把理想变成现实。当时"地圆说"已经开始流行了，哥伦布深信只要一直向西航行，就一定能找到马可·波罗笔下描绘的那个富庶的国度——中国。所以他坚决不肯继承家族事业，自作主张地成为了一名水手，把所有的精力都放在了航海上，幻想着有朝一日能通过海路到达中国。

完成航海壮举，需要资金的支持，可惜当年没有人对他的航海项目感兴趣，大多数人把他想象成了头脑发昏的狂热冒险家，谁也不相信这样高风险的投资能让自己受益。幸运的是，他得到了西班牙王室的支持，领到了高达1万英镑的筹款。美洲大陆未被发现时，各大洲之间都处于比较封闭的状态，欧洲对亚洲的了解大多来源于道听途说，各个国家都在盛传亚洲是一个盛产黄金、丝绸与香料的福地和宝地，哥伦布游说西班牙王室时，西班牙统治者即刻产生了去往亚洲、发掘宝藏的想法，所以才为他发放了巨额经费。

有了王室的支持，哥伦布信心十足，1492年8月3日，他带领87名船员乘坐着3艘小船从西班牙出发了，从此踏上了艰难的寻宝探险之旅。在大海上航行了1个多月，大家没有看到大陆的影子，无论任何时候，眼前都是一片汪洋大海，船员们开始不耐烦了，纷纷吵着要返航回家。哥伦布承诺加倍支付酬金，船队才勉强继续西进。在海上整整航行了71天之后，船员们终于看到了一片陆地，大家高兴得欢呼起来，之前郁闷沮丧的情绪全都一扫而光。人们兴冲冲地登上了陆地，迫不及待地插上了西班牙国旗，像世界宣布这片土地为西班牙王室所占有，并把脚下的小岛命名为"圣萨尔瓦多"。

哥伦布和同伴刚登陆不久，就开始到处寻找黄金，他们以为自己已经到达了传说中铺满黄金的亚洲，可眼前的景象却让他们大失所望。他们没有看到穿着华贵丝绸的东方人，看到的都是半裸着身子、脸上饰有彩色花纹的红皮肤土著人。这些人的形象和马可·波罗描述的中国人相去甚远。哥伦布并不知道，他们其实就是土生土长的印第安人。

起初印第安人发现外来的闯入者，并没有感觉受到威胁，而是把这些外来者当成了远道而来的客人，他们热情款待了那些白皮肤的探险家，并围着他们跳起了欢快的舞蹈。然而一心想要掘金的哥伦布并不高兴，他不甘心就这么空手而归，回到西班牙以后，他继续游说西班牙王室，要求王室赞助自己开启第二次寻宝之旅。

哥伦布向人们讲述这次探险经历时，大加赞扬了印第安人，说他们淳朴善良，只要有人向其索取物品从来都不会遭到拒绝。他一再向西班牙王室承诺，这次航海一定会满载而归，他会为王室发现一个天然金库，到时候想要带回多少黄金都可以，除了黄金以外，他还会带回来大量奴仆。西班牙王室又被说服了。这次拨付的经费更多，特地为哥伦布配备了1200名船员和17艘帆船。

第二次探险，哥伦布搜遍了美洲大大小小的岛屿，仍然没有找到金矿。由于不甘心再次空手而归，他们抓回了大量的印第安人当奴隶。后来哥伦布又率领船队进行了第三次、第四次的海上航行，终于发现了南美洲。不过他并不知道这一点，还误以为自己到达了印度，因此把当地的土著人称为印第安人，实际上他遇到的土著人和之前碰到的原住民都属于美洲大陆的印第安人。经过几次航海之旅，哥伦布悲观地意识到，他并没有找到传说中的中国，这里一点儿都不富庶，也没有高度发达的文明，在他眼里，这里既落后又原始，和人们交口称赞的亚洲毫无共同之处。总体来说，他认为自己的冒险活动是失败的，根本意识不到这次失误会给人类历史造成什么样的影响，也想象不到他会由一位失败的冒险家一跃变成蜚声国际的世界名人，更想象不到他的名字在此后的几百年里会一直被后人广为流传和铭记。

"五月花"号探险与美国感恩节

哥伦布发现了一片广袤的陌生大陆，但他没有找到令自己魂牵梦萦、心驰神往的中国，也没有运回来一箱黄金，对西班牙王室的许诺几乎全部落空，所以他本人并不以此为傲，对新大陆也不再感兴趣了。正当哥伦布把新大陆抛诸脑后时，更多的冒险家把目光聚焦在了这片未开发的处女地上。

1606年4月，在英国国王詹姆斯一世的支持下，弗吉尼亚公司在北美大陆建立了第一块殖民地。1612年，有个叫约翰·罗尔夫的英国商人发现北美洲非常适合种植烟草，于是开始在殖民点上广泛培植烟草，获得了巨额经济收益。很显然，英国人发现了新大陆的价值，试图把它变成自己的殖民地，并期望从中谋取更多的经济效益。

1620年9月16日，是一个寻常而又特别的日子，那天，102位英国政治避难者乘坐着一艘名为"五月花"号的木制帆船，漂洋过海来到了美洲大陆。这些人顶着恶劣的天气，不顾危险地远涉重洋，不是为了寻宝，也不是为了履行政治使命，更不是为了践行冒险精神，而是为了一个极其单纯的目的——追求自由。

北美洲人烟稀少，一片蛮荒，既是野兽和飞禽的乐园，又是一片尚未开垦的肥沃土地。更重要的是这里没有文化的浸染，没有传统的束缚，文明还没有建立起来。只要他们愿意，随时都可以开启一段崭新的文明。按照传统，他们弃船登陆时，选择了一块高耸于海面的大礁石，紧接着开始放礼炮庆祝，每个人的心中都充满了对未来美好生活的憧憬。

　　然而对于这批来自遥远国度的移民来说，这里的冬天异常难熬。冬天一到，凛冽的寒风从大西洋上吹过来，立刻把他们的栖居之地变成了天然的大冰库，漫卷的飞雪，寒意沁入肌骨，着实令人吃不消，很多人病倒了，传染病开始肆虐，死亡的阴影笼罩在每个人的头上。恶劣的环境和酷寒的气候即使没有征服他们的意志，却把他们的身体搞垮了。冬天过后，移民们死去了大半，仅有 50 人幸存了下来。活下来的人依然要面临疾病、饥饿、酷烈天气的折磨，随时都有可能由一个鲜活的生命变成一具冷冰冰的尸体。但没有人想过要离开，即便是临近死亡，他们仍然固执地想要把新希望播种到新的土地上。

　　春天到来时，第一批移民者丝毫没有感觉到暖意，因为他们不知道自己有没有未来。幸运的是，善良的印第安人及时发现了他们，不仅无偿地为他们带来了大量生活必需品，还亲自教给他们渔猎、耕种和饲养火鸡的技巧。在印第安人慷慨无私的帮助下，这一年的秋天，移民者们获得了大丰收。有了足够的粮食储备，他们相信自己一定能在这片新的土地上站稳脚跟。

　　为了感谢印第安人，移民者们举办了一次盛大隆重的庆祝活动，从黎明时分就开始了，活动共持续了 3 天。人们高高兴兴地放完礼炮之后，又举行了篝火宴会。大家围着熊熊燃烧的火堆又唱又跳，边品尝美食边谈笑风生，高兴得忘乎所以。印第安人带来了 5 只鹿、各种野味以及自产的玉米，都被移民者烹制成了香喷喷的美味佳肴。在习习的秋风中，跳动的火焰旁，印第安小伙子拉着移民者的胳膊载歌载舞，气氛好不热闹。火光映红了他们的脸，嘹亮的歌声久久在北美大陆上空回荡。第二天、第三天，他们又举行了射箭、摔跤、赛跑等体育竞赛活动，不分主宾地打成了一片，外来殖民者和本土印第安人的友谊被永远定格在了这一天。

那时，没有一个人会认为这两种不同肤色不同种族的人有一天会拔刀相向，人们全都天真地认为善良是世界上最朴实、最动人的语言，只要真心与人为善，文化的隔阂、信仰的分歧全都不是问题，只要懂得感恩，任何与自己不同的人都能成为朋友。因此，庆祝的习俗得以流传了下来，它就是美国感恩节的由来。

印第安人的灭顶之灾

白人殖民者登陆之初，尚能和本土印第安人友好相处。可是没过多久，随着新移民人数的增加，殖民者和原住民的矛盾日益凸显出来。最大的矛盾是围绕着土地和资源的争夺展开的。生活在北美洲的印第安人世世代代维持着刀耕火种、渔猎骑射的传统生活，他们是这片土地上的真正主人。然而先后登陆的殖民者却不这样认为，他们认为自己的生活和生产方式更先进、更文明，一心想要反客为主，把更多的资源转化成源源不断的财富，而阻碍他们实现这一切的就是这里的原住民——印第安人。印第安人相信万物有灵，把大自然看成了赖以生存的家园，把一草一木、一鸟一兽都看成自己的兄弟姐妹，当然看不惯外来殖民者对自然界的疯狂掠夺，分歧就这样产生了，仇恨也在悄然酝酿。

白人移民和印第安人在和平共处了短短10几年后，爆发了激烈的流血冲突。其中，最著名的事件是英国人和印第安人之间发生的佩科特战争。由于武器装备落后，结果以印第安人的战败收场，在这次血腥的屠杀中，印第安人的成年男性全部都被残忍杀死，部落里的妇女和年龄超过14岁的孩子都沦为了可供贩卖的奴隶。殖民地的当权者丝毫不为这场种族屠杀羞愧，反而大言不惭地说这一天的胜利应该被铭记和庆祝，他们要赞美上帝站在了自己一边，上帝帮助文明人战胜了野蛮人。

极简美国史

英国的殖民者在擦干手上的血迹之后，开始肆无忌惮地大吃大喝，庆祝"高贵"的盎格鲁—撒克逊白种人成功征服了"森林野人"，个个兴高采烈、红光满面，仿佛获得了巨大的荣耀一般。

普利茅斯前总督威廉·布拉德福以生动的笔触记录了当年大屠杀的惨状，他在《普利茅斯种植史》中这样写道："那些从烈火中逃生的人被刀剑砍杀，有些被剁成碎片，有些被长剑刺穿，他们很快被杀死，很少有人逃掉。他们在火中燃烧的场景很可怕……"

印第安人和白人殖民者关系恶化其实是一个循序渐进的过程，最初殖民者认为当地的印第安人慷慨和善、讲求诚信，印第安人也把这些外来者当成和平友邦来对待。但随着越来越多殖民者的闯入，很多问题凸显出来了。英国人开始无所顾忌地杀死猎物、砍伐树木，并在印第安人的狩猎区开展起了圈地运动，还拿着长枪毫不客气地警告印第安人："这片土地从此归我们所有，你们不许再到这里打猎了。"

印第安人无法理解这些"文明人"的禁令，他们祖祖辈辈在自己的地盘上狩猎，现在居然被警告不准再踏入那片土地，世上还有比这更荒唐的吗？他们开始意识到这些不速之客来者不善，为了夺回自己的家园，他们毅然选择拿起冷兵器来对抗敌人呼啸而来的子弹，其结果可想而知，印第安人败了，大批的人被杀死，能逃出的人屈指可数。

当时印第安人最有杀伤力的武器就是弓箭，箭头都是用动物锋利的牙齿做成的，最具攻击性的兵器是用燧石做的。这两种武器用于对付其他部落的人还算绰绰有余，但用于对付装备精良、防护一流的欧洲人就完全派不上用场了。欧洲人不仅有能发出轰雷般响声的火器、比弓箭快得多的子弹，还配备了兵不血刃的刀剑和刀枪难入的金属铠甲。印第安人的弓箭和石器根本伤害不了全副武装的欧洲人。在厮杀格斗中，手持长枪刀剑、身披护甲的英国人几乎占尽了优势，他们可以毫不费力地砍杀印第安人，同时将己方的战斗伤亡率降到最低。

早期登陆美洲的英国人全都不是西装革履的绅士或穿着传统套裙的优雅淑女，他们标准的装束是每人一套寒光闪闪的铠甲，手里拿着一把随时可以取人性命的火药枪或是一把锐利无比的特制钢剑。显然，他们是一群武装到牙齿的开拓者和征服者，自从踏上这片富饶的土地，就已经下定决心改变这里蛮荒的面貌。在他们眼里，像印第安人这样野蛮落后的蛮族根本就不配享有这么好的土地，这块奇迹之地是上帝赐给他们的，上帝的旨意就是让他们这批征服者开发、建设这片亟待开垦的肥沃之地，因此印第安人必须被驱逐。

印第安人被杀被驱逐，被迫四处奔波、颠沛流离，在弱肉强食的竞争中节节败退。曾经围着外来者跳舞欢迎的原住民无论如何也不会想到，那些所谓的从天而降的客人、朋友并不是什么天赐的使者，而是黑色的死神，他们的友好接待完全是在引狼入室。从一开始他们就错了，文明人带来的不是和平的讯息，而是枪炮、死亡以及比大规模杀伤武器还要厉害百倍的细菌和疾病。欧洲人到来以前，印第安人从来不知道什么是疟疾、天花、麻疹、肺结核，所以他们对这些病毒几乎毫无招架之力，于是大批大批地死去，只有少数抵抗力强的人从尸体堆里爬了出来，暂时存活了下来。

英国女王听说欧洲传染病比枪炮还管用之后，非常高兴，她无比欢欣地给美洲的殖民者下了一道令人发指的命令："你尽管把天花患者用过的毛毯盖在印第安人身上，这样他们很快就会染病。你还可以动用一切行之有效的方法消灭这群蛮族，我想那些训练有素的狼犬可以派上用场，如果它们能把印第安人统统咬死的话，那就太好了。"

除了无休止的杀戮，欧洲人还一度奴役过大量的印第安劳力。在开疆拓土、大力垦荒时期，白人急需强悍精壮的劳动力，于是被俘虏的印第安人便担任了这一角色。印第安人过惯了自由自在的生活，尽管失去了人身自由，但他们仍然接受不了被奴役的命运。在被迫从事劳役的过程中，有些人因为消极抵抗抑郁而死，有些人死于过劳。他们没为白人创造任何价值就纷纷死去了，这让白人非常恼火。白人一边大骂土著无可救药，一边转动脑筋想办法补救，其中有一个叫拉斯卡萨斯的资本家想出了一个主意："我们不要再强迫土著工作了，他们实在太顽固了，永远都不可能培养出敬业精神。不如我们从非洲运些黑人来吧，黑人吃苦耐劳，体格健壮，而且不容易生病，用黑人代替印第安人不是更明智吗？"拉斯卡萨斯的建议得到了采纳，于是罪恶血腥的黑奴贸易便开始了。

有些人认为印第安人的血泪史，是劣势美洲文明和欧洲文明激烈碰撞后的阵痛，落后保守的狩猎文明注定对抗不了新兴的工业文明，历史前进的道路注定是要用鲜血和白骨来铺就的，任何一种文明的兴替都不会是一个田园牧歌式的交流过程。这种论断未免太过客观和冷酷了。人类社会进步的代价，如果一定要和惨绝人寰的浩劫和灭绝人性的大屠杀捆绑到一起，那么这种进步的代价似乎太大了。

事实上，印第安人的灾难和资本主义的极速扩张是紧密相连的，在野心和欲望的驱使下，殖民者需要更多的空间和土地实现原始资本的积累，为了扫清障碍，印第安人便成为了可怜的牺牲品，这才是历史的真相。其实野蛮和文明是相对的，而人性却是永恒不变的。印第安人的世界虽然没有文明世界里所谓的规章制度，也没有军队、警察、法官、监狱，但是他们有自己约定俗成的规矩和独具特色的文化信仰，对于人和事也有属于自己的一套评判标准。在欧洲人入侵之前，他们的人口数量和欧洲不相上下，只是部落文化较为纷繁复杂，部落内部男人、女人和孩子一律平等，人与自然和谐相处。

严格来说，美洲并不是什么未开化的蛮荒之地，而是一个多姿多彩的现实世界。美国有位叫约翰·科利尔的学者甚至把印第安人的世界比作美丽的"世外桃源"，谁又能想当然地认为印第安文化必须遭受血与火的洗礼，印第安文明就该迅速覆灭呢？

成分混杂的美洲移民

美洲新大陆被发现以后，世界各地的殖民者相继蜂拥而至，西班牙人、葡萄牙人闯入以后，英国人也开始大批大批地移民到了美洲，法国人、荷兰人、德国人、瑞典人也都不甘落后，他们全都想到那里掘一桶金、分一杯羹，霎时间一块曾被视为毫无价值的土地即刻变成了人们竞相抢夺的肥肉，国与国之间为此还展开了疯狂的殖民竞赛，这的确令人匪夷所思。

在早期殖民者中，英国人是主流民族，所以英国文化和普世价值观给美洲带来了十分深远的影响。英国控制北美洲的举措是出于现实利益的考量，那片陌生的广阔大陆拥有比大不列颠更多的土地和资源，如果国家能把那里的资源完全为自己所用，无疑可以让自己变得更加繁荣和富强。

欧洲的很多投机分子也觉得新大陆是一块炙手可热的福地，贵族和强权人物几乎都对新大陆产生了垂涎染指之意，可是在当时的时代，航海拓荒可是一个高度危险的冒险活动，海上的风暴和肆虐的疾病随时都能夺去人的生命，大人物们当然不愿以身犯险。有钱的阔佬儿流连本国的花花世界，过惯了声色犬马的奢靡生活，当然不可能向往那个充满威胁的奇异大陆，更何况人们在英属北美殖民地并没有发现金矿和贵重金属，那里最有价值的东西无非是土地、毛皮、木材和海洋生物资源，只要花上一笔钱，雇佣些劳力到美洲探险就可以了，自己留在国内照样能获得不菲的收益。从实用角度出发，雇佣的价钱当然是越少越好，所以身份地位卑微的中下层人士便成了最理想的对象。

早期的拓荒者的构成成分十分复杂，除了雇佣工以外，还有成批的退伍军人、贫苦的工人、梦想发财致富的农场主、公务员、面包师、木匠、漆匠等处在底层社会的手工业者以及饱受政治迫害的通缉犯、海盗，等等。这些人在国内大多过得很不如意，他们在旧世界里找不到更好的位置，曾经备受压迫，看不到希望，到新大陆拓荒对他们来说是一次不可多得的机会。

然而移居北美并不容易，移民者既需要筹措一笔路费，还要配备全套的武器，购买足量的生活日用品和食品，所以赤贫的人根本没有财力实现自己的移民梦。具备了一定经济基础的中下层阶级多半是以赌徒的心态过去的。可以毫不夸张地说，早期的移民者全都具有冒险家的气质，为了改变命运，他们甘愿拿生命做赌注。在这些人眼里，新大陆象征着新世界，只要踏上那片领地，就能得到前所未有的自由和取之不尽用之不竭的土地资源。因此，尽管命途难料，他们仍然愿意孤注一掷、放手一搏。

在英国探险拓荒的事业中，爱尔兰人扮演了重要角色，其中有个叫雷利的探险家，因为在北美海岸给一块土地取名为"弗吉尼亚"荣耀女王而名垂青史，之后这个用来颂扬女王忠贞的名字被沿用了下来，并成为了英国第一块殖民地的名字。雷利是个极富传奇色彩的人物，据说他深得女王宠信，长得仪表堂堂，还结交了一个精通数学和天文学的好朋友，学到了很多了不起的新知识和新理论，总能在女王面前卖弄一番。

雷利从少年时代就已经展露出了冒险家的大胆狂放的特质，年仅15岁的时候，他便跟着哥哥远赴法国打仗。回国后，在家人的安排下，他进入牛津大学读书，暂时过上了平稳的生活。然而天性不安分的他读了一年多就辍学了。后来他考取了律师资格，但却不想成为一个循规蹈矩的律师，总在到处寻找冒险机会。听到爱尔兰发生叛乱的消息后，他顿时热血沸腾，立即从伦敦召集了上百名步兵赶赴爱尔兰作战，兵不血刃地杀死了数以百计的叛乱者。因为战功赫赫，他获得了从叛国者那里没收的大片土地，积累了大量的财富，为前往北美探险筹集到了足够的资金。

在人生的重大时刻，同父异母的哥哥永远都是雷利的领路人。年少时，他跟随哥哥参战，青年时代他又被哥哥带上了航海探险之路。他的哥哥汉弗莱·吉尔伯特是航海事业的先驱人物，天生热衷于动荡不安的冒险生活，他曾经在协助于格诺派打仗时结识过一批荷兰海盗。当时英格兰和荷兰出现了很多活动猖獗的海盗，那些杀人越货、胆大包天的海盗尽管犯下了累累罪行，行为却都得到了本国政府的默许，政府支持他们抢掠西班牙商船的行为，并把他们当成了打压西班牙海上霸权的工具。从本质上来说，海盗和亡命徒式的冒险家具有很多共通之处，所以他们在不发生武装冲突的情况下，倒极有可能成为惺惺相惜的朋友。

于格诺派中不少人都计划着移民新大陆，他们声称到了那里就能过上真正自由的生活，吉尔伯特被这个说法打动了，回到英格兰，他就找到了国内最负声望的天文学家兼数学家约翰·迪伊咨询，通过约翰·迪伊他又结识了一位了不起的地缘政治战略家理查德·哈克卢伊特。哈克卢伊特对吉尔伯特的移民计划很感兴趣，他特地为英国制定了移民美洲的战略，并鼓励更多的人积极探索新世界。

哈克卢伊特获得了足够的支持以后，把弟弟雷利引领到了探险事业中。雷利登陆美洲以后，在东海岸进行了一次为期6个星期的探险活动，他们碰到了热情友善的印第安人。双方在友好的氛围中做起了交易。第一次接触，英国人得到了鹿皮、野牛皮和玉米等美国特产，印第安人则换回了精致的碟子和锋利的斧头。有个印第安部落的酋长还对遥远的英格兰产生了兴趣，希望有朝一日能跟着探险队到达英国，亲眼看看另一个世界是什么样子。

早期的移民者确实具备冒险精神和拓荒精神，他们骨子里天生涌动着叛逆的血液，故而才会那么热衷于在荒凉的自然环境中释放野性与激情。尽管面临着地狱般的恶劣环境，时时面临着送命的危险，他们仍然乐此不疲地做着建设"山巅之城"的美梦，甚至一度想把荒芜的美洲改造成令世界瞩目的人间乐园。

不可否认的是，移民者的后期殖民行为给印第安人带来了无穷无尽的苦难，他们创建的乐土洒满了原住居民的血和泪。在这片缺乏文明监督和法律管辖的法外之地，移民者们可以不负责任地为所欲为，他们不用考虑印第安人的人权，也不必担心受到指责，如果有必要的话，他们可以运用各种狡猾奸诈的手段混淆是非、颠倒黑白，把心狠手辣的刽子手吹捧成英雄，把被迫反抗的印第安人污蔑成咎由自取的野蛮人。关于文明世界里的英雄传说，有多少可信的成分我们不得而知了，现在我们能听到的只是已经远去的历史悲歌和无数被粉饰、被曲解的故事，却忘记了人性的罪恶与贪婪曾经给那片土地带来了多少悲剧和灾难。

第二章
殖民美洲——拓荒者的燃情岁月

殖民北美时期，早期移民将新大陆的土地和自然资源视为上帝给予人类的恩宠和奖赏。他们渴望征服自然、改造自然，希望通过自己的辛勤劳动把荒凉的蛮荒之地变成富庶繁荣的城镇、乡村。怀揣着美好的愿景，一批又一批欧洲人远离了旧世界，随着某个大公司或某些团体奔向了美洲大陆，成为了殖民地的最初建设者。

新大陆有郁郁葱葱的森林，珍贵的毛皮、矿藏和取之不尽的水产品，也有随处出没的凶猛野兽。移民们是以一种无比复杂的心态看待自己的生活目标的，他们既想在这里新建农场和家园，用汗水和诚意构建理想中的"上帝之城"，又想发财致富，改变自身的命运。随着一块又一块殖民地被开垦出来，他们在征服和改造荒野的过程中，成功建立起了文明与秩序，并把伟大的拓荒精神融入自己的身体与血液中，使自己变得更加剽悍、坚毅和勇敢。如今提起那段激情燃烧的拓荒岁月，美国人仍然引以为豪，虽然那个时代已经一去不复返了，但可贵的精神却世代传承了下来。

北美第一块英属殖民地——弗吉尼亚

弗吉尼亚是美国的第一块殖民地，它的历史地位在美国历史上极为重要，它是英国在新大陆建设的第一个永久居民点，拉开了英国横扫世界、成为日不落帝国的帷幕。弗吉尼亚位于美洲东部，当时它并不起眼，因为中部和南部的富饶土地几乎被捷足先登的西班牙、葡萄牙殖民者瓜分殆尽。然而英国人有了第一块殖民地，仍然觉得欢欣鼓舞，他们管它叫处女地，以此来纪念终身未婚的伊丽莎白女王。

英国人登陆弗吉尼亚后，创建了两大商业公司——弗吉尼亚公司和普利茅斯公司。两大公司之间既竞争又合作，后来联合起来向英国国王申请到了合法开发殖民地的特权，大量受雇的劳动力一批又一批地涌向了新开垦的处女地——加利福尼亚。美洲虽然是一块充满机遇的宝地，但风险向来与机遇并存，早期的拓荒者处境始终是无比艰难的。他们历尽磨难，漂洋过海来到这片陌生的土地，登陆以后找不到新鲜水源，还要忍受蚊虫的叮咬以及饥荒的折磨。有时只有通过和当地印第安人交易，才能获得些许食物。在那种近乎绝望的状态下，他们还要强迫自己打起精神来，认真执行公司交给自己的重要任务——寻找黄金和稀有贵金属。

英国国王詹姆斯一世在宫廷里静候佳音，期盼着他们把大批大批闪闪发光的黄金装满船舱运回国内。公司丝毫不敢懈怠，每天都在催促他们寻找黄金。可是没有人看到黄金，即使掘地三尺也没发现一粒金子，淘金梦和移民潮都是狂热的产物，只有肚子的饥饿是实实在在的。由于压力太大，领导人之间经常发生争吵，有时还会为了个人私利明争暗斗。殖民者在濒临崩溃的气氛中曾一度发生过相互残杀的悲剧。

第一批定居者中有一个叫加布里埃尔·阿契尔的上尉，是一个风华正茂的年轻探险家，尽管只有30多岁，但他已经积累了足够丰富的探险经验，他曾经带着队员在美洲展开了实地勘探和考察活动，沿水路勘探了缅因州、马萨诸塞州和北弗吉尼亚州的海岸线一带的地理风貌。后来他到达了弗吉尼亚，主张在当地建立詹姆斯敦。理由是那里土地肥沃、生态环境良好，林木资源丰富，拥有大量可供砍伐的优质木材。

他的提议没有被采纳，因为这里的河道实在太浅了，大家没有办法把船拖上岸。阿契尔没有灰心，又开始考察其他地域，每到一处，他都会把充满异域情调的风土人情记录下来。在他看来，北美大陆虽然凶险万分，但却不乏浪漫与风情。可惜的是，这位乐观的冒险家同样没有躲过大饥荒，他去世时，年仅34岁，留给后世的是无尽的猜想与哀叹。值得庆幸的是，詹姆斯敦最终还是建成了。

起初，殖民者们并没有从美洲获得什么财富，人口损失率却极高。公司经营状况不佳，根本就不关心他们的切身利益，英国政府对待他们的态度也十分冷漠，任由他们饿死、冻死、病死，并且不愿在他们身上继续浪费金钱。在这种特殊的时刻，有一个叫约翰·罗尔夫的探险者出现了，他满怀着探索新世界的壮志豪情踏上了前往英属殖民地弗吉尼亚的航船，中途遭遇了特大风暴。很多随行的船只都被摧毁了，幸运的是他和妻子搭乘的小船平安搁浅在了一个名为百慕大群岛的美丽岛屿上。

第二年，遇险者们成功建造了两艘坚固的新船，计划扬帆远航继续完成剩下的航程。这时罗尔夫的妻子莎拉生下了一个可爱的女儿，夫妻俩很开心，于是便以船只搁浅的岛屿为女儿命名，给她取名为百慕大。百慕大对于他们具有特别的意义，当年遇险时是这座小岛给了他们死里逃生的机会，夫妻俩在这里患难与共，度过了一段艰辛却蜜甜的时光，而今女儿在这里出生，可谓是享尽上苍的福佑。

罗尔夫幻想着一家三口赶往新世界开启崭新的生活，心中充满了喜悦。可惜世事无常，在抵达目的地前，他的妻女不幸在中途去世了。经历丧亲之痛，他曾一度消沉，对命运充满了质疑。痛定思痛以后，他擦干了眼泪，孤零零地来到了弗吉尼亚殖民地。到达殖民地以后，他兴致勃勃地培育起了各种烟草。几年来，他一直忙忙碌碌，希望借助繁忙的劳作淡化失去妻女的痛苦。这种化悲痛为力量的做法奏效了，很快他就培植出了多种多样的烟草品种。

他把烟草大量地运回英国贩卖，为贫弱的弗吉尼亚经济打上了一针特效药。随着烟草行业的繁荣，弗吉尼亚逐渐发展成了繁荣的商业贸易中心，吸引了更多的投资者和殖民者前来淘金，不过他们需要的不是黄金，而是罗尔夫培育的烟草，那时弗吉尼亚一度被誉为"绿色黄金"。

罗尔夫培育的烟叶不仅非常适应本土的环境，而且口感更香醇、更柔和，出口到各国以后，迅速赢得了英国人、法国人和荷兰人的青睐。通过经营烟草生意，罗尔夫一跃成为了弗吉尼亚公司的首富，但他依旧没有忘记自己早夭的女儿，于是为种植园取名为"百慕大一百"来纪念女儿。

在罗尔夫的故事中，最为后人津津乐道的恐怕是他和印第安公主童话般的联姻。传说当年英国殖民者绑架了印第安酋长，还扣押了他的女儿普卡康蒂做人质，威胁酋长必须马上释放英国俘虏。双方一直斗智斗勇、讨价还价，僵持不下。在这期间，聪慧的普卡康蒂学会了英语，对白人的看法也有了很大的改观。当罗尔夫深情款款地向她求婚时，她高兴地答应了。这次和亲为白人和印第安人争取了8年的和平时间，成为后世的一段佳话。

罗尔夫迎娶异族公主的故事，具有很强的象征意义，他们的结合被视为白人殖民者外交史上的一次伟大胜利，寓意着弗吉尼亚公司缔造新世界取得的成果。这对夫妻很快成为了两个不同世界成功融合的形象代言人，他们的故事后来被迪士尼公司改编成了一部动画片《风中奇缘》。

不过至今仍有很多人怀疑这段史实的真实性，有人认为这是弗吉尼亚公司为了自我美化杜撰出的唯美故事，有人认为即使两个人的婚姻是真的，他们的故事仍然被人为地添加了很多有违真相的元素，毕竟一个是殖民地首屈一指的富商，另一个是羸弱年轻且已沦为阶下囚的美貌公主，他们的结合究竟是出于自愿，还是出于强迫，已经很难考证了。我们唯一知道的基于政治、经济、情感等多种原因，一个富有的白种男人娶了当地的一位异族公主，双方暂时休战和好，弗吉尼亚殖民地暂时进入了和平稳定的发展时期。

一波三折的普利茅斯之旅

　　白人殖民者虽然有罪恶的一面，但他们身上所体现出来的那股一往无前的无畏精神至今激励着广大美国人。提起美国拓荒史，美国人仍然可以这样骄傲地夸赞自己的祖先："他们都是一群意志刚强的人，想要做什么就一定能做成。尽管前途未卜，他们还是毅然决然地离开了自己熟知的旧大陆，踏上了那片时常都有野兽出没的莽莽苍苍的神秘土地，不管遇到多少艰险，他们从来没有想过放弃，于是就这样一去不返了。"

　　廉·布鲁克斯和约翰·鲁滨逊就是美国人口中描述的那种人。当时弗吉尼亚公司对于到新大陆开疆拓土的计划表现得极为热情，公司高层极力怂恿更多的英国人移民到遥远的未知之地去。英国国王詹姆斯一世最初很支持这个计划，他希望借助这次机会，把那些喜欢出版"反动"书籍的名士赶到遥远的不毛之地，这样做一来可以眼不见为净，二来可以打击异己，让那些桀骜不驯的绅士吃点苦头，受点磨炼，顺便为大英帝国殖民事业的崛起做点贡献，可谓是一箭双雕。

　　约翰·鲁滨逊曾经因为受到当局排挤，在荷兰避难，旅居荷兰期间又发表了不少让英国政府深恶痛绝的言论。渐渐地，他逐渐意识到荷兰不是久居之地，于是产生了移民北美的想法。约翰·鲁滨逊出走正中英王的下怀，因为他主动弃绝文明世界的行为，在一定程度上确实让当局少了不少麻烦。廉·布鲁克斯也是"五月花"号的重要成员，他的秉性和约翰·鲁滨逊有很多的共同之处，同样倔强，同样意志坚定。移民者中还有一位精明强干的领袖人物，他的名字叫威廉·布拉德福德，在拟定著名宣言《五月花号公约》的过程中，他发挥了重要作用。

1620年8月5日，"五月花"号从南安普顿出发，扬帆驶入了英吉利海峡，一路西行驶向新大陆。航行途中，船队中较小的一艘帆船"奔腾"号出现了漏水事故，出师不利的移民者们不得不中途返航，他们把船舶靠在了英国西部的普利茅斯港口。在那里，他们结识了一位阅历丰富的传奇人物——约翰·史密斯船长。

据说，约翰·史密斯早年干过海盗的行当，十分骁勇剽悍，后来又当了奥地利的雇佣兵，与土耳其人殊死搏斗过，被俘以后曾一度沦为奴隶。好在历尽磨难后他又恢复了自由身，1607年受雇于伦敦弗吉尼亚公司，加入了詹姆斯敦移民队伍。在航行途中，史密斯因为和上司发生了口角，被扣上了谋反的罪名，并被关押在了底舱。领队为了巩固权威，甚至想过要吊死他。所幸船很快就靠岸了，领队打开公司任命书一看，立即目瞪口呆，他这才知道史密斯的真实身份，原来这个恃才傲物、敢于犯上顶撞自己的家伙竟是殖民地6人执委会成员之一，他根本没有权力处死史密斯，所以两个人的纠纷只好不了了之了。在詹姆斯敦拓荒的艰苦岁月里，史密斯显露出了卓越的领导才能，他的能力和成就超越了其他5个人，于是，顺理成章地成为了殖民地的领导者。

史密斯在詹姆斯敦任职期间，不幸被火药炸伤，因为殖民地医疗条件太差，他不得不回到英国养伤，身体康复以后，他和伦敦弗吉尼亚签订的合同到期，公司不想续约。公司不打算再任用他，可能是为了节约开支，也可能是觉得他的血统和身份不够高贵，毕竟他是雇佣兵出身，在等级森严的社会中,让这样一个人领导一群绅士是不可想象的。

史密斯当然知道公司高层的想法,他素来鄙视等级观念,尤其看不起权贵阶层,认为那些人全都是道貌岸然的伪君子。正所谓,道不同不相为谋,既然伦敦弗吉尼亚公司看不到自己的价值,他也没必要再为公司效犬马之劳了,于是毅然跳槽到了普利茅斯的一家公司(归另一家弗吉尼亚公司所属)。史密斯带领队员对北美大陆的北部地区进行了实地考察,居然觉得那里的地理气候和自己的母国英国高度相似,于是便将其命名为新英格兰。他亲手绘制了较为精确的海图,并把自己几经辗转定居下来的地区命名为普利茅斯。

也许是因为机缘巧合,也许是因为英国人对母国始终怀有不可磨灭的深情,当年他们一行人等从英国的普利茅斯港口出发,最后的目的地竟是北美大陆的普利茅斯殖民地,这种从英国的普利茅斯到北美大陆的普利茅斯的航行就像是命运的苦心安排一样,而事实上一切都是人为干预的结果,殖民者们虽然远离故土家乡,并且对本国的政治环境高度不满,尽管如此,在给新开拓的殖民地命名的时候,脑海里首先想到的都是故国的地名。所以美洲殖民地的名字和英国的许多地名重名就不足为奇了。

其实,"五月花"号到达鳕鱼角的航程并不顺利,普利茅斯殖民地的建设过程也充满了艰辛。移民者原计划夏季出发,然后凭借季风的助力快速到达目的地。假如当时顺风顺水,他们只需花费两三周的时间就能横渡大西洋,但是中途"奔腾"号漏水了,他们被迫滞留在普利茅斯港口,错过了搭乘顺风船的最佳时机。等到再次起航时,已经是秋天了,海上的风向已经改变,逆风行驶就意味着要耗用更多的时间。果然,他们花了两个月的时间才抵达北美。孰料,大海和洋流又跟他们开了一个玩笑,没有把他们的航船送到拥有特许权的弗吉尼亚殖民地,而是把他们送到了北美东海岸的科德角,科德角相距甚远,所以大家打算继续航行。

"五月花"号在行进的过程中又发生了意外，由于风向不利，大家被迫返航，最后在后来被命名为普利茅斯湾的地方登陆。登陆以后，移民内部出现了骚动。大家历尽艰难困苦，最终还是没有到达目的地，不禁都有些沮丧。更糟糕的是在这片土地上，他们没有特许权，没有任何保障，所有人的身份都是非法的。一时间怨声四起，船员们互相责怪，互相推诿责任，有的扬言要退出组织。为了控制内讧发展，平定人心，威廉·布拉德福德站了出来，通过协商，他制定了一个名为《五月花号公约》的协议，每个人都在上面签了字。有了协议的保证，移民之间的裂痕才得以弥合。

《五月花号公约》有两句最经典的宣言，内容为："我们在上帝面前共同庄严立誓，自愿结为民众自治团体。为了使上述目的能得到更好的实施、维护和发展，将来不时依此而制定颁布的被认为是对这个殖民地全体人民都最适合、最方便的法律、法规、条令、宪章和公职，我们都保证遵守和服从。"《五月花号公约》弘扬的平等、自由、法治、自治的理念，符合西方现代民主政治的基本精神，它的制定具有划时代的意义，因为后世普遍认为是它开启了西方现代民主政治的先河，为美国政治体制的成型奠定了第一块坚固的基石。

殖民者们消除了分歧，开始对附近的海岸一带进行考察，觉得那里的土地不宜耕种，于是向北推进了一段距离，选了一个合适的位置建立了一个定居点——普利茅斯。经过开垦建设，普利茅斯成了小有规模的殖民地，在政治上实行高度自治，所有重要职位都是由选举产生。因为英国国王一直没有为这块新建的殖民地颁发特许状，所以他们的垦殖活动是非法的。移民们得不到政府的认可和支持，未来的前景非常堪忧。直到光荣革命以后，这块殖民地被并入了马萨诸塞殖民地，才真正成为了合法的土地。

得天独厚的殖民地——马萨诸塞

英国人在北美大陆建立了弗吉尼亚和普利茅斯两块殖民地以后，转移了部分人口，但是仍然要面临人口膨胀、土地兼并的压力，再加上经济发展出现了问题，政治持续动荡，越来越多的英国人把目光投向了海外，于是国内掀起了风起云涌的移民浪潮。富人当然舍不得放弃国内优越的生活，但是他们对海外贸易非常感兴趣，于是纷纷出钱投资，把事业的空间拓展到了北美大陆，很多人一辈子都没离开过英国，但却把大量的金钱输送到了北美，为北美的开发提供了财力和物力。

英国授权的两大弗吉尼亚公司其中有一家因为经营不善破产倒闭，仅存的一家是由约翰·史密斯供职过的普利茅斯弗吉尼亚公司改组而来，业务范围以渔业和贸易为主，公司对风险较高的殖民事业没有什么热情，所以在开拓新殖民地方面并没有做出什么特殊的贡献。马萨诸塞殖民地是由一个叫马萨诸塞湾的小公司建立的，老板拿到英王的特许状以后，积极地和庄园主展开合作，野心勃勃地要在新的领地上开疆拓土、大展宏图。英王给予马萨诸塞湾的特许状十分特别，它没有规定垦殖的具体地址，也没有注明公司总部必须设在英国本土，这样公司就可以按照自己的意愿任意选择开垦地点，还可以把总部设在新大陆，将公司机构和殖民地管辖机构合二为一。

马萨诸塞殖民地工商业十分发达，在北美洲殖民地中几乎独占鳌头，它之所以能取得如此辉煌的成就，一方面依托于得天独厚的自然资源，另一方面离不开殖民者的智慧与贡献。首先马萨诸塞的渔业资源非常丰富，这里的鳕鱼数量简直超乎人的想象。据当地人描述，在马萨诸塞捕鱼，根本就不需要撒网，也不需要耐心垂钓，只要在篮子里装上几块石头放到海里，一会儿工夫就能收获一篮子活蹦乱跳的鲜鱼。

除了鳕鱼，马萨诸塞还盛产鲸鱼，捕鲸业发展起来以后，人们用鲸鱼油代替牛油照明、做肥皂和蜡烛，大大降低了油类制品的成本。马萨诸塞沿海一带还盛产龙虾、牡蛎、乌贼等水产品，这些渔业资源为殖民地创造的效益不亚于陆上金矿，所以，有人形象地把马萨诸塞的渔业誉为无可估量的"海上金矿"。

马萨诸塞的木材非常优良，在殖民早期，放眼望去，那里到处都是一脉苍翠，松树、杉树、山毛榉随处可见。葱葱郁郁的原始森林数百年来没有遭到过砍伐和破坏，参天大树林立，风景美如图画。然而殖民者不是印第安人，他们不会把树木看成有灵性的生命，更不会世世代代守卫着它们。

白人殖民者大多都是实用主义者，在他们眼里，树木最大的价值就是变成优质木料。入主北美以后，只要见到参天大树，殖民者们就计划着把它变成帆船的桅杆或是其他什么器物的原料。据说英国皇家海军也盯上了这里的木料，并和当地造船商展开了激烈的争夺。按照规定，只要是被标记过的树木，任何人不得私自砍伐，必须预留下来，待日后给皇家海军做桅杆用。但当地的殖民者基本不理会政府的命令，政府再派人来视察时，只能看到光秃秃的树桩了。

马萨诸塞的经济腾飞虽然有赖于得天独厚的客观条件，但拓荒者们的贡献才是起关键作用的主要因素。马萨诸塞的早期移民主要以受过良好教育的工商业者和农业资产阶级为主，他们不同于那些到处碰运气的冒险家，做事更加谨慎，也更懂得经营，促进了殖民地林业、渔业、畜牧业和工商业的发展。从地理气候方面来看，马萨诸塞殖民地多山多石，气温比较低，不适合农作物生长，所以比起发展种植业，殖民者普遍认为发展工商业更现实也更有前途，大多数农场主都选择了弃农经商。

新来的移民刚刚踏上这片土地时，需要建造房屋，购买粮食、牲畜及各种各样的生活用品，卖家就是那些比他们先到一步的移民，不过所有的费用都会由英国政府报销。这样无形中，便有大量的财富从英国转移到了马萨诸塞，移民浪潮为马萨诸塞殖民的发展注入了一针"强心剂"。

当然靠发移民财是不长久的，后来英国发生了内战，大量的移民纷纷拿起了武器回国参战，给马萨诸塞的移民经济带来了沉重的打击。因为缺少资本的涌入，马萨诸塞购买力降低，投资和建设也受到了影响。内战期间，英国无力发展造船业，马萨诸塞的优质木材出口不出去。虽然守着一座"海上金矿"，但普通的马萨诸塞没有合法的捕捞权，英国政府把特许状颁布给了几家垄断的渔业公司，无照运营的渔船全都会被驱逐出境。

在马萨诸塞陷入困境的时候，它找到了一个非常重要的贸易地——西印度群岛。西印度群岛在世界地图上只是一个不起眼的袖珍小岛，它是因为盛产蔗糖而崛起的。在中世纪的欧洲，蔗糖算是昂贵的奢侈品，由于产量有限，它仅在药店销售。生产蔗糖需要机械设备、木桶和燃料，这些东西马萨诸塞殖民地都能提供，殖民地把大量的木材和设备出口到西印度群岛，挽救了当地的经济。

穷则思变的马萨诸塞人还承揽过销赃业务。到了17世纪后期，英国和西班牙的关系有所缓和，英国也不想继续利用海盗打击西班牙船队了，海盗便失去了利用价值和生存空间。大批臭名昭著的海盗开始寻找安全的销赃渠道，马萨诸塞人承接了这笔业务。不少海盗千里迢迢慕名而来，销赃完毕后，他们会选择在这里维修船只、整修装备。这群粗野的亡命之徒常常一边大口地喝着朗姆酒，一边添油加醋地讲述着自己九死一生的冒险经历，俨然把马萨诸塞当成了度假村。就这样，马萨诸塞凭借着多种业务迅速崛起，没过多久就成为了北美殖民地中光芒耀眼的"暴发户"。

宾夕法尼亚之父——威廉·佩恩的传奇一生

在拓荒时期，北美大陆的东海岸覆盖着密密层层的森林，随着殖民者的到来，许多片森林都有了自己的名字。位于纽约以南、新泽西以西有一大片森林被称作"宾夕法尼亚"，它的意思是"佩恩的树林"。是谁给这片森林命名的，佩恩又是谁呢？

宾夕法尼亚土地的新主人是威廉·佩恩，但"佩恩的森林"中的佩恩指的不是他，而是他的父亲老威廉·佩恩。他的父亲是一位赫赫有名的海军元帅，在英国内战期间，因为功勋卓著，深受执政者克伦威尔的赏识，受到了特别嘉奖，获得了一大块爱尔兰封地。克伦威尔去世后，他秘密迎回了流落异国的查理二世，因为拥立有功，他被赐予了爵士头衔。

威廉·佩恩无疑是一个含着金汤勺出生的富二代，他从小锦衣玉食，受到了良好的教育。长大后即进入英国名校——牛津大学读书。在大多数人眼里，威廉·佩恩都是一个前途无量的世家子弟。然而他有自己的原则和立场，与那些只讲究吃喝玩乐的纨绔子弟不同，只要他不认同的东西，任何人都不能强迫他改变主意。后来因为反对学校的强制政策，威廉·佩恩被开除了。老威廉·佩恩听到这个消息，简直要气疯了，他气冲冲地把儿子狠狠教训了一顿，差点把他逐出门庭。在母亲的调解下，父子俩的关系才开始有所缓和。

18岁那年，威廉·佩恩赴法学习，法国人天性中的浪漫和优雅给他留下了深刻的印象，但是法国人那种自鸣得意的炫耀习气以及社会上到处弥漫的浮夸之风，让他感到十分不舒服。由于时常感到空虚无聊，他开始到处寻找精神寄托，在那段时间里，他意识到了自由意志的宝贵，找到了自己的信仰和理想。

两年后，威廉·佩恩返回了英国。父亲发现儿子有了脱胎换骨的变化，他举止得体，言语持重，俨然成了一个彬彬有礼的绅士。殊不知，在他规矩的外表下，始终潜藏着一颗叛逆的心。老威廉·佩恩一心想要儿子为王室效力，威廉·佩恩却另有打算。他不顾别人的眼光，义无反顾地加入了不被政府当局所认可的非法组织，参加了几次内部会议之后就被投进了监狱。老威廉·佩恩费了很大的力气才把儿子从监狱里救出来。出狱之后，父子俩的隔阂越来越深，老威廉·佩恩盛怒之下把他赶出了家门，还冷酷地剥夺了他的继承权。

威廉·佩恩崇尚自由，蔑视权威，是个言论大胆的年轻人，这种率真的性格给他带来了无数的牢狱之灾。1668年，他被关进了伦敦塔，特权阶层曾威胁他说要关他一辈子，让他在监狱里发霉。威廉·佩恩无所畏惧，他十分坦然地说："我的监狱就是我的坟墓……我问心无愧。"8个月后，他走出了监狱的大门，随后又因为过激的言论和行为遭到了多次逮捕。

1670年，威廉·佩恩再次成为了狱中囚徒，闻听老父病重，他心里十分焦急。危难时刻，他不再去想父子俩曾经发生的不愉快，而是非常想见父亲一面。他只想见见父亲，没有其他要求，希望父亲不要为自己交付赎金。然而老威廉·佩恩不忍儿子受苦，没过多久就把他赎了出来。父子俩重逢后便冰释前嫌了，老威廉·佩恩不再逼迫儿子效忠王权，鼓励他追求自己的理想。他知道自己大限已到，于是便开始着手为儿子的未来铺路。他给查理二世和国王弟弟约克公爵分别致去了言辞恳切的信函，请求他们多多关照自己的儿子。国王和公爵感念他为王室多年的付出，纷纷许诺日后绝不会为难威廉·佩恩。

老威廉·佩恩安排好身后事后，放心地闭上了眼睛，并把一大笔财产留给了儿子。一夜之间，威廉·佩恩成为了伦敦最富有的人。查理二世以前曾向老威廉·佩恩借过1.6万英镑的巨款，老威廉·佩恩去世后，儿子威廉·佩恩就成了他的债权人。所以，即使他看不上这个叛逆不羁的年轻人，也会对其客气有加。相传有一次，威廉·佩恩去见国王查理二世，在场的人纷纷脱帽行礼，以示对国王的尊重，威廉·佩恩却站在原地一动不动，他可不想像那些卑躬屈膝的臣子那样对国王顶礼膜拜。

在场的人虽然对他的傲慢举动感到震惊，但全都为他捏了一把汗，害怕他因为失礼而被拉到刑场砍头。谁知，查理二世丝毫不介意，只见他笑呵呵地摘下了自己的帽子，然后带着几分戏谑的口吻说："在国王面前，只有一个脑袋可以戴着帽子。"多年以来，威廉·佩恩始终和国王极力打压的非法组织保持密切的往来，他觉得组织内的成员才是真正跟自己志同道合的人，他们拥有共同的理想、共同的追求，不怕磨难，休戚与共。

为了给同伴寻找一个安全的栖身之地，他请求国王把北美的一块土地划在自己名下。查理二世答应了，他给威廉·佩恩颁发了特许状，并把位于纽约南面足足12万平方公里的广袤土地赐给了他，还为这片土地取了一个特别的名字"宾夕法尼亚"，意思是"佩恩的树林"，以此来纪念老威廉·佩恩。因为父子俩同名，威廉·佩恩担心人们会误以为这片森林是以自己的名字命名的，所以坚决要求把它的名字改为"夕法尼亚"。查理二世不愿理会那些细枝末节，改名的事就被搁浅了。

威廉·佩恩成为宾夕法尼亚的合法主人以后，开始积极为殖民地制定法令，在他的主持下，殖民地成功通过了《政府框架》和《四十法令》。在宾夕法尼亚生活的那段日子里，威廉·佩恩一步步地践行自己的理想，极力推行和平向善的理念。他创建了两院制议会，并鼓励自由竞争，提倡人人平等。因为自己曾经饱受牢狱之苦，他格外看重司法公正，所以规定所有案件无论大小一律都要由陪审团听政，以免有人蒙冤入狱。对于真正的罪犯，他也格外宽容，他坚持认为监狱是把坏人改造成好人的地方，而不是用刑罚处罚人的地方。只要不是十恶不赦的罪人，他都会给他们改过自新的机会。按照英国当时的法律，有200多种罪行可被判处死刑。而在宾夕法尼亚殖民地，只有两种罪行是死罪——叛国和谋杀。

后来威廉·佩恩回到了英国，把殖民地交给了自己最信赖的朋友管理。若干年以后，他再次踏上这片土地时，不禁为那里翻天覆地的变化感到吃惊，宾夕法尼亚的人口增长得很快，各项制度也趋于完善，为了给予当地人民更多的自由，他又和宾夕法尼亚人签订了新的《政府框架》。

1718年，威廉·佩恩逝世，他为宾夕法尼亚殖民地的建设耗尽了心血和精力，也耗尽了家产，临死前几乎身无分文。然而他留给美国人的精神遗产却是无价的，时至今日，提起这位道德崇高的"宾夕法尼亚"之父，人们依然对其崇敬有加。

新罕布什尔的土地权之争

新罕布什尔最早的居民是印第安土著，后来陆陆续续有些白人探险家途经此地。1603年，英国航海家、探险家马丁·普林为了寻找一种价比黄金的啤酒香料和茶料，率领"快捷"号和"发现者"号两只船队浩浩荡荡地出发，驶入了皮茨卡它库河，踏上了新罕布什尔的土地，成为了历史上第一个到达新罕布什尔的欧洲人，不过那时它还没有被正式命名。1622年，约翰·梅森船长把这里命名为新罕布什尔，用以纪念自己的家乡罕布什尔。

当年约翰·梅森和费德南多·乔治共同拥有梅里麦克河东部土地的所有权，产权范围包括新罕布什尔州。两人都有意从事地产生意，不过都不愿意花费太多人力、物力进行精确的地理测量，所以他们所管辖的区域长期以来都没有明确的分界线。多年以后，他们最终达成了一致意见，约定以皮茨卡它库河为天然分界线，河东的土地归乔治所有，河西的土地归梅森所有。梅森过世以后，他的后人对这块领地一点儿也不感兴趣，没有一位梅森家族的人到这里逗留或居住过。祖先的产业就这样荒废了，任凭他人到自家的领地上移民定居或是开发资源，从事各种买卖活动。

1660年，英国王室复辟，梅森的孙子想起了遗落在北美大陆的地产——新罕布什尔，于是要求国家恢复家族产权。他的请求获得了许可，但在接下来的10多年里，产权争执一直就没断过。1679年，英国王室宣布新罕布什尔为皇家殖民地，与其他英属北美殖民地不同的是，国王并没有颁发什么特许状，而是依照跟梅森家族签下的法律契约来管理这块殖民地的。这说明梅森家族在新罕布什尔仍具有一定的影响力。由于当地人口稀少，几年后英国政府又把它当成自治领来统治，后来将其并入马萨诸塞殖民地。直到17世纪末，新罕布什尔才有了属于自己的政府机构，但仍没有实现完全的自治，它和马萨诸塞殖民地一起受同一个总督的控制。

新罕布什尔殖民地和马萨诸塞殖民地在管辖权上是非常模糊的，由此引发了很多争执和矛盾。双方为了谁更有资格颁发土地证而争吵不休，为了边界问题好几次大动干戈。最后还闹到了王室那里。新罕布什尔请求国王为两大殖民地划分明确的边界，请求得到了批准，新界线确定以后，新罕布什尔殖民地的面积有所增加。不久，国王派了一位新总督管理新罕布什尔，从此新罕布什尔殖民地和马萨诸塞殖民地在管辖权上彻底分开了。

移民到新罕布什尔的人大多是实用主义者，他们来到这里发展都是为了寻找更好的机会，不少人怀揣着飞黄腾达的美梦。早期的移民非常热衷于皮毛和木材生意，在殖民地猎杀了大量的动物、砍伐了大面积的森林。为此，他们和当地的印第安人发生了无数次冲突。欧洲人初到新罕布什尔时，数量并不多，所以没有引起印第安人的警惕，且受到了他们的热烈欢迎。在长达半个世纪的岁月里，双方友好相处，彼此尊重，很少发生不愉快的事情。

印第安人主动教欧洲人如何培植适应本土生长的庄稼，帮助他们熟悉当地的地理环境，表现得非常热情好客。欧洲人用日用品换取印第安人的猎物，想要获得土地，便会出钱购买。但随着越来越多的移民大批大批地涌入新罕布什尔，占据了更多的土地，消耗了更多的动植物资源，印第安人渐渐感觉到了自己的生存受到了威胁，于是产生了把白人赶出家园的想法。白人殖民者不但不想离开，还打算鸠占鹊巢，试图把当地的印第安人驱逐出去。

英法战争期间，双方都试图拉拢当地的印第安人消灭对方的力量。由于居住在新罕布什尔殖民地的白人大部分是英国人，他们与当地印第安人积怨已久，于是这些印第安人便成了法国利用和支持的对象。英国人和印第安人爆发了多次武装冲突，新罕布什尔小镇几乎被完全摧毁。英国军队忙于正面战场作战，无暇顾及北美殖民地，于是便悬赏鼓励殖民地居民杀戮印第安人。在白人殖民者的疯狂报复下，印第安人的村庄化为焦土，农田遭到破坏，双方的仇恨越积越深。英法停战以后，当地的印第安人因为战乱和传染病肆虐，数量已经所剩不多，失去了法国强有力的支持，他们退出了白人的定居点，向北美大陆的中西部迁徙。

印第安人离开以后，大量来自马萨诸塞的移民迁居到了新罕布什尔，到了1732年，殖民地出现了38个乡镇。9年后，英王委派新总督管理新罕布什尔，新总督一到任，便签署了很多买卖土地的契约，有些人从梅森家族那儿买来了大片土地，土地私有化进程渐渐开始了。土地所有权的问题得到解决以后，新罕布什尔的经济进入了蓬勃发展的时期，它的木材和多种海洋产品除了供应英国市场外，还大量出口到了葡萄牙、西班牙和加勒比海一带。

优质的白松木是英国皇家海军用来制造大型军舰的极佳材料，每年英王都会专门派人来砍伐木材，保证最好的木材为英国皇家海军所用。因为林业资源丰富，新罕布什尔的造船业发展十分迅速。凭借着出口和造船业两大经济支持，新罕布什尔的朴次茅斯逐渐发展成了繁荣的工商业城市。

梦碎"乌托邦"——佐治亚的困惑

佐治亚是美国最后一块殖民地，它和北美其他殖民地最大的不同之处在于，殖民地的创建者不是怀揣着狂热的发财梦来开发这片土地的，而是一心致力于把它打造成一个充满温情主义和人文情怀的乌有之乡。当时的英国政治腐败，欺诈盛行，社会上充斥着自私自利的利己主义气息，正义之士感到痛心疾首，诗人和社会批评家变得更加愤世嫉俗，许多人积极投身到了慈善事业中，其中有个叫詹姆斯·奥格尔索普的将军把目光投向了北美，他把慈善事业拓展到了佐治亚殖民地。

詹姆斯·奥格尔索普在征得政府同意后，把大批因负债入狱的囚犯从监狱里释放了出来，让他们以美洲移民的身份迁居到佐治亚地区。这样做既是为了让他们以劳役的方式还债，又是为了给他们提供一次洗心革面、重新做人的机会。总之詹姆斯·奥格尔索普开发佐治亚的动机只是为了慈善，而不是为了牟取暴利。他曾以热情洋溢的笔调歌颂过殖民地早期的建设者，在宣传小册子里这样写道："为了人类的利益，他们放弃了由于他们的财富及其本国当时盛行的习俗而享有的种种安逸和闲适。"

詹姆斯·奥格尔索普将军是一个思想活跃、意志刚强的军人，他拥有极强的荣誉感，并富有仁爱之心以及种种令人钦佩的美德。他是一个不折不扣的行动派，做事果断毫不迟疑，遇到问题从不退缩，具有一种百折不挠的精神。唯一的缺点就是缺乏耐心，有时候表现得过于自傲和专断。在佐治亚殖民地，詹姆斯·奥格尔索普将军是一个举足轻重的人物，除了他之外，殖民地还有一位杰出的领袖，他就是珀西瓦尔勋爵，珀西瓦尔勋爵出身贵族，他同样热衷于慈善，并且十分爱国，不过因为过惯了舒适的生活，他比较缺乏吃苦耐劳的品质，这是很正常的，毕竟让一个习惯坐在靠背软椅上享受生活的人，在短期内适应拓荒者的角色是不现实的。

佐治亚殖民地的两位领袖都是人道主义的倡导者，他们虽然并不完美，在治理殖民地时犯下了很多错误，但出发点和动机始终是好的。詹姆斯·奥格尔索普一再强调殖民地的开发可以拯救那些不幸的失业者，因为破产浪迹街头的穷人以及由于负债累累而走投无路的人。1723年，佐治亚出现了21位托管人，从此殖民地的具体事务就由这些被任命的托管人来治理。托管人拟写了很多宣传性质的文章，声称只要把英国的穷人送到佐治亚，就能让他们过上自食其力的好生活，这样做远比通过慈善途径救济这些人要划算得多。

佐治亚不鼓励有谋生能力的人移民，他们对申请者精挑细选，严格按照奥格尔索普将军挑人的标准执行，致力于把那些品格优良、吃苦耐劳的穷人变成坚定的海外拓居者。赤贫者以及在狱中服刑的欠债人便成了他们重点想要帮助的对象。挑选完了移民，接下来的任务就是发展当地的经济，可是在这个偏远蛮荒的地带靠什么获利呢？托管人一无所知。多少英亩土地能养活一个人呢？托管人也不知道。在对一切毫无把握的情况下，他们制定了一系列不合时宜的土地政策，不但不准买卖土地，还不允许个人拥有超过500英亩的土地，同时规定每个移民家庭可免费获得50英亩土地，这些土地只能私人享有，无论在任何情况下都不能出售或分割。

僵化的土地政策抑制了当地农业的发展。更糟糕的是托管者异想天开，在气候本不适合种桑养蚕的地方强制推行种植桑树、养蚕缫丝的经济策略。他们甚至规定每50英亩土地至少栽种50株白桑，计划在20年内推广种植至少2000株白桑。托管者不希望移民者养成懒散奢侈的恶习，于是出台了禁酒令，明确规定不准朗姆酒、白兰地和其他烈性酒进入佐治亚，酒贩子将依法受到惩处。

托管者想要把佐治亚建设成一个模范社会，在这里人们没有酗酒打架的恶习，不会偷懒，不会感到无聊，每天勤勤恳恳地干活，一家人全都热火朝天地种桑养蚕，纺织出一匹又一匹光滑柔软的丝绸，不但能实现共同富裕，还能为振兴大英帝国的经济做贡献。很显然，慈善家们想要把在欧洲实现不了的梦想，在佐治亚变成现实。在他们的宏伟计划中，佐治亚将成为不幸者和失业者的庇护所，将成为热销丝绸的原产地。为了实现这一梦想，托管人和两位殖民地领袖——奥格尔索普将军和珀西瓦尔勋爵确实付出了巨大的心血，奥格尔索普将军还自掏腰包，拿出了3000英镑来支援殖民地建设。但殖民地的经济始终不景气。为了解决财务困难，托管人在英国各地开展了募捐活动，在短短8年时间里，共筹集到了1.8万英镑的善款。

按照规定，殖民地的移民不需要缴税，他们可以免费获得土地和所需物品。管理者就像慈父照管孩子一样照管着他们，但自始至终都显得过于一厢情愿，他们没有给移民者更多的自由和选择权，而是牢牢把他们束缚在有限的土地上。由于移民者的劳动热情不高，又缺乏垦荒的经验和技能，所以根本没有给殖民地带来生机。珀西瓦尔勋爵早已意识到，这样下去，殖民地迟早要出现更大的财政困难，但是他也没有力挽狂澜、扭转危机的办法。托管人对这些精挑细选的移民者很失望，他们纷纷摇头叹息道："在英国无用的穷人，在佐治亚看来也同样无用。"

佐治亚移民的境况很不如意，他们对当权者的政策存在诸多不满，托管人的做法饱受诟病。在一片沸腾的民怨声中，托管人感到焦头烂额，最后不得不把特许状交还给了皇室。他们彻底放弃了自己在佐治亚的权益。佐治亚成为了北美洲13个殖民地中经济最不发达、条件最差的殖民地。这个由无数慈善家和进步人士慷慨资助的慈善事业最后竟落得破产的下场，这是谁也料想不到的。

佐治亚的败落代表着"乌托邦"之梦的破灭。佐治亚之所以成为失落之地，不是因为在北美洲发展没有前途，而是因为管理者没有给移民提供真正的机会，所有的计划安排都太过僵化和教条，行动完全脱离现实，它的败落存在着一定的必然性，其经验和教训至今启迪着后人。

皇家特许状贴遍北美

拓荒时期，美国陆陆续续地建立了13块殖民地，它们分别是弗吉尼亚、马萨诸塞、马里兰、康涅狄格、罗德岛、北卡罗来纳、南卡罗来纳、新泽西、纽约、宾夕法尼亚、新罕布什尔、特拉华、佐治亚。这些殖民地虽然在名义上归英国所有，但是它们都各自发展出了独具特色的自治体制和政治制度，完好地承袭了《五月花号公约》所倡导的民主、自治、法治精神，并逐渐产生了独立自主的意识。

殖民地的居民，既拥有土地所有权的保障，又有自我管理的能力，所以大多有着强烈的自治理念，如果自治和效忠英皇产生了矛盾，他们宁可选择自治，一旦英国政府的某些政策违背了他们的根本利益或是收紧了管理绳索，就会引起强烈的反抗，这种情绪为其日后脱离英国管制实现完全自治埋下了最有力的伏笔。

北美英属殖民地建立之初最显著的特点是，它们没有受到英国政府的严格管控，除了佐治亚殖民地以外，其他殖民地的性质要么是某股东公司设立的定居点,要么是经国王特许而开拓出来的领地。国王将管辖权托付给公司和地产主,给了他们一定的自治权。移民领袖普遍几乎把自己管辖的殖民地看成是一个实体或国家,并不认为殖民地是英国政府的附庸。在殖民地中,某些公司被赋予了自治权,某些开拓者获得了特许状,从法律角度讲,他们的开发行为完全是合法的。但是,即便缺乏法律上的依据,早期移民的自治行为也并未受到挑战,譬如普利茅斯移民者在没有获得特许权的情况下,长期以来,一直自行管理事务,并没有受到政府的追究和责难。

  英王其实是很乐于为殖民地颁发特许状的,因为它能换来直接的实际利益——金钱。当时英国国库空虚,英王经济拮据,如果有人带着大笔金钱来游说他在特许状上签字,他自然不会拒绝。如果自己不喜欢的人申请获得特许状,看在钱的面子上,英王也会答应下来。比如有个叫乔治·卡尔弗特的精明商人积极筹划在北美大陆建立属于自己的殖民地,英王对他的家族怀有偏见,本来很有可能拒绝为他发放特许状,但由于王室财政拮据,而卡尔弗特又超级富有,在金钱的诱惑下,英王妥协了,把弗吉尼亚以北未开发的大片土地全都授权给了他。1634年,乔治·卡尔弗特的儿子塞西里厄斯·卡尔弗特建立了马里兰殖民地。殖民地是以英国查理一世的妻子亨利埃塔·玛丽亚的名字命名的。英王还曾经为了抵销债务,把宾夕法尼亚授权给了佩恩家族。

  如果打开美国地图的话,你会发现弗吉尼亚州、马里兰州、宾夕法尼亚州三大州的边界线就像刀削一般笔直,这是因为英王当年是依照经纬线来划分边界的,非常符合数学上两点之间直线最短的定理。后来英王将弗吉尼亚以南的土地交给贵族治理,并将其命名为卡罗来纳,殖民地的名字是由国王名字的拉丁文衍生出来的。许多弗吉尼亚人迁居到了该地的北部,贵族们又从英国和英属加勒比海一带召集了大批移民到物产丰饶、土壤肥沃的南部拓荒,南北差距逐渐拉大,因此殖民地渐渐被划分成了两部分，即北卡罗来纳和南卡罗来纳。

1629年，英王授予约翰·梅森开发马萨诸塞北部的特许权，后来梅森家族创建了新罕布什尔殖民地，马萨诸塞更北的地区由戈吉斯家族开发，建立了缅因殖民地。和近邻马萨诸塞比起来，新罕布什尔和缅因发展相对滞后，因此不断受到强邻的蚕食，缅因还曾经被马萨诸塞兼并过，新罕布什尔在很漫长的一段时期里都以半独立的状态存在。后来经过多年的斗争和争取，它们才逐渐摆脱了马萨诸塞的控制，走上了自由发展的道路。

北美殖民地比英国本土更重视法律文本。这些漂洋过海的移民者历尽艰辛跋涉来到新大陆，都有着自己的利益诉求，他们所能仰仗的唯有英王发放的特许状以及殖民者们共同签订的契约。法律文本可以赋予他们权力，保卫他们的权益，所以没有人敢对法律文本掉以轻心。在殖民地，总督的权力是非常大的，行政和司法的权力都集中在总督手里，后来各殖民地设立了法官，虽然司法事务尚未从公共事务中彻底脱离出来，但比较大的殖民地已经有人专门负责司法事务。有的还建立起了一套比较完备的法院系统。独立战争前夕，很多殖民地都建立起了比较完整的选举制度和司法制度，立法、行政和司法权有了一定的划分。

大航海永远的痛——黑奴贸易

北美殖民地的繁荣在某种程度上是黑奴贸易带动起来的，白人殖民者把大量的黑人从非洲源源不断地运送到殖民地，为殖民地的建设输入了新鲜血液，实现了罪恶的原始资本积累。历史上第一个奴役黑人的殖民地是弗吉尼亚，这种罪恶行径的出现与一个叫培根的领袖有关。

在弗吉尼亚民主观念已经深入人心，但少数精英派却利用自己手里的职权建立了一个专制的寡头政府。这种倒行逆施立刻受到了人民的抵制，人们不再听从政府的命令，还经常进行武装机会，培根借此机会脱颖而出。他能言善辩，极力谴责社会的不公，受到了广大民众的拥护，成为了备受瞩目的领袖。培根带着50名武装分子前往殖民地首府詹姆斯敦参加会议，引起了当局的警觉。政府立即下令逮捕培根，但是没能成功将其抓住。培根的行动受到了当地的支持，紧接着就有2000多人加入了武装游行，公开声援培根。当时殖民地既没有军队也没有警察，无力对抗游行队伍，于是总督伯克利做出了妥协和让步，不仅恢复了培根的参事席位，还给了他一定的军事指挥权。

  培根凯旋之后并不满足，要求获得更大的权力，伯克利被激怒了，声称要和他斗争到底。为了获得更多的支持，培根吸纳了大量愤世嫉俗的穷人，他们都是一些无产者，恨透了像伯克利这样作威作福的特权阶级，于是便大肆洗劫了伯克利支持者的产业。培根因此被描述成了暴民的领袖，当局借机宣布他为叛乱分子。培根纠集队伍再次向詹姆斯敦发动袭击，他称伯克利之流为蛀虫，指责特权者的腐败行为，痛斥社会贫富不公的现状，伯克利马上组织富人抵抗，还要求英国本土发兵支援。但援兵迟迟未到，詹姆斯敦很快被攻陷，培根带着愤怒的队伍大肆抢劫财富。

  由于群情激奋，劫掠失控了，酿成了一场特大火灾，詹姆斯敦成为火海，几乎被烧成平地。大火过后，培根本打算继续打击伯克利，最后在行军途中染病身亡了。伯克利趁敌方群龙无首大肆反扑，一举击溃了培根军队，英国军队到来后帮助他平定了叛乱。伯克利对培根的支持者展开了血腥残忍的报复，引起了英王的不满，后来被解职，回国没多久就去世了。

  培根起义给弗吉尼亚带来了阴影，当权者认为起义军大多来自没有土地的贫苦白人，这些无地的白人是社会动荡的罪魁祸首，所以太多的白人进入弗吉尼亚殖民地并不是件好事。但殖民地开发建设又需要劳动者，思来想去，他们就产生了从非洲抓获黑人代替白人干活的想法。

提到奴隶，人们立即会联想到那些衣不蔽体，在监工的皮鞭下辛苦劳作，像牲口一样任人宰割，像蝼蚁一样大批大批死去的可怜人。奴隶的境遇确实是无比悲惨的，事实上能够成功到达北美洲的黑人全都是身体素质最好的人，很多体质弱的人在半途中就不幸死去了。在航运过程中，大量的奴隶像沙丁鱼一样被密集地塞到船舱里，他们戴着沉重的铁镣，呼吸着污浊的空气，忍受着剧烈的颠簸，受尽了非人的待遇。

奴隶贩子为了牟取暴利，竟在一艘帆船上装载了好几百个奴隶，每个奴隶的活动空间只有6尺长、1尺4寸宽，他们个个蜷曲着身体，平时连翻身的空间都没有。有时海上刮起风暴，船舱空气不流通，很多黑人被活活闷死在里面。船舱内部拥挤不堪，空气无比潮湿，到处弥漫着恶臭的气味，传染病开始流行起来。在奴隶贩子眼里，患病的奴隶已经失去价值了，所以没有必要为他们浪费珍贵的食物和水源，谁若感染上疾病，立即会被毫不留情地抛入大海。就这样，一批又一批的人失去了宝贵的生命，北美之旅变成了名副其实的死亡之旅，经过人工筛选后，最强壮的人活了下来，成为了建设殖民地的主力军。

在波涛汹涌的大海深处，不知埋葬了多少奴隶的尸骸，幸存的奴隶也许每天都要目睹族人的尸体被抛下船只的一幕幕，起初他们内心可能很悲怆，后来会渐渐麻木，甚至认为死也是一种解脱。到达北美洲之后，他们消极的想法被证实了。奴隶们会羡慕那些死在半途的同伴，因为死亡结束了所有的痛苦，死了就不用再忍受皮鞭和劳役的折磨，不用像牲畜一样活着，不用在地狱般的人世间继续挣扎了。死亡并不是最糟糕的事，生不如死才是最残酷的惩罚。

在殖民者看来，奴隶不是自然人，而是免费劳动力和私有财产，他们可以像商品和牲口那样被拍卖，也可以用来出租，或是为自己所用。男奴的价值在于他们能不知疲倦、不计报酬地劳作，为自己创造更多的财富和收益；女奴的价值在于她们可以"繁殖"出更多的奴隶，若是买到了怀孕的女奴，就相当于买一赠二，不过得了便宜之后他们往往还不知道满足，总在悄悄盘算着女奴孕期无法工作造成的间接经济损失。每个奴隶主都希望以最低的成本和最划算的价格购买到最优质的奴隶。有了足量的奴隶以后，他们还要考虑以什么样的价格雇佣监工，监工的价格并不便宜，和免费务工的奴隶比起来，这些人显然太贵了。

大多数监工都具有残忍暴虐、阴险狡诈的品质，在他们眼里，奴隶全都是一群不可救药的懒鬼，自己必须时时挥舞皮鞭才能治好他们散漫偷懒的恶劣习性。如果鞭鞭见血的惩罚还不能让奴隶变得服服帖帖，他们就会动用非常手段。奴隶们在强大的暴力下顺服了，即使背部被打得皮开肉绽，时时感到火辣辣地疼，他们也不敢停下手里的工作。黑奴们一边忍受着怒骂、嘲讽和皮鞭，一边含着眼泪挥汗如雨地劳作，直至变成了一架丧失了生命的白骨，才算结束了所有的困难。

北美殖民地的当权者在巨大利益的诱惑下，早已忘记了什么是人道，什么是正义，他们不仅无视奴隶的悲惨境遇，反而开始鼓励奴隶贸易。早在1638年，英属北美殖民地便出现了贩运黑奴的商人。17世纪中叶，南卡罗来纳州出台相关法律鼓励黑奴贸易，法律条文规定但凡向当地输入1名男性黑奴的移民，均可获赠20英亩的土地；输入1名女性黑奴可获得10英亩的土地。17世纪末，纽约州运来的奴隶，不仅供应当地的劳动力市场，还有大批被送往南部殖民地。南部殖民地依靠剥削压榨黑人发展当地经济，大批商人积极踊跃地参与到黑奴贩运的行径中来。

随着奴隶贸易的兴盛，北美殖民地很多地区开始对进口奴隶收受重税，不过这一举措不是为了打击奴隶贸易，而是为了鼓励本地商人自行贩运黑奴，使他们免于充当倒卖奴隶的中间人。这种政策无异于地方保护主义，一方面可以保护本地人利益，限制外地人跟自己抢生意，另一方面可以增加本地的税收，可谓是好处均沾。

第三章
独立战争——艰难曲折的建国之路

　　进入18世纪中叶，英国进入了扩张阶段，先后与西班牙、法国交战，连绵的战争使得大英帝国的财政出现了困难，为了缓解经济危机，英国开始对北美殖民地增加赋税，引起了北美人强烈的反感，面对英国的苛政和步步紧逼，北美人的反抗情绪越来越强烈，抗税风潮一浪高过一浪，北美殖民地与英国的矛盾愈演愈烈，最后酿成了一场战争。

　　当时的北美人奉行"无代表不纳税"的原则，不甘听从英国的任命和摆布，更不愿意上缴强加在他们身上的赋税，他们相信自己有自治的能力，渴望独立的决心越来越坚定，因此北美早晚要摆脱英国的统治。由于在军事实力上北美和英国相差悬殊，与英国交战，北美人势必要付出巨大的代价，但是为了捍卫自由和理想，北美人放弃了所有的顾虑与担忧，义无反顾地投入独立战争中，最终打败了老牌殖民帝国——英国，建立了主权独立的自由、民主国家。

抗税风波和反英运动

在北美的殖民竞赛中,英国和法国的利益发生了冲突。英国占据了大西洋西岸的狭长地带,势力范围囊括了从缅因到佐治亚的大片领土。法国占据了密西西比河的广大地区以及今加拿大北部及五大湖地区。双方都有扩张的野心,互不相让,由最初的仇视发展成了大规模战争。当时英国的移民人数高达150万,法国移民只有区区7万人。两国殖民者的数量相差悬殊。处于弱势的法国人被迫和印第安人结盟,但在人数上仍然不能和英国抗衡。英法战争打了7年,最后以法国落败结束,法国被迫签订条约,把大片肥沃的殖民地忍痛割让给英国。

虽然打了胜仗,又得到了更多的殖民地,英国仍然没有改变危机四伏的命运,连年战争给国家经济带来了困难,战争结束后,英国国债几乎翻了一番。英国当局想当然地认为,既然国家是为了北美而战,北美殖民地就有义务帮助国家渡过难关,于是便想方设法搜刮殖民地进行敛财。1765年,英国颁布了《印花税法案》,规定北美殖民地所有的印刷品,包括书籍、报纸和文书,一律都得贴上一个类似于邮票的东西,即注明"税资付讫"的印花。名义上收税是为了支援殖民地建设和增加官兵薪酬,事实上是一种变相的盘剥。殖民地人民一眼就看穿了英国的阴谋,反对的声音一浪高过一浪。

北美人民的态度很明确,他们绝不会缴纳印花税,给出的理由很耐人寻味,他们声称英国的议会里没有一位北美殖民地的代表,殖民地没有得到应有的权利,所以他们完全可以拒绝履行超出合理范畴的义务,无论如何,他们都不可能缴纳苛捐杂税。英国议会听到这个理由非常吃惊,因为即便是在英国本土,很多城市在国家议会里也没有代表啊,没有一个城市会拒绝纳税，北美殖民地凭什么不纳税呢？

　　殖民地人民和英国官员因为印花税而吵吵嚷嚷，愤怒的群众一把抓住了征税官，在他的身上涂抹上了柏油，又在上面沾满了羽毛，对其极尽羞辱，还粗暴地往他的口里灌了不少滚烫的热茶。英国议会为了息事宁人，被迫取消了印花税，于是开始改征关税。1767年，政府颁布了新法令，要求进口的茶叶、玻璃、油漆、铅、纸张、丝织品必须缴税。新税法一经颁布，又激起了殖民地居民的抵制。

　　北美殖民地和英国统治者之间的矛盾日趋尖锐化，直接导致了"波士顿大屠杀"的发生。大屠杀惨案的死难者其实只有5人，但性质极为恶劣，它进一步加剧了双方的仇恨，为殖民地脱离英国管制起到了推波助澜的作用。

　　波士顿大屠杀发生在1770年3月5日，当时正是乍暖还寒时节，天上飘着雪花，地上积满了积雪。英国士兵怀特冒着严寒和风雪在站岗。黄昏时分，有个叫加里克的当地人走上前来，要求面见英军中尉哥德费屈，理由是中尉向他定制了假发，却没有付款。哥德费屈出来接见了加里克，明确告诉他自己已经付过钱了。双方起了争执，士兵怀特认为自己的长官遭到了冒犯，就端起枪托猛砸加里克的脸。

　　路人看到士兵公然打人，非常气愤，大家义愤填膺，开始漫骂怀特，围观的人越来越多，最后竟聚集了300多人，大家把怀特团团围住，对他怒目而视。英军上尉普雷斯顿带了7名士兵前来解围，也遭到了猛烈的围攻。人们向他们投掷雪球和碎石，还一个劲儿地高叫着"开枪啊""开枪啊"。普雷斯顿虽然下令不准开枪，但后来的事态发展完全超出了他的控制。士兵们在遭受了更多的攻击之后，全都惶恐不安，在没有得到开枪命令的前提下，他们擅自向人群开枪了，有5位平民中弹身亡。

　　惨案发生后，上尉普雷斯顿和8名士兵都被关进了监狱，4名参与其中的平民全被受审了，他们全都被控以谋杀罪名。波士顿民众要求严惩开枪军人，律师们全都不敢为普雷斯顿和他的属下辩护，连效忠于英国王室的权威律师也不例外。只有约翰·亚当斯敢于顶住舆论压力，公开出面为英军辩护。在法庭上，他慷慨陈词，引用刑法中的"黑石比值"原则，声称："宁可错放10名罪犯，也不能冤枉一个无辜的人。""无辜者受到保护比罪犯受到惩罚更重要。"在亚当斯有理有据的辩护下，普雷斯顿和6名士兵得以无罪释放，情急之下贸然开枪的两名士兵被判误杀，被捕的平民也都获得了自由。

1773年，英国政府为了使东印度公司积压的茶叶快速出售出去，制定了一项特别的法令，该法令赋予了东印度公司垄断北美殖民地茶行的权利，不但免除了东印度公司高额的进口关税，还严厉禁止当地人贩卖"私茶"。由于政策的保护，东印度公司在商业竞争中占尽了优势，殖民地本土的茶叶受到了极大的打压，引起了北美人民的极度不满。人们普遍认为东印度公司是英国政府一手扶植的，如果他们欣然饮用该公司贩运的茶叶，就等于被动接受英国的盘剥。法令出台以后，人们拒绝卸运和饮用茶叶，强烈抵制东印度公司。其中波士顿人民反抗最为强烈。

1773年12月16日，8000多名波士顿人开展了声势浩大的集会抗议活动。当天夜里，塞缪尔·亚当斯和约翰·汉考克率领60名"自由之子"伪装成本土印第安人趁着夜色悄悄登上了东印度公司的茶船，将342箱茶叶全部倒入大海。这就是历史上有名的"波士顿倾茶事件"。

英国政府听到消息，怒不可遏，把这种行为视为对英国统治的恶意挑衅，为了对殖民地的民众还以颜色，当局制定了一系列惩罚性质的法令，法令规定任何时候英国士兵都可以闯进殖民地民宅进行例行搜查，并剥夺了马萨诸塞的自治权利，封闭了殖民地最大最繁忙的港口——波士顿港。这些霸道的法令剥夺了北美殖民地人民应有的权利，遭到了当地人民强烈的抵抗。英国和北美殖民地长期积压的矛盾，在强制法令的刺激下，变得一发不可收拾，一场大战一触即发。

战争导火线：莱克星顿的枪声

面对英国政府的步步紧逼，北美人民忍无可忍，1774年9月5日，除了佐治亚以外，12块殖民地的代表聚首费城召开了第一次大陆会议，商讨应对英国的办法。经过讨论，代表们一致决定拒绝服从英国制定的强制法令，并决议向英王提交请愿书，要求英国政府收回命令，此外，大会通过了禁止从英国进口商品、抵制英货的决议。

参加会议的共有55人，虽然每个人都对英国的高压政策感到气愤，但代表们在对英的态度上表现得并不一致。以塞缪尔·亚当斯、约翰·亚当斯、斯蒂芬·霍普斯为首的激进派，认为英国已经把殖民地逼到了悬崖边缘上，北美人民不能继续坐以待毙，必须拿起武器抵抗。以乔治·华盛顿为首的温和派却认为，现在和英国大动干戈、兵戎相见为时尚早，大家应该冷静下来，理智地回到谈判桌上，事情还没有到达无可挽回的地步。其他代表也不赞同马上和英国开战，毕竟殖民地的军备和战斗力，同英国军队相比相差太过悬殊，一旦打起仗来，吃亏的还是北美人。

第一次大陆会议引起了北美人民的关注，民众有的欢呼雀跃，有的激奋昂扬，部分人支持激进派的主张，他们认为宣战的时刻到来了，北美人绝不会再任人宰割，英国若是一意孤行、不肯退让，北美人就应该团结起来，给英国一点儿颜色瞧瞧，必要的时候可以使用武力捍卫自己的权益。反英人士热血高涨，恨不得马上跟英国大战一场。但是，不是所有的人都想反抗，不少移民对母国英国怀有深厚的感情和强烈的认同感，即使他们也不想缴纳苛捐杂税，对英国出台的强制法令也很反感，但是他们思想比较保守，不愿和母国公开翻脸，一心想着通过和平方式解决争端。这些主张妥协、顺从英王的效忠派被称为"保皇党",而激进派人士则被称为"爱国者"。

当时北美殖民地的人口总规模大约有250万,"保皇派"约占1/5。北美还有1/5的人口是由黑奴构成的,殖民地是不是要和英国开战,是不是要独立,跟他们没有任何关系,白人之间互相掐架对他们来说既没有好处也没有坏处,无论谁赢谁输,他们的生活都不会发生任何实质性的改变。真正坚定反英的是少数派。

坚定的少数派开始商讨如何组建军队、训练民兵、选举领袖,为武装反抗英国做积极准备。英国得到消息以后,第一反应就是派兵镇压。大部分英国人觉得没有必要小题大做,殖民地的那些民兵只是临时拼凑起来的杂牌军,根本就没有能力兴风作浪。自始至终,他们都没有把北美武装放在眼里。马萨诸塞州的总督兼驻军总司令托马斯·盖奇却不这么认为,他十分了解北美人的脾气和秉性,认为这些具有反抗精神的叛乱者随时都有可能做出更大胆的更大肆的事情,如果不及时打压他们的气焰,叛乱一旦失去控制,革命之火便会以燎原之势燃遍整个美洲。

托马斯·盖奇的担心当然有一定的道理,不过他的扼杀行为不但没有制止叛乱,反而促使独立战争提前打响了。1775年4月,盖奇听到了一个爆炸性的消息,即在波士顿附近一个叫康科德的小镇上,有一个秘密掩藏的军火库。盖奇嗅到了火药味儿,觉察到了起义的苗头,于是当机立断,立即派弗朗西斯·史密斯上校和约翰·皮特凯恩带领800名士兵前往军火库所在地搜查,并下令一定要彻底摧毁军火库,目的在于消除隐患,同时打击北美人民的士气。

突袭军火库的行动是秘密进行的,英军向康科德镇出发以前,盖奇封锁了波士顿城,以防走漏消息、打草惊蛇。盖奇本以为一切都会进展得很顺利,英军将神不知鬼不觉地毁掉北美民兵的全部军火,让那些不知天高地厚的反叛者尝尝失败的滋味。可是他的如意算盘打错了,北美民兵没有他想象的那么愚蠢，也不可能坐以待毙。

英军采取秘密行动的当晚，行踪就被两名北美民兵发现了。这两名民兵一个叫保尔·瑞维尔，另外一个叫威廉·戴维斯，两人都是"自由之子社"的成员，均支持北美的民族解放运动。他们在波士顿的时候，就打探到了一个惊人的消息，即总督盖奇即将派军队前往康科德镇搜查摧毁北美民兵的秘密军火库，事后还要抓捕爱国者的主要领导人。情况非常紧急，两名民兵不敢耽搁，立即翻身上马，星夜疾驰地赶往各地给爱国者成员报信。沿途每经过一个村庄或小镇，他们都会发布消息说："快准备好，英军就要来了。""他们打算毁掉军火库，快拿起武器应战。"

他们马不停蹄地赶到了近郊的莱克星顿村，把英军要秘密搜查军火库的消息告知给了当地的民兵，然后又跃上马背向康科德镇飞奔而去。康科德镇的民兵听到消息后，很快自发地集合起来，然后在树林里、公路旁设好了据点，布置好了埋伏，耐心等待英军自投罗网。英军秘密潜进莱克星顿时，已是拂晓时分。民兵们等了一夜，在朦胧的曙色中，终于看到了800名身穿赫红色军装的英军，他们在少校弗朗西斯·史密斯的带领下，鬼鬼祟祟地摸进了村子，尽管四周弥漫着薄薄的朝雾，他们的红色军服依然显得十分醒目和刺眼，乍一看去，就像燃烧的火焰一样炽烈，又像殷殷的鲜血一样令人毛骨悚然。

英军的军容虽然很整齐，但经过一夜的行军，士兵们都感到很疲惫了，警惕性有所降低。北美民兵们眼见英军一步步走进了自己的埋伏圈，顿时血脉偾张，他们个个摩拳擦掌，一心想着将英军杀个措手不及。几个勇敢的民兵手握步枪冲了出来，挡住了英军的去路，他们怒视着英国人，眼睛像要喷出火来，同时大喊道："英国人滚回老家去！"史密斯定睛一看，发现挡路的不过是几个衣衫破烂的农民，轻蔑地笑了笑，然后向士兵下令开枪。"砰！"英军开了第一枪，民兵马上予以回击。激战中英军一个又一个倒在了血泊中，8名民兵当场牺牲。刺耳的枪声渐渐稀疏起来，寡不敌众的民兵边回击边撤退，没过多久就被打散了。

史密斯十分得意，小胜之后即刻带着大队人马浩浩荡荡地奔向康科德镇。英军冲进小镇时，天已经大亮了。英军挨家挨户翻箱倒柜地搜查，可是忙了大半天什么也没找到。其实民兵早就把火药库里的武器秘密转移了，领导人也都藏匿了起来。史密斯发觉情形不妙，命令士兵马上撤退。可是一切已经来不及了，英国士兵还没等反应过来，就接二连三地倒下了。小镇上响起了密集的枪声，一排排子弹呼啸着从房顶、草丛、树林出其不意地射过来，英军前赴后继地死在了枪林弹雨中。

隐藏在各个角落的民兵都是擅长打游击战的好枪手，他们趁英军不备连续发动突然袭击，英军举枪还击时，就巧妙地躲起来，这种非常规的打法把史密斯折腾得晕头转向，英军队伍大乱，很快就被打得溃不成军。如果不是援军及时赶到，史密斯根本没办法脱险。狼狈地逃回波士顿以后，他仍然心有余悸。或许在他的军旅生涯中，从来没有如此丢脸过。

"莱克星顿的枪声"极大地鼓舞了北美人民的民族士气，拉开了美国独立战争的序幕。它向大西洋沿岸的13块殖民地证明了这样一条真理：英军虽然强大，但并非是无法战胜的。只要大家众志成城、团结一心，就能击败任何势力、任何强敌，自由、民主和荣耀必将属于那些曾经用血和汗浇灌这片土地的人民，任何人都没有资格剥夺上苍赐给他们的福祉与荣光。

惊险生死战：大陆军勇渡特拉华河

1776年7月4日，杰斐逊发表了《独立宣言》，向全世界宣布美国正式脱离英国，成为一个主权独立的国家。美国向世界发出独立的呼声时，其实力和英国根本不能同日而语。作为一个年轻的国家，美国的经济尚处在起步阶段，完全不能跟老牌帝国主义国家英国相抗衡；军事力量较弱，无论是武器装备还是后勤保障，跟英国比起来，都有较大差距。大陆军没有多少作战经验，而英军久经沙场、训练有素，因此在最初的激战中，大陆军屡屡败退，死伤惨重。英国以微小的代价便取得了战争的胜利。

1776年8月，英军领导层出现大调动，威廉·豪出任军队统帅，接替行动不利的盖奇。他继任后，立刻纠集了3.2万兵力攻打纽约。英军登陆长岛后，和大陆军狭路相逢，双方发生了激战。那场战役打得非常惨烈，大陆军死伤的人数高达1500人，而英军伤亡的人数却不足400人，双方力量的对比由此可见一斑。华盛顿意识到，继续顽抗到底，大陆军极有可能全军覆灭，为了避免被英军全歼，大陆军被迫选择了以退为进的策略，主动撤出了纽约。

纽约失守严重打击了大陆军的士气。由于物资短缺、补给不足，很多士兵临近冬季还穿着夏装、光着脚，伤寒病开始在军营里流行，大陆军死的死、病的病、逃的逃，最后只剩下了5000人。华盛顿忧心如焚，他一边设法鼓舞士兵士气，一边考虑怎样打一场漂亮的翻身仗，让北美人民重拾信心。

很快，漫长的冬季到来了，缺衣少吃的大陆军将面临更加严峻的考验。连连获胜的威廉·豪认为大陆军不过是一群不堪一击的乌合之众，所以歼灭大陆军只是迟早的事，没有必要急着追击。眼见天气越来越冷了，他可不想让远道而来的英军在苦寒之地继续作战，于是在从纽约到伯灵顿之间修建了许多军营和基地，这样英军就可以在温暖的房间里舒舒服服地过冬了。威廉·豪的骄傲轻敌，给了大陆军喘息的机会。

华盛顿带着残余部队撤退到了宾夕法尼亚，在特拉华河附近将溃散的部队集合了起来。英军的主力没有追过来，但是为英军效力的黑森雇佣军就驻扎在河对岸。这支雇佣军来自德国，数量大约占英军总数的1/4，他们素来以骁勇善战著称，华盛顿不敢怠慢，密切地关注着对方的一举一动。当时已是寒冬腊月，时间临近圣诞节。黑森雇佣军认为大陆军绝不会在这样一个时间段贸然行动，所以放松了警戒。华盛顿果断地抓住机会，决定走一步险棋，他要带着数千名大陆军在圣诞节那天渡河。

华盛顿向高层传达了圣诞节渡河的军事行动，但为了谨慎起见，他并没有把这个机密行动透露给士兵。圣诞节那天，他一大早就下令让士兵们储备3日的军粮，还让他们带足弹药。他已预先准备好了渡河用的船只，其中几艘大型船只专门用来运载大炮和马匹。英军根本不会想到美军会选择在圣诞节渡河，毕竟那是一年当中最盛大的节日，正常情况下谁也不想在这天打仗或者采取任何冒险的行动。

到了晚上，华盛顿悄悄登上了渡船，大陆军在他的带领下神不知鬼不觉地渡过了结冰的特拉华河，成功到达了对岸。天色方亮，大陆军出其不意地向黑森雇佣军发起了突然袭击。黑森雇佣军连日以来耽于享乐，忙着欢度佳节，圣诞之夜睡得正香，被枪声惊醒以后，他们赶忙穿好军装、拿好武器抵抗。由于一切发生得太仓促了，军队陷入混乱，很快就被大陆军打垮了。最后，大陆军以2死6伤的微弱代价赢得了战斗的胜利，俘获了900名敌兵，还缴获了不少军火物资。

英军听到黑森雇佣军被大陆军击败的消息以后，非常不甘心，赶忙派去援军进攻大陆军，试图营救战俘，顺便狠狠教训教训大陆军，让大陆军尝尝王牌正规军的厉害。英军大军压境时，华盛顿沉着应战，带领大陆军三渡特拉华河，机智地与英军周旋，在普林斯顿战场上大获全胜。英军败退以后，被迫放弃了新泽西中西部的据点，开始向北转移。

华盛顿率领大陆军成功地夜渡特拉华河，是美国军事史上非常重要的历史事件。在独立战争初期，这步险棋是扭转整个战局的关键。如果没有这次军事行动，谁也不能预料独立战争会朝哪个方向发展，也许美国的历史也会因此而改写。

大陆军成功地战胜了黑森雇佣兵，极大地鼓舞了北美人民的士气，从此北美人积极踊跃参军，为大陆军补充了新鲜血液。以前，北美人对于独立战争的胜利普遍缺乏信心，因为在他们看来，英国兵力太过强大了，英军大部分都是来自本土的正规军，另一部分是从欧洲招募来的战斗经验丰富的职业老兵，而美军不过是一些自发组织起来的民兵，他们既没有经过严格的训练，又缺乏实战经验，而且装备简陋，补给供应不足，在这种情况下吃败仗是必然的。

华盛顿打败黑森雇佣军改变了人们的看法，人们开始意识到战争比拼的不只是实力，还有智慧、勇气、战略战术等多种因素，实力较弱的一方如果有着英明的决策和强有力的领导，便可以以弱克强、以小博大。

后来有一位叫伊曼纽尔·洛伊茨的德裔美国画家，专门为华盛顿夜渡特拉华河的历史事件创作了一幅油画。他栩栩如生地再现了历史上震撼人心的一幕，重点并没有落在宏大的场面上，而是放在了每个鲜活的人物上，他以天才般的笔触细腻地描绘了渡船上形形色色的人物，通过这些人物的穿戴和表情，我们可以了解到他们出身背景不同、个性迥异，但却有着同样的决心，他们愿意为争取民族独立付出一切、牺牲一切，正是基于这一信念，来自不同地域、不同阶层的人才放下了一切偏见、隔阂，凝聚成了一支铁的队伍，打败了他们的强敌。

画面上的冰块非常醒目，我们可以想象圣诞节当夜，大陆军的渡船在结满冰块的河面上行驶是多么艰难。然而他们没有被艰难吓倒，而是突破了一切阻力，出色地完成了渡河任务，沉重地打击了敌人，这在军事史上确实是一个不朽的奇迹。

独立战争转折点：萨拉托加大捷

1770年10月17日，大陆军以英军3倍的兵力大举进攻萨拉托加，将5700名英国士兵层层包围，逼迫他们缴械投降，英军因为寡不敌众被迫投降。这次战役在历史上被称为"萨拉托加战役"，它是独立战争的转折点，彻底扭转了整个战事的走向。

华盛顿大败黑森雇佣军以后，大陆军和英军又发生过多次交火。在英军强大的火力下，美军节节败退，很多要塞都相继失守了，最后连首都费城也丢了。华盛顿意识到他迫切需要打一场大大的胜仗扭转战争的局面，否则意志不坚定的将领和士兵很难坚持到独立战争的胜利。正当华盛顿苦心孤诣地思索破敌之策的时候，他的老对手威廉·豪又犯了骄纵轻敌的毛病，他完全沉醉在成功夺城的喜悦当中，下令军队坐守费城，充分享受胜利的果实。他的属将柏戈因迫不及待与大陆军交战，未经上司批准，就贸然带领军队强攻大陆军。由于柏戈因好大喜功、思想冒进，军事才能远远逊色于威廉·豪，其傲慢浮躁、骄傲自满的秉性却和威廉·豪如出一辙，所以在与大陆军交火的两次战役中均以惨败收场。

大陆军先后取得了弗里曼农庄大捷和贝米斯高地大捷，柏戈因被迫放弃营地，率残部撤退。在英军逃跑途中，两军零零星星地用火炮互相攻击，并没有展开激烈战斗。大陆军将军盖茨奉行穷寇莫追的军事原则，他认为英军虽然暂时失利，但战斗力仍然很强，如果把他们逼得走投无路，情急之下他们势必猛烈反扑，这样就会给大陆军造成巨大的损失。所以他没有乘胜追击，而是一心想着巧妙地切断敌军的退路，迫使敌军投降。

盖茨将军派属将费洛斯率领 1400 名美军前往哈德逊河东岸的萨拉托加，又派遣另一部分部队占领了哈德孙河的上游地段。柏戈因经过深思熟虑以后，决定退守到萨拉托加。这次撤退是非常艰难的，本来道路就崎岖不平，天又忽然下起了瓢泼大雨，地面更加泥泞不堪，士兵在泥地里艰难地行走着，感到又冷又饿，心情无比沮丧。由于草料供应不足，战马饿得走不动路，得靠人不断驱策才能勉强行进。行军一夜之后，人困马乏，大家都走不动了，只好停下来休息，同时焦急地等待运粮的船只出现。

休息了 3 个小时以后，英军继续前进，但没走多久便又停了下来，由于担心美军侦察队赶来发动袭击，他们不得不暂时躲藏起来。到了第二天，雨越下越大，道路上的积水更深，士兵们的衣服全都湿透了，个个浇成了落汤鸡，行军的速度更慢了。途中，他们走走停停，到了晚上才抵达萨拉托加。而美军先遣队早就先他们一步率先到达了那里，并且修建好了工事。

英军经过彻夜行军，早已累得精疲力竭，他们到达目的地以后连砍树生火的力气都没有了，全都穿着湿漉漉的军装往地上一躺就睡着了。当时天空还下着淅淅沥沥的雨，士兵们一点儿也不介意，在连绵不断的冷雨中一直睡到了天亮。

第二天早晨，柏戈因发现了大陆军的踪迹，因为害怕大陆军袭击自己的部队，他做了一个疯狂的决定，下令将菲什基尔河南畔的农舍和其他房屋全部焚毁，霎时间火光冲天，许多建筑物在大火中化为乌有，连斯凯勒将军的宅邸也被烧成了废墟。柏戈因因为这个贸然的决定，不仅受到了美方强烈的谴责，还受到了自己人的指责。面对非议，他却满不在乎，反而大言不惭地辩解道："如果不这么做，我们早就变成北美人的俘虏了。"

大陆军将军费洛斯带领部队占领了哈德逊河对岸的高地，然后居高临下地用密集的炮弹向英军发动了猛烈的攻击。柏戈因的炮兵因为炮火的袭击过不了河，于是便企图撤退到乔治堡，然后再想方设法开辟通往爱德华堡的道路。但是他们还没来得及行动，大军就被盖茨派来的队伍截住了。

在这千钧一发的时刻，英军的运粮船已经到达了哈德逊河沿岸，大陆军事先埋伏在了那里，看到运粮船便毫无顾忌地一通扫射，很多船只被劫走，英军为了夺回运粮船，与大陆军展开了浴血奋战，不少人当场中弹而死，伤亡率极高。在英军手脚大乱的时候，柏戈因紧急召集军事将领召开了一次会议，大会决定，因为被炸毁的桥梁没有办法在短时间内修复，所以英军必须放弃大炮和行李，每人带着一点儿粮食趁夜飞渡爱德华堡附近的浅滩。

孰料，强渡任务还没执行，就有士兵报告说，浅滩对岸早已有大陆军部署，爱德华堡和乔治堡之间的高地也都全被大陆军占领了。大陆军在高地上架好了大炮，随时可以对前来的英军发动猛攻。显然，英军已经被大陆军三面包围了。柏戈因无路可退，把希望全部放在了援军上。英军的营地每天都要受到炮火和子弹的袭击，为了警戒起见，到了夜里，每个士兵都得枕着武器睡觉。柏戈因知道大势已去，开始感到绝望了，他们的粮食只够吃3天，3天以后所有的人都必须饿着肚子作战。

柏戈因意识到他已经彻底输掉了战争，便不想再负隅顽抗了，于是又召开了一次军事会议，和各位军官商定体面地和大陆军签订投降和约。当时与会者投降的决心并不坚定，毕竟作为一个军人来说，投降是一件极其耻辱的事情，就在他们犹豫不决的时候，一枚炮弹穿过了军营的帐篷，从众人围坐的会议桌上面呼啸而过，所有人都吓得脸色惨白，在为劫后余生庆幸的同时，坚定了向大陆军投降的决心。

没过多久，英军开始派人和美方谈判，要求马上休战。盖茨答应了这一请求，但也对英方开出了条件，要求他们必须在大陆军的监视下全体放下武器，以战俘的身份向大陆军投降。英方态度坚决地拒绝了盖茨的条件，并放狠话说，如果美方一意孤行，坚持要这么做，那么日后战事势必再起。双方谈判陷入了僵持。后来柏戈因提议，让英军在自己军官的命令下，把武器聚集到指定的地点，然后前往欧洲生活，日后永远不会在美国境内服役。所有发誓不再参加战争的军官可携带自卫武器离开。盖茨将军接受了这些条件，柏戈因在投降书上签了字。

英军举手投降时，部队人数已经由9000人锐减到了5700人，损失了近半数兵力。大陆军却日益壮大起来。他们不仅重创了英军的士气，打击了敌方的嚣张气焰，还缴获了大量军需装备和军用物品，升级了武器库，后勤补给也得到了保障，一时间大陆军可谓是志得意满、兵强马壮，随时准备迎接更大的挑战。

最后一役：约克镇围城之战

经过萨拉托加一役以后，英美之间的战争进入了相持阶段。英国兵力损失严重，短时间内已经再也没有实力对大陆军发动大规模进攻。华盛顿领导的大陆军兵强将勇，已经不再忌惮英军。1781年夏，英国忙于和西班牙在直布罗陀海峡作战，无暇顾及法国，法国趁机派出援军和舰队穿越大西洋，登陆法属西印度群岛，然后奔赴北美支援大陆军。

罗尚博见到大陆军总司令华盛顿后，立即表示说法军是来帮助美国和英国作战的，法国军队作为盟军，愿意接受总司令的调遣。论资历和年龄，罗尚博是长辈，因此华盛顿对其敬重有加，他当即表示两军需要通力合作才能取得胜利。

然而两人在商量作战计划时，却出现了明显的分歧。华盛顿主张攻打纽约，罗尚博坚决不同意，理由是纽约是英军重兵把守之地，恐怕很难攻下，攻打康华利斯才是比较稳妥的策略。华盛顿自信地说他目前率领的大陆军的兵力是驻守在纽约的英军的 3 倍，根本没有必要害怕英军。罗尚博还是有所顾忌，他认为英军火力强大，防守无懈可击，再加上有强大的海军助战，千万不可小觑。华盛顿忙说法国海军实力也不弱，可以跟英国海军一决雌雄。罗尚博不愿带着海军去打没把握的仗，无论如何都不肯接受华盛顿拟定的作战计划。

驻守在西印度群岛的法国舰队司令德格拉斯伯爵听说华盛顿执意要攻打纽约，感到非常气愤，他马上向大陆军表明了法军的立场，说法国支援队伍是趁英国和西班牙在海上激战时偷偷跑过来支援美国的，10 月底，法军必须回到本土保卫自己的国家，所以不能损耗过多，最远只能到达弗吉尼亚战场。

华盛顿无奈地叹了口气，只好闷闷不乐地同意了攻打康华利斯的作战计划。率军南下时，他发布了无数大陆军即将调兵攻打纽约的假电报，故意让英军截获，还在纽约附近布下了少量疑兵以迷惑敌人，自己则率领大部队向康华利斯挺进。这招掩人耳目、声东击西的策略奏效了，英军新上任的统帅克林顿以为大陆军真的要大规模进攻纽约，做好了应战准备，等到发现一切都是大陆军精心布下的骗局以后，大局已定，他再也无力挽回什么了。

法国舰队在德格拉斯伯爵的带领下，抵达了切萨皮克湾，顺利与华盛顿大军会师，给大陆军带来了 3000 名援兵和高达 50 万里弗尔的巨额军饷。华盛顿、罗尚博、德格拉斯伯爵代表美方和法方的三巨头聚首，一起商定围攻约克镇的军事计划，独立战争进入到了反攻阶段。镇守在约克镇的英军将领康华利斯发现到处都能看见敌人的影踪，感到非常紧张，立刻向统帅克林顿说明了情况，并请求他发兵支援。克林顿认为大陆军想要攻占的地方是纽约，并不会对约克镇采取大规模的军事行动，所以没有立刻发兵，而是委派格拉斯将军带领一小部分海军南下探视一下情况。

英国舰队抵达切萨皮克湾时，看到了庞大的法国舰队。当时法国海军的数量是英国海军的两倍。格拉斯看着密密麻麻的法军舰队，心里害怕起来，但是为了保全自己和皇家海军的荣誉，他只能硬着头皮和法国海军激战。法国海军虽然在数量上具有压倒性的优势，但由于英国皇家海军威名在外，他们心里也有些害怕，因此不敢贸然行动。两国的海军隔着很远的距离互相发炮，不停地变换着阵形，全都无心恋战，暮色降临时纷纷收兵。就在战斗即将结束时，法国远在纽波特的舰队及时赶到了切萨皮克湾战场，他们带来了专门攻城用的重炮，格拉斯将军眼见大事不妙，马上下达了撤退命令，带着海军一路逃回了纽约。

在法军击退英军之际，陆上战争也如火如荼地展开了。当时华盛顿拥有2万多兵力，其中大陆军8000人，法军9000人，支持独立战争的当地民兵数千人，可谓是人多势众。约克镇很快就被重重包围了。攻城的第一步是扫清外围，华盛顿决定先占取城外的两个高地堡垒。汉密尔顿上校领命，他带领大陆军趁着夜色对英军营地发动了偷袭。为了维持行动的隐秘性，所有的大陆军都没有开枪，他们端着刺刀和英军展开了肉搏战，迅速占领了一处阵地，伤亡累计仅有30人。

法军负责拿下另外一处高地，在执行任务时，遇到了英军强烈的抵抗，士兵当场阵亡60人，不过最后他们还是圆满地完成了任务。美法联军各占一块高地之后，取得了地利的优势，直接把大炮架在了高处，开始以俯瞰的姿势向城内开炮。华盛顿亲自点燃了导火线，第一炮的打击目标就是康华利斯的私人宅邸。

康华利斯听到隆隆的炮声，感到心惊胆战。大陆军没有炮轰多久，他就支持不住了，很快便主动弃城投降了。英美双方谈判了两天，按照规定，两日后英军应该大开城门，列队投降。可败军之将康华利斯为了维护自己的颜面，佯装生病，不肯出城。他把贴身战刀交给了部下奥哈拉，让他代表自己前去投降。奥哈拉知道德高望重的法军代表罗尚博一直屈居在华盛顿之下，便想借投降之机挑拨英法联军的关系，他没有直接找华盛顿投降，而是故意走到了法国主将罗尚博面前，明确表示英军愿向他投降。

罗尚博早就看穿了英国人的诡计，没有上当，不接受他的受降，让他去找大陆军总司令华盛顿。华盛顿为此感到颇为不快，拒绝奥哈拉向自己投降，最后委派副将本杰明·林肯接受英方受降，英国人导演的荒诞闹剧这才落下了帷幕。

在约克镇一役中，英军的伤亡人数超过了700人，7000名本土士兵和2000名德国雇佣军全部被俘。克林顿将军得知自己上当以后，马上率领水陆两军的精锐部队赶来支援，火速抵达切萨皮克湾，那时康沃利斯已经投降两天了。英国援军到达约克镇时，看到了高高飘扬的星条旗，这才知道大陆军已经成功攻下了约克镇，一切已经无力回天了，于是远道而来的英军只好悻悻而归。格拉斯、克林顿、康华利斯由于在约克镇战场上表现得极为失职，回国后受到了广泛的批评和质疑，从此名誉扫地，前途毁于一旦。

约克镇围城大战是北美独立战争的最后一场战役，经过这场战争，英国终于意识到了美国人的强大，为了避免走向深陷北美战争泥潭的命运，被迫和美方议和。傲慢的英国人弄清了约克镇战役的经过以后，大多失去了继续作战的耐心，他们清醒地认识到，法国已经卷入了北美独立战争，如果继续耗下去，英国在与西班牙作战的同时，还要分心对付美国和法国两大国家，这实在是得不偿失。

英国人心想：何必要和那些不入流的难民和逃犯的后代斤斤计较呢，尽管让他们独立好了，大英帝国损失几块殖民地没什么大不了，全世界都在英国的俯视之下，丢失了北美并不会让国家伤筋动骨。美国人只想独立自主，也不想和英国再打下去，双方均有和谈的意愿，显然，英美战争已经彻底结束了，和平时代即将来临。

和平开端：巴黎和谈

英国战败以后，丧失了对北美殖民地的控制权，这个惊天的消息传到了伦敦，立即引起了轩然大波。首相诺斯勋爵不由得感叹道："一切都结束了。"英王还想跟美国血战到底，但议会已无心再战。战争不仅损耗了英国大量的人力和物力，而且使工商业受到了重创，蒙受损失的商人纷纷游说议会，劝当权者放弃与大陆军继续作战的机会，抓紧时间与大陆军握手言和。总之英国举国上下是赞成和谈的。

然而由于英王举棋不定，和谈一而再、再而三地被延后。华盛顿等不及了，他率领的大陆军个个衣衫褴褛，三餐不继，和谈再拖下去，恐怕不少人又要冻死饿死了。怎么才能让英王答应和谈呢？情急之下，华盛顿想出了一个大胆的主意——绑架正在纽约服役的威廉王子。威廉王子是英王的幼子，自幼喜欢航海，长大后一直在英国皇家海军服役。平时他喜欢一个人在纽约大街上散步，从来没有专人保护，所以想要绑架他并不是什么难事。

按照计划，有一个特别的行动小组会彻夜秘密潜入曼哈顿，执行绑架王子的任务。华盛顿特别强调，绑架王子只是为了逼迫英王就范，开启两国和谈，千万不能伤害威廉王子，一定要善待这位特别的人质。可是由于当晚的天气原因，行动小组出师不利，没能完成绑架任务。打草惊蛇以后，英军有了戒心，加强了对威廉王子的护卫，华盛顿失掉了最后一个筹码。

由于种种原因，英美谈判拖了很久。美方最终选出了5个重要人物作为和谈的代表，他们分别是本杰明·富兰克林、约翰·亚当斯、亨利·劳伦斯、约翰·杰伊、托马斯·杰斐逊。身为驻法大使的富兰克林已经身在和谈地点巴黎。其他的代表均在欧洲各国忙着各自的事情，一时赶不到巴黎。托马斯·杰斐逊为了陪伴身染重病的妻子，没有赶赴和谈现场。也就是说美方的代表团只有富兰克林一人在场。

在独立战争期间，法国人为美国提供了大量的帮助，美方为此十分感激，所以在和英国和谈之前，就给代表们下达了一个特殊的命令，即在没有征得法方同意的情况下，美方代表不得私自与英国签订任何形式的条约，意思是美国绝不能背弃法国这个同盟。由于法国卷入北美独立战争以后，西班牙也加入了对英战争的队伍，战争结束后，西班牙也想从和谈中分一杯羹。荷兰在美国获得约克镇战役胜利以后，第一个站出来承认美国政权的合法地位，作为第一个认可美国独立的国家，荷兰也有意让美国为自己争取更多的利益。

1782年4月，各方代表拉开了非正式和谈的序幕。英方的首席代表是理查德·奥斯沃德，他很想和北美发展友善的关系，同时还想削弱美国和欧洲国家的关系。于是他便建议富兰克林甩开其他国家的代表，尤其要把法国排斥在外，让英美两国单独和谈。他说假如法国非要干涉和谈，和谈的形式就会发生很多不可预知的变化，这是英国不希望看到的，到时候英国可能会拒绝承认美国独立，英国民间将拒绝偿还拖欠美国的债务，省下用于还债的钱将用来支援接下来的战争，这个结果无论对任何一方来说都不算是一个愉快的结局。

富兰克林虽然也想接受英方的建议，但大陆会议早已预先指示代表不能背弃法国，他不能违背这个命令，于是他语气坚定地对奥斯沃德说，无论英国人是否承认，美国早已成为了一个独立的国家，这是不容置疑的事实，没有讨价还价的余地。英国人想要违背信用拒绝偿还拖欠美国人的钱，这是在践踏一个大国的信誉，一个以商业立国的国家怎么会做这种事情呢？

转眼一个多月过去了，和谈一点进展都没有。奥斯沃德铁了心要游说富兰克林甩开各国只与英国和谈，富兰克林左右为难，他既想早点和谈成功，又不愿损害美法两国之间的友谊。想了很久，他终于想出了一个办法，于是先找到了法国代表弗吉尼斯，情真意切地对他说，很感谢法国对美国的支援和帮助，美国人将永远将两国的友谊铭记于心。但是为了加快谈判的进程，希望法国方面能允许美国先和英国接触一下。随后富兰克林对奥斯沃德说，英美两国可以单独和谈，但有3个条件：一是英国要把美国独立当成先决条件，否则一切免谈；二是英方要赔付美方战争费用；三是英方要将加拿大（主要指魁北克省）的领土割让给美国。

奥斯沃德当即表态说独立条款可以接受，割地赔款的事以后慢慢谈。和谈刚刚开始，富兰克林就病了。美方只好把远在西班牙的约翰·杰伊调到巴黎，让他代表国家继续谈判。38岁的约翰·杰伊虽然在政坛上是个举足轻重的人物，但在外交上却是个新手，他对大陆会议的指示感到很不理解，认为美国没有必要非把自己跟法国捆在同一辆战车上，国家之间没有纯粹的友谊，只有现实利益。到达巴黎以后，他立即跟英国密谈，对法国毫不理会。

约翰·杰伊对法国的漠视让富兰克林很不满意，两个人发生了争吵。没过多久，约翰·亚当斯也赶到了巴黎，和约翰·杰伊一样，他也不希望法国卷入谈判，美方代表团内部出现了分歧。最后富兰克林给大陆会议写了一封信，说亚当斯的言行不利于美法联盟。没过多久，亚当斯被调回了荷兰。亚当斯到达荷兰以后，为美方争取到了500万荷兰盾的贷款，两国还签署了贸易条约。在荷兰为美国立下大功的亚当斯后来又回到了巴黎，再次见到富兰克林颇有些尴尬，他本以为富兰克林也有同感，没想到富兰克林早已忘记了前嫌，热情欢迎他的到来。

其实亚当斯和富兰克林只是君子之争，两人并无私怨，因此很快他们便和好如初了。由于亚当斯和杰伊坚持要和英方密谈，富兰克林听完他们陈述的理由后，认为他们这样做完全是为了维护美国的国家利益，于是不再坚持以前的观点了。经过一番讨价还价和吵吵嚷嚷，《巴黎条约》正式成型了，内容包括：英国承认美国成为独立主权国家；确立美国边境线；美国在加拿大纽芬兰海域及圣劳伦斯湾一带拥有捕鱼权；英国和美国互相拖欠的欠款均按合同偿还；美国各州"保皇党"的财产受到合法保护；英美两国释放战俘；两国在密西西比河共享航行权；美国签订这项和约后占领的英国领土退还给英国；和约在半年内经双方立法机构认可生效。

1782年11月30日，美国和英国的代表都在巴黎条约上签了字。无疑，经过3位代表的竭力争取，美方成了最大的赢家。和约签订后，富兰克林十分愧疚地向法方代表弗吉尼斯说明了情况，弗吉尼斯气得不知说什么好，他知道如今说什么也没有用了，最后只是冷冰冰地抛出了一句："你们美国人做事太不文明。"富兰克林马上解释说和约中不存在损害法国利益的条款，在英法两国谈妥之前，和约不生效。美法仍然是友好的同盟关系。

弗吉尼斯听完富兰克林的解释，气稍稍消了一点儿，谁知富兰克林偏偏在这时候又提出了向法国贷款的要求。弗吉尼斯再次受到刺激，气得大叫起来。接着富兰克林施展出了自己的外交手腕，向弗吉尼斯讲明了利害关系，美法两国同盟关系得到加强，符合两国利益，如果法国不肯对美国出手相助，美国就会向英国靠拢，这会对法国很不利。弗吉尼斯被说服了，同意了美方贷款的请求。

1783年9月3日，英美签订的《巴黎条约》正式生效，标志着北美独立战争彻底画上了圆满的句点。这场耗时8年半、牺牲了25000人生命的民族解放战争终于结束了。北美大陆一片欢腾，一时间举国同庆，所有人都沉浸在胜利的喜悦中。不过战争的破坏，使新大陆如今已是满目疮痍、百废待兴，需要经过一代又一代人的建设，才能实现繁荣富强，但北美人对未来充满了信心，他们坚信获得独立和自由的美国，今后一定会越来越强大，美国终有一天会成为让全世界刮目相看的独立经济体。

第四章
英雄之歌——苍茫大地谁主沉浮

美国独立战争期间，涌现出了许多叱咤风云的领袖人物和英勇无畏的英雄，在他们的领导和推动下，北美人取得了一次又一次以弱胜强的胜利，创造了一个又一个奇迹，最终成功完成了建国大业。在领军人物中，影响力最大的当属美国国父华盛顿，很多史学家认为没有华盛顿就没有美国；在外交领域，富兰克林功不可没，是他向法国争取到了外援，一手建立了美法同盟，加速了独立战争的结束；在文化宣传方面，对美国贡献最大的当属杰斐逊和托马斯·潘恩，前者写下了著名的《独立宣言》，把独立的呼声传遍了世界，后者是北美人的思想启蒙者，用思想点燃了革命之火。

除了大名鼎鼎的领军人物以外，许多军功赫赫的英雄人物同样为国家的独立立下了汗马功劳，比如被誉为"沼泽之狐"的马里恩用游击战拖住了大批英军；海军将领约翰·琼斯驾驶着私掠船击败了正规英国海军；美国历史上第一位谍报员内森·黑尔只身前往敌占区搜索情报，付出了宝贵的生命……他们都曾为了美国走向独立抛头颅、洒热血，有些人并不是土生土长的北美人，而是来自欧洲的国际战士，因为热爱这片土地，他们倾其所有，将自己的命运和美国的命运紧密联系在一起……

华盛顿——开拓北美艰难独立之路

莱克星顿血战发生之后，英国派兵包围了波士顿，北美大陆的气氛空前紧张。1775年5月，第二次大陆会议在费城召开，这次13块殖民地的代表全部参加了。会议商讨的主要内容是创建抵抗英国的大陆军，推选种植园主华盛顿为总司令。其实在北美殖民地，好几位领袖都有资格担任大陆军统帅一职，比如伊斯雷尔·帕特南和查尔斯·李声望颇高，是非常有力的候选人和竞争者，那么人们为什么要推选一个庄园主担此大任呢？想要弄清这个问题，我们需要对华盛顿其人有更多的了解。

1732年12月22日，乔治·华盛顿出生在弗吉尼亚的一个庄园主家里。他的家境并不富裕，仅有少量田产和黑奴，父亲在他很小的时候就去世了。16岁时，他开始外出谋生，只身到西部当了一名土地测量员，然后又辗转到了俄亥俄河流域，干起了买卖土地的行当，积极投身种植业，渐渐地变成了一个非常有名的大种植园主。

华盛顿受过的教育非常有限，但他精明强干、意志力坚定，又肯吃苦，所以年纪轻轻便在弗吉尼亚混得风生水起。华盛顿胸怀大志，不满足于仅仅当一个富有的普通庄园主，一心追求更光辉、更伟大的人生。英法战争爆发以后，他毅然决然地走上了战场，由于军功显赫而荣获了上校头衔，这段军旅生涯为他日后成为大陆军的统帅奠定了坚实的基础。

历史的潮流把华盛顿推到了风口浪尖上，他临危受命，乐于为北美人民的独立事业鞠躬尽瘁，这一信念从来就没有动摇过。华盛顿掌权之初，想要建立一支富有战斗力和凝聚力的军队，要求每位士兵必须服役

3年。但是大陆会议的代表们并不同意这一提案，理由是组织过于严密的军队日后极有可能为集权者利用，成为暴君掌控的工具。他们不想用烈士的鲜血来孕育暴君的胜利果实，所以最后虽然勉强接受了华盛顿的提案，但坚持让各州委任自己的军官。华盛顿对这一决定表示理解，并没有因为自己的权力受到限制而感到不快。

战争是残酷的，无论是正义的一方还是非正义的一方，在兵荒马乱的年代，都难免犯下烧杀抢掠的暴行。华盛顿却始终坚信道义，无论条件多么艰苦，他都不会让士兵带着刺刀、端着手枪走到手无寸铁的平民面前征集军需物资。他坚信自己是为人民而战，如果因为自己缺衣少穿而劫掠人民，那么所有的流血牺牲都失去了价值。

在独立战争期间，大陆军的军人吃尽了苦头，他们衣衫褴褛、狼狈不堪，衬衣就像乞丐身上披的碎布条，裤子破破烂烂，长袜连腿都遮不住，鞋子烂得出现了好多破洞，冻僵的脚趾直接露在外面。有的士兵更惨，连一双烂鞋都没有，只好忍受着酷寒，光着脚在雪地里行军。茫茫的雪地里，留下了一行行带血的足迹。皑皑的白雪和殷红的血迹相映生辉，见证了北美人民艰难的独立之路。

士兵们的伙食更是差得出奇，一小把栗子、一丁点儿烤羊肉就是他们好几天的食物，大部分时间大家都在挨饿，连残羹冷炙都得不到。食物严重匮乏时期，有人发明了一种叫"火饼"的东西，所谓的火饼就是面粉加水放在煤炭上烤，烤好的火饼又干又硬，难以下咽，曾有个士兵叫苦连天地抱怨道："老吃这些干巴巴的东西，肠子都要变成厚纸板了。"

长期以来，华盛顿一直跟士兵们一起同甘共苦，他理解士兵的处境，同情他们的境遇。但是国家却没有给这些为自由而战的战士予以应有的报偿，大陆会议一连好几年都没有给士兵发放军饷，很多人穷得身无分文，连回家的路费都凑不齐。华盛顿感到痛心疾首。

虽然华盛顿为军人受到的不公待遇感到气愤，但在大敌当前，他不希望大陆军出现内乱，于是在1783年3月15日，特地召开了一次军官大会，告诫广大军官们千万不要"打开内乱的闸门"。演讲临近尾声时，他不动声色地从兜里掏出了一副眼镜，感慨万千地说："请允许我把眼镜戴上，为了这个自由的国家，我熬白了头发，眼睛也快瞎了。"那些在战场上流血不流泪、铁骨铮铮的军官们听到这么动情的一句话，全都默默流下了眼泪。

是呀，谁能否认华盛顿为美国独立所付出的一切呢？如果没有华盛顿带领大陆军队与英国展开艰苦卓绝的斗争，世上就不可能诞生像美国这样以自由著称的新兴国家，世界的格局和人类的历史也将成为另一副样子。所以无论从哪个角度讲，华盛顿都是当之无愧的美国国父。

和许多伟人一样，华盛顿并不是一个十全十美的人。他的表达能力较差，倘若事先没有拟定发言稿，他站在讲台上就会茫然不知所措，脑子里一片空白，根本就不知道该讲些什么。显然，他不是一个雄辩滔滔的政客，也缺乏临场应变的能力。华盛顿还有一个弱点就是，他比较腼腆害羞，不知该怎样向心仪的女士表达爱意，因此他被拒绝过好多次，也失恋过好多次，好在最后他终于找到了一个可以和自己相濡以沫的人。两人一直恩爱有加，和和美美地度过了一生。

华盛顿并不是那种喜欢毛遂自荐的人，在召开第二次大陆会议，代表们商讨大陆军总司令人选时，约翰·亚当斯极力向大家推荐华盛顿，不遗余力地赞美了他身上富有的种种美好的品质，还夸赞他有领导才能和军事才干。听到这些歌功颂德似的论调，华盛顿感到很不好意思，被夸得满脸通红，最后他实在不想继续尴尬地留在那里了，竟提前逃离了会场。

纵观华盛顿的一生，他也许不像拿破仑那样不可一世，具备横扫世界的魄力，但是在独立战争进行得最艰难的时候，他坚持了下来，最终带领北美人民击败了英国人，为美国的独立和自由做出了巨大的贡献。

最难能可贵的是，他大权在握时，并没有被野心和权欲冲昏头脑，而是选择了听从良知的召唤，公平、公正地使用权力。登上总统之位以后，他更是看透了权力的本质。晚年主动告别了政坛和权力中心，宁愿在葡萄架下和无花果树下颐养天年。解甲归田以后，他感到非常快乐，曾以欢快的笔调在写给拉法耶特的一封信中这样说道："我终于成了波托马克河畔的一个普通的老百姓了。"这就是声名显赫的美国开国总统的最平凡的愿望，他的特立独行至今影响着一代又一代美国人。

杰斐逊——把独立的呼声传遍世界

独立宣言的发表把北美独立战争带入了一个崭新的阶段，7月4日也成为了被美国人世代纪念的独立日，杰斐逊作为《独立宣言》的起草和拟定者，注定要被后人所传颂和铭记。

托马斯·杰斐逊出生在弗吉尼亚的一个比较富有的家庭，从小受过系统而良好的教育，曾就读于威廉玛丽学院，并荣获了法律学位。杰斐逊是一个非常有思想有见地的年轻人，他相信天赋人权，深受英法启蒙思想的影响，渐渐地成长为一名直言不讳的民主斗士。

从《独立宣言》的措辞中，我们可以从一个比较客观的角度了解杰斐逊的思想和主张，比如他义正词严地写道："我们认为下述真理是不言而喻的：人人生而平等，造物主赋予他们若干不可剥夺的权利，其中包括生存权、自由权和追求幸福的权利。为了保障这些权利，人们才在他们中间建立政府，而政府的正当权利，则是经被统治者同意授予的。任何形式的政府一旦对这些目标的实现起破坏作用时，人民便有权予以更换或废除，以建立一个新的政府。"意思是任何一个政府违背了平等和自由的精神，人民都有权推翻它，重建一个能充分捍卫人权的合格政府。他所倡导的"人人生而平等"的原则成为了美国立国的基本原则，日后成为了各国人民誓死捍卫的崇高理想和信念，所以一直为后人所推崇。

《独立宣言》中曾经删除过一些比较敏感的内容，这些被隐匿的东西更能反映杰斐逊的秉性和品格。他在初稿里曾经毫不客气地批判了英王贩卖黑奴的罪恶行径，言辞无比犀利，字字力透纸背，有如控诉一般。殖民地的代表们看了相关内容以后，很是不悦。他们认为杰斐逊太过情绪化，因为当时很多北美的殖民地也都卷进了黑奴贸易中，大张旗鼓地批评英王贩卖奴隶，无异于在打自己的脸，以后殖民地还怎么合法贩奴？种植园主们需要奴隶，如果看到了《独立宣言》中的这些内容，势必与大陆会议反目成仇，如此一来，北美就会陷入内战，独立战争还怎么打下去呢？

从人道主义出发，杰斐逊是反对奴隶制度的，但在独立战争时期，殖民地需要团结一切尽可能团结的力量，为了避免种植园主们造反，他只好暂时放弃了原则，把痛斥英王贩奴行为的内容全部删掉了。

和乔治·华盛顿一样，杰斐逊既是美国开国元勋，也做过美国总统，不过他始终保持着平民化的作风。生活中的他不修边幅、言语随意，随便找张椅子就能歪歪斜斜地舒服坐着，没有一点儿绅士的派头，也没有什么架子。杰斐逊是个性情中人，喜欢直言不讳。华盛顿卸任以后，时任国务卿的杰斐逊和副总统亚当斯都是下一届总统的最佳人选，他们都坚信自己有能力成为国家元首，乐于为美国人民谋求更多的福利。最后亚当斯在竞选中胜出，他不无得意地拍着杰斐逊的肩膀说："老弟，你乖乖地给我做副总统好了。"杰斐逊回敬道："你可要小心了，4年后你任期满了，我不踢你下台才怪。"4年后，杰斐逊果然打败了政敌亚当斯，成功问鼎总统之位。

宣誓就职那天，杰斐逊没有乘坐任何交通工具，他和几位同事步行出发，穿过了两条脏兮兮的烂泥街道，径直朝国会走去。他不看重排场，也不需要前呼后拥，而是乐于把总统的形象平民化，所以一直被大众视为平民总统。

杰斐逊当副总统的时候，曾发生过一件有趣的事，后来成为了最能彰显他平民化作风的轶事。相传有一天，他一个人来到了巴尔的摩的一家旅馆入住，身上穿着一件布满污渍的工作服，显得又脏又邋遢，老板上上下下地把他打量了一番，然后不耐烦地告诉他没有房间了。这位老板做梦也不会想到他挥手赶走的就是起草《独立宣言》的名人、美国大名鼎鼎的副总统杰斐逊。杰斐逊离开后，老板才通过他人弄清了杰斐逊的身份，他感到既惶恐又后悔，赶忙派人找杰斐逊解释，声称不管杰斐逊想要多少个房间他都会尽力安排。

杰斐逊已经住进了另一家旅店，他心平气和地让来者转告老板说："您的一番好意我心领了，不过您开办的旅店既然没有一个房间可以安置一个身穿工作服的平民，那么当然也就没有房间安置副总统了。"在杰斐逊眼里，穿工作服的普通平民和高高在上的副总统并没有什么区别，可惜的是大部分人都太相信功利主义了，以至于忘掉了《独立宣言》中一再强调的"人人生而平等"的原则。

和其他伟人比起来，杰斐逊更像一个可爱的普通人，他的行事风格更贴近平民，不喜欢往自己脸上贴金，也不爱沽名钓誉，毕生都在践行《独立宣言》中所倡导的基本精神。在美国总统中，杰斐逊也是非常独特的，他不像肯尼迪那样英俊，而是长得高高瘦瘦、其貌不扬，手脚非常粗大，脸上布满雀斑，但他的魅力却远远超过肯尼迪。其传奇经历也比悲情的肯尼迪更能引发人的深思。

卸任总统以后，杰斐逊欠下了大笔债务。由于他担任总统时年薪并不是很高，很多的花费都得自掏腰包，再加上要供养亲戚、仆人上百口人，经济负担非常重。为了还清债务，已经年逾60岁的他，开始拼命经营农场，可是仍然没有走出债台高筑的困境。他的女儿在给他写的信中非常伤感地哀叹道："我什么都能忍受，就是不想看到您都这么大年纪了还要为债务发愁。"

即便是穷困潦倒、自身难保，杰斐逊也没有忘记继续为美国人民谋福利。他曾经花费了不少时间到各方游说，号召创建弗吉尼亚大学。83岁那年，躺在病榻上的他收到了国会发出的邀请书，邀请他于7月4日出席庆祝《独立宣言》发表50周年的庆祝活动。杰斐逊手捧邀请书，想起当年起草《独立宣言》中的种种情形，不禁老泪纵横。他当然非常想出现在纪念日的活动现场，可惜他病得太重了，根本没有办法出席，最后不得不满心遗憾地写信推掉了邀请。

病情恶化后，杰斐逊好几次陷入了昏迷，每次醒过来都会问身旁的人："是那天吗？（指7月4日）。"苦撑到7月4日纪念日那天，在全美人民都在庆祝《独立宣言》发表50周年时，杰斐逊永远地闭上了眼睛。碑文是他亲自起草的，里面没有任何自我夸耀的成分，只有非常简短朴实的一行字："埋在这里的是托马斯·杰斐逊，《独立宣言》的起草人，《弗吉尼亚宗教自由法案》的制作人，弗吉尼亚大学的创建人。"

如果他的碑文归其他人撰写，我们看到的将是"伟大"和"不朽"等光辉荣耀的字样，"荣任两届美利坚合众国总统"的政坛履历一定会被特别强调。但杰斐逊至死都在以自己的方式践行《独立宣言》所倡导的原则，在他眼中，最引以为傲的事不是当了两届总统，也不是成为了被历史铭记的伟人，而是为美国人民实实在在地做了几件有意义的事，这就是这位平民总统的可贵之处，也是他最可爱之处。

富兰克林——为美国建国大业推波助澜

在美国争取独立的道路上，除了华盛顿和杰斐逊以外，还有一位关键人物：本杰明·富兰克林。他在政治、外交、科技等领域为美国的建国大业起到了推波助澜的作用。在美国需要援助的时候，他作为驻法大使，倾其所能说动法国参战，为美法结盟做出了巨大的贡献，内战结束以后，他在巴黎的谈判桌上，凭借三寸不烂之舌和高超的外交智慧，为美国争取到了大片领土，以至于有人说他用舌头赢来的领土比华盛顿拿枪浴血奋战赢得的领土还要大。

富兰克林无疑是一个成功的政治家和出色的外交家，但这只是他的部分身份，除此之外，他还是一个了不起的科学家、发明家、印刷商、作家和慈善家。在美国历史上，不少风云人物都头顶无数光环，但像富兰克林这样纵横多个领域，且在每个领域都能取得突出成就的人并不多。

独立战争期间，他立下了汗马功劳，不仅为美国争取到了国际支持，还帮助美国成功打开了外交局面。在独立战争前后，他在发明创造以及印刷业、社会活动等方面的成就有力地推动了美国经济、政治、科技的发展，为美国的建国大业做出了无可估量的贡献。

本杰明·富兰克林其实并非出自钟鸣鼎盛之家，他的父亲约西亚·富兰克林是一个制造和推销蜡烛、肥皂的商人，生意规模不大，只是小本经营，勉强能养活一家人。约西亚·富兰克林迎娶富兰克林的母亲时，带来了亡妻生下的7个孩子，婚后又生下了包括富兰克林在内的10个孩子。也就是说，富兰克林出生在一个人口众多的大家庭，从小日子就过得很不宽裕。

由于家境贫寒，富兰克林只读了3年书就被迫辍学了，很快他便成了父亲小店里的帮工。他是一个好奇心很强的孩子，似乎对任何事情都能产生兴趣，唯独对做蜡烛没什么兴趣。每天工作的时候，富兰克林总是提不起精神，父亲看出了他的心思，不想再勉强他，便把他送到了哥哥詹姆斯·富兰克林的店里做学徒。詹姆斯开办的不是日用品作坊，而是一家印刷店，富兰克林在店里其实充当的是印刷工的角色。他很喜欢这份工作，没过多久就掌握了所有的印刷技巧，成长为一位技术娴熟的优秀工人。

印刷是份苦差事，但比做蜡烛有趣多了，富兰克林对这份工作很满意，日子过得非常充实。因为当时有很多人把各式各样的书籍送到店里，让工人印刷，所以印刷店里总是摆满了琳琅满目的图书。富兰克林就好像置身在一个微型的图书馆里，只要一有空便坐下来安静地看书。他几乎把所有的闲暇时间都用在阅读上了，通过自学他不仅学会了拼字和语法，还积累了词汇量，为他日后的成才奠定了坚实的基础。

富兰克林15岁的时候，他供职的印刷店创办并出版了北美大陆第一份独立的报纸——《新英格兰报》。富兰克林很高兴，阅读了大量书籍以后，他很想尝试写文章，《新英格兰报》不失为一个很好的平台。可惜哥哥不支持他写作。无奈之下，他只好取了一个叫作"塞琳丝·都古德太太"的笔名给报纸投稿。文章一经发表后，很快在社会上产生了巨大反响。读者被他幽默的风格和富有智慧的语言打动了，这位神秘的"都古德太太"霎时间变成了波士顿备受关注的名人。人们对这位妙笔生花的"女士"充满了好奇，都想弄清她的"庐山真面目"。詹姆斯很得意，怎么也没想到这位给报纸带来密切关注度的"都古德太太"会是自己的弟弟富兰克林。

后来詹姆斯还是发现了真相，他为自己被蒙在鼓里而生气，当即宣布不再出版"都古德太太"所拟写的稿件。富兰克林不能继续在报纸上发表文章了，但他写作的热情丝毫没有衰减，他决定无论如何都要坚持写下去，将来一定要当一个了不起的大作家。不久他找了一个文采极好的笔友，两人通过书信往来提升写作水平。富兰克林还尝试着把同一个题材的内容写成不同的文体，通过变换修辞风格，来提高写作技巧。

17岁那年，富兰克林离开了印刷店，只身来到了费城。当时他和詹姆斯的合同还没到期，但他实在不愿在那里继续待下去了，于是悄无声息地逃离了波士顿。刚到费城的时候，他只是一个神情疲惫、衣衫凌乱的落魄年轻人，走到大街上没有任何人注意他，谁也不会想到日后他会成为美国历史上多么了不起的大人物。

没过多久，富兰克林就在费城的一家印刷店里找到了一份不错的工作，凭借着出色的印刷技术和卓越的文采，他很快成为了当地的名人，据说连宾夕法尼亚的总督都听说过他的大名。总督十分欣赏这位才华横溢的年轻人，出于对他的信任，把赴伦敦采购印刷设备的差事交给了他。富兰克林借着这次出行，开阔了眼界，增长了学问。回到北美以后，立即跟朋友合伙开设了一家印刷店，创办并出版了宾夕法尼亚第一份报纸——《宾夕法尼亚报》，当时他只是一个年仅22岁的毛头小伙子。

由于精通印刷术，又精明能干，富兰克林在印刷出版界声名鹊起，他的生意越做越大，几乎包揽了当地政府的所有印刷业务，分店在北美遍地开花，很快他就成为了业界首屈一指的人物。《宾夕法尼亚报》成为了当地家喻户晓的报刊读物，富兰克林依靠他的文笔征服了万千的读者。1733年，富兰克林出版了畅销读物《穷人理查德的年鉴》，获得了丰厚利润，成为了北美大陆最有名望和最富有的作家、出版家之一。42岁那年，富兰克林退出了给他带来巨大声誉和财富的出版、印刷界，开始致力于对电的研究。

在富兰克林所处的时代，人们对电了解不多，电在当时是一种神秘而又不可捉摸的事物，人们怀着恐惧和好奇的心态谈论它，没有人明白它究竟是怎么产生的，又是怎么发挥作用的。富兰克林认为闪电现象其实和电流没什么区别，它是自然界中比较激烈的一种放电现象。为了证实这个理论，富兰克林冒着生命危险做了捕捉雷电的实验。

他故意选了一个电闪雷鸣、风雨交加的日子，带着儿子把一只风筝放到了天上，风筝线的末端系着一把铜钥匙。风筝和线被雨水淋湿以后，导电性大为增强，使其成功把雷电从黑压压的乌云中疏导到了导电性能良好的铜钥匙上。富兰克林摩擦了一下两手的大拇指，然后小心翼翼地接近铜钥匙，这时闪烁的电火花出现了，证明他确实捕捉到了云中的电流。风筝实验轰动了北美洲和欧洲，他被誉为"从天空中抓到闪电的人"，成了人人仰慕的大英雄。

富兰克林弄清了电的原理以后，成功发明了避雷针。避雷针的发明使得很多建筑物免于受到雷击的破坏，从此雷电交加的日子人们再也不必恐慌了。富兰克林让自然现象变得不再神秘，他用科学实验为人们打开了探索自然、了解宇宙的一扇窗。除了避雷针以外，富兰克林还发明了新式火炉、双聚焦眼镜、单扶手连桌椅、玻璃乐器、新式路灯、电轮、自动烤肉机、高架取书器等。然而他没有为自己的任何一项发明申请过专利，因为他发明东西不是为了名利，而是为了更好地造福人类社会，他很乐意像前人那样向社会慷慨地贡献自己的发明，不需要得到任何回报。

就在富兰克林醉心于发明创造时，北美殖民地爆发了英法战争，富兰克林出席了各英属殖民地召开的会议，提出了北美各殖民地联合起来对抗法国的主张，从此名声大震，成为了活跃在政治舞台和外交舞台上的重要人物。当年他的联合主张没有受到重视，20年后，这一主张却成为了美利坚合众国成立的理论基础。

在独立战争中，富兰克林发挥了重要作用，他不仅参与了《独立宣言》的起草工作，还曾凭借着卓越的外交口才争取到了法国的支持，以70岁高龄之躯只身前往巴黎，成功说服法国出钱出兵支援北美独立。当华盛顿带领大陆军在前线艰苦奋战时，富兰克林积极游走于欧洲各国，为大陆军运送来了大批军火。出任法国大使时，他成功促成了美法联盟，独立战争以后，他成功说服英国答应了北美提出的一系列条件，迫使英国承认美国独立的同时，又为美国争取到了更多的有利条件。

富兰克林是不折不扣的无冕之王，他出身平民阶层，缺少机会和上升阶梯，然而他从不放弃，通过不懈的自我奋斗，成长为令全世界肃然起敬的一代伟人。他传奇而精彩的一生就是对"美国梦"和"美国精神"最好的诠释，在以后的岁月里，一批又一批移民到美国的人都在念诵着富兰克林的故事，从他的光辉事迹和只言片语中汲取力量，实现了一个又一个难以实现的梦想。

马里恩——为游击战倾尽热情的"沼泽狐狸"

在美国独立战争中，涌现出了无数名噪一时的英雄人物，其中游击队重要领导人弗朗西斯·马里恩就是其中的一位，他因为战术灵活多变，不可捉摸，被英军称为"沼泽狐狸"。

弗朗西斯·马里恩是南卡罗来纳州人，他身材瘦削，个头矮小，面部线条棱角分明，显得十分硬朗，一只突兀的鹰钩鼻子是他最显著的特征。在与英国人周旋的过程中，他那种神龙见首不见尾的游击打法，经常搞得英国人头昏脑涨，英军费尽了心机擒拿他，却一次又一次扑空，连极富作战经验的少将出马照样被戏耍。

据说康沃利斯麾下的塔尔顿上校和詹姆士·威姆斯少校曾经派出密探打听马里恩的行踪，还到处搜集有关马里恩的消息，对其展开了疯狂的追逐，誓言一定要捉到这个狡猾的敌人，然后处之而后快。英军常常能得到可靠的消息，可每次风尘仆仆地赶到马里恩栖息的宿营地时都会扑空，因为马里恩早已事先安全转移了。可见在收集情报方面，马里恩总是技高一筹，他总能在敌方抓捕自己之前得到消息，然后轻轻松松地逃之夭夭，令远道而来的敌人白跑一趟。有一次，英军派遣骑兵出堡垒抓捕马里恩，骑兵在返回途中，发现马里恩神不知鬼不觉地偷袭了堡垒，并放火将其烧毁。

出于军事防御的目的，马里恩在易守难攻的斯诺岛上建造了基地，并把自己的宿营地建在了被密密的灌木丛覆盖的沙石山脊上，这个山脊十分特殊，不仅贯穿整个小岛，而且背靠沼泽和洼地，旁侧长满了带刺的荆棘和甘蔗。凭借着这些天然屏障，马里恩安全度过了许多艰难的岁月。

有一位英国军官为了和游击队交换战俘，曾经亲自登上过马里恩藏身的小岛。在那名军官印象中，马里恩的队伍衣衫褴褛，像乞丐一样穷酸，但始终士气昂扬。而马里恩本人又瘦又矮，其貌不扬，缺乏领袖气概，但他目光坚定、眼神犀利，站在人群里显得卓尔不凡。英国军官客气地把随身带来的烤红薯拿了出来，大家一起吃了一顿美好的晚餐。

马里恩并非一直驻守在宿营地里，他一直在等待时机。兵力太少时，他不会贸然行动，等到游击队的队伍壮大后，他便开始迫不及待地策划闪电突袭战了。有一次，马里恩带着一支150人的队伍跋山涉水40英里，赶到了英军的军营，于夜里发动了突然袭击。英军猝不及防，纷纷逃到了附近的沼泽地。马里恩轻而易举地缴获了80支步枪和80匹战马。

突袭进展如此顺利，马里恩很是得意，不过真正让北美人铭记于心的不是他成功突袭英军军营的行动，而是发生在半个月前的"王山之战"。1780年10月7日，马里恩带着5支来自边远地区的民兵队伍与亲英派帕特里克·弗格森上校领导的 1100 名士兵在王山一带展开了血战，结果民兵武装将亲英派一网打尽，连号称具有百步穿杨技法的神枪手弗格森上校也倒在了民兵的枪口下。据说，此前华盛顿差点儿死在弗格森上校手里。亲英分子被消灭以后，康沃利斯放弃了入侵北卡罗来纳的计划。

马里恩由于立下战功，被提拔为准将，除夕那天，士兵们用一种古老的、流行于乡间的仪式庆祝狂欢。马里恩很激动，尽情和人群欢笑，全然忘却了东躲西藏的艰辛，大家沉浸在欢乐的氛围中，等待新一年的到来。1781 年春，大陆军南方美军司令纳撒内尔·格林将军率领部队进驻卡罗来纳。由于不熟悉当地风土人情，他找到了当地的游击队帮忙，要求游击队帮助大陆军侦察和窥探敌军的一举一动。虽然有求于人，但格林将军只相信正规军，不相信马里恩带领的游击队能在独立战争中发挥什么作用，根本就没把马里恩放在眼里。

英军不像格林将军那样轻看马里恩，他们把马里恩看成了眼中钉肉中刺，下定决心要把马里恩的游击队逐出南卡罗来纳，必要时可以全歼。英军高层早被这个身材矮小的游击队领导人搞得心烦意乱，他下令伏击"沼泽狐狸"马里恩和他的队伍，一定要给对方以毁灭性的打击。长年和英军打交道的马里恩，早就对英军的伏击战术了如指掌，他不仅又让英军扑了空，还偷袭了对方运输军需物资的车队，阻塞了河上的交通，还跟约翰·沃森领导的英军队伍打了好几场零零星星的小规模战斗。

马里恩的游击队人数太少，在实力上根本无法跟沃森将军的正规军相抗衡，但是他们作战灵活机动，行动起来迅捷如闪电，且精力旺盛、不知疲倦，无论白天晚上都在跟英军周旋。沃森将军发现，无论他的军队转移到哪里，周围的道路都会被人为地封死，连自己的坐骑也被狙击手射杀了。这支游击队实在是太可怕了。

1781年4月，英军占领了斯科特湖畔的一个军事要塞。马里恩等到援军赶来时，计划着拼死夺下要塞。当时游击队装备简陋，手上没有大炮等重型武器，由于人手严重不足，连修筑掩体的人都没有。在敌我力量悬殊的情况下，游击队并不气馁。他们砍了很多松树搭建成了一座稳固的高塔，自己站在上面居高临下地向敌军扫射，最后顺利地攻下了要塞。

格林将军听到胜利的消息，不禁对马里恩刮目相看，他忍不住给对方写了一封信，以热情洋溢地笔调赞美了马里恩的功绩。马里恩凭借着少数人的力量成功牵制住了康沃利斯的军队，为华盛顿重新集结大陆军赢取了时间，为法国军队成功穿越大西洋与大陆军会师赢得了宝贵的时间。由于马里恩这只狡黠多智的"沼泽狐狸"成功困住了追捕他的猎人，康沃利斯将军屡屡失利后，被迫撤出了卡罗来纳。北美独立战争结束以后，马里恩留在了家乡南卡罗来纳州，1795年，在自己的种植园里安然闭上了眼睛，结束了他平凡而又伟大的一生。

后来，美国以马里恩为原型拍摄了一部叫作《爱国者》的电影，刻意美化了马里恩的形象。不可否认的是，马里恩为了北美的独立事业倾尽了热情，有着甘愿为祖国抛头颅洒热血的壮志豪情，但他原本是农场奴隶主出身，性格中掺杂着残暴的一面，和人们心目中那种具有远见卓识、总想匡扶正义的英雄形象还是有一定差距的。正所谓人无完人，马里恩虽不完美，但他的英雄事迹一直被流传，很多故事都成为了人们口中的佳话。"沼泽狐狸"的故事至今为人们所津津乐道。

托马斯·潘恩——用思想点燃革命之火的民主斗士

人们常把自愿投身于北美革命的法国侯爵拉法耶特看成是新旧两个世纪的英雄,然而却忘记了更有资格荣获这个荣誉称号的另一位斗士——托马斯·潘恩。拉法耶特披坚执锐,用武力捍卫民主自由,潘恩以笔做枪,不遗余力地传播革命的理想,为北美脱离英国统治,成为自由独立的国家起了巨大的推动作用。

和拉法耶特一样,托马斯·潘恩也不是一个土生土长的北美人,然而他却为美国的独立战争倾尽了心血。潘恩是一个地地道道的英国人,出生于英国诺福克郡的一个普通的平民家庭。由于家境不好,他年仅13岁便辍学了,失学以后开始跟父亲学习制衣,后来又到海上谋生,苦熬了好多年,终于在22岁那年开设了一家属于自己的商店,娶了一位贤惠的妻子。不久,妻子怀孕了,夫妻俩都在等待着小生命的降临。孰料世事无常,由于妻子难产,当时的医疗水平又不发达,妻子和孩子都没保住,潘恩还没有来得及享受一下为人父的喜悦,就听到了妻子和孩子双双死去的噩耗。

潘恩失去了挚爱的妻子和即将出世的孩子,只剩下孤零零一个人,生意也垮了,他消沉了一段时间,后来又陆续做过收税官、货物检验员、老师等工作,每份工作都干不长。他似乎对大部分工作都不感兴趣,也可能是还没有从家破人亡的伤痛中恢复过来,总之他做什么都会把事情搞砸,又因为不懂得人情世故,日子过得非常艰辛。

他37岁那年,一个偶然的机会,他遇到了北美常驻英国的贸易代表本杰明·富兰克林,通过富兰克林之口,他了解到了北美的情况,产生了到北美发展的念头。然而通往新大陆的航程并不顺利,由于船上卫生条件太差，很多乘客病了，5名乘客病死了，潘恩也染上了重病，差点儿死在半路上。不过他不甘心就这么卑微地死去，以顽强的意志力战胜了死神，硬撑到了终点。被抬下船时，潘恩已经奄奄一息了。好在富兰克林的医生及时对他实施了救治，他在医生的精心照料下，调养了6个星期，慢慢恢复了健康。

由于手持富兰克林的介绍信，潘恩毫不费力地找到了工作。次年1月，他顺利成为宾夕法尼亚杂志的编辑。莱克星顿的枪声在北美大陆上空打响以后，潘恩感到非常兴奋。因为自从踏上新大陆那天起，他心底就产生了一个隐秘的愿望，他要在这片土地上把革命的火种点燃。兴奋之余，他撰写了无数篇支持革命的文章，还计划编写一部宣传革命真理的小册子，名字就叫"简单的真理"。他的朋友建议他把小册子更名为"常识"，因为这个名字更加贴近普通人，也更容易深入人心。

潘恩接受了朋友的建议，开始着手拟写小册子，一年之后便完稿了。写完了《常识》，潘恩到处寻找出版商，希望《常识》能印刷出版。当时北美还没有脱离英国的管制，谁也不愿冒险为他出版。潘恩历经周折才使《常识》得以跟北美的读者见面，不过因为内容太过于煽动，他没有直接署上自己的名字，只是署名为"一个英国人"，再版的时候他才鼓起勇气署上了自己的真实姓名。

《常识》只有薄薄的47页，然而一经问世，就成为了北美各殖民地最畅销的革命宣传读物，短短3个月内，10万册小册子一售而空。北美独立战争期间，至少卖出了50万本小册子。殖民地250万人口中，有阅读能力的人不足200万，但是平均每4个人手中就有一人手里捧着《常识》，这说明《常识》是当时最热门的畅销书。在灯光迷醉的酒吧里，在热气腾腾的饭桌旁，在人来人往的大街上，随处都能看到拿着《常识》阅读的人。不识字或没钱买书的居民会聚拢到朗读《常识》的人身旁，认真聆听着其中的每一句话、每一个字。《常识》就像一个惊天炸雷一样，震醒了头脑混沌、思想矛盾的北美人，大家这才意识到革命是一件势在必行的事情。

《常识》发表之前，很多北美人认为英国压榨殖民地的行为，都是英国议会的错，国王没有错，大家应该继续效忠英国王室。潘恩却说罪恶的根源在于君主制，世袭的国王为了自己的私欲弃人民于不顾，给国家带来了无穷无尽的灾难。国家的强大并不依赖于国王的英明，而是由人民的素质来决定。所以自由的人民没有必要绝对服从国王。

妥协派希望能和英国达成和解。潘恩在《常识》中一针见血地指出大英帝国只在乎自己的利益，根本不会考虑北美人民的利益。北美若不独立，将永远成为英国的附庸。为了反抗英国的压迫和剥削，北美耗费了不少资源，倘若斗争的结果只是换来了和解的结局，那么以前做的一切都太不值得了。英国迫于压力，可能会答应和解，但不久就会故技重施，绝不可能给予北美人应有的公正待遇。

有些北美人认为，从血统上讲，北美人是英国人的后裔，英国和北美具有血浓于水的亲缘关系。潘恩指出北美人不单是英国人的后裔，还是欧洲各国人的后裔。英国不是北美的母国，北美人反抗英国是出于对自由理想的追求，称不上背叛母亲。

《常识》中有这么一段鼓舞人心的话完完全全地体现了自由的宗旨："啊！你们这些不但敢反抗暴政，而且敢反抗暴君的人！请站出来！旧世界遍地盛行着压迫，自由遭到驱逐。亚洲和非洲早已把她赶走，欧洲把她当成怪物，英国已经对她下了逐客令。接纳这个逃亡者，为人类准备一个避难所吧！"

潘恩还在《常识》小册子中提出，北美获得独立后，应该建立一个民主共和国。人们感到疑惑，一个没有国王的国家该如何运行呢？潘恩给出了答案:"让我们为宪章加冕!北美的法律就是国王!"

因为《常识》的理念深入人心,许多原本持观望态度的北美人也都开始支持独立。很多人因为读了《常识》参加了大陆军。每个大陆军士兵的背包里几乎都有一本被翻烂的《常识》。约翰·亚当斯甚至说:"没有《常识》作者的那支笔,华盛顿举起的剑将徒劳无功。"足见《常识》影响之大。

在当时的历史时期,没有一个人的作品能像《常识》那样具有广泛的销路,但潘恩分毫不取,把所有的稿酬都捐给了大陆军,在国会外事委员会任职以后,他又把全部工资的 1/3 捐献了出去。后来他索性放下了纸笔,投身到了大陆军帐下。在军营里,他又抽空写下了《美国危机》小册子,鼓舞北美人民为国家为理想奋战。

北美独立战争结束后,美国给了潘恩一块封地,又授予了他本国公民的身份,本来他可以舒舒服服地在美国度过后半生。但他天生不是那种安分的人,为了给自己设计的桥梁筹集贷款,他又回到了英国伦敦,听说法国爆发了大革命,他抑制不住内心的激动,挥笔写下了歌颂革命、抨击君主制的著作《人权》。英国政府不能容忍他的"反动"论调,愤怒地将其驱逐出境。潘恩又去了巴黎,继续宣传革命思想。

后来他身陷囹圄,孤立无援,美国为了不得罪英、法两国,不愿承认他具有美国国籍的事实,没有为他提供任何庇护,以至于他险些死在狱中,最终历经艰难坎坷,数年以后才得以再次回到美国定居。

1809 年,潘恩在潦倒中孤独地死去,葬礼冷冷清清,景象无比凄凉。由于他发表的权威言论触动了美国人的敏感神经,美国人对这个无所顾忌的英国人不再抱有好感,对于他对美国独立做出的贡献选择了缄口不提。

潘恩的悲剧在于,他跻身于政界,却从来都不是一个有城府、有心计的政治家,其实他只是一个带着书卷气的理想主义者而已,他不谙人情，一心追求民主、理想、自由，不可避免地要和当权者发生各种各样的矛盾和纠纷，而且很难被公众所理解。然而正是因为有了像他这样的人，人类的光辉理想才不会褪色，即便社会上永远充斥着黑暗、狡诈和腐败，只要有他这样的人存在，人类社会就会永远充满希望。

约翰·琼斯——用私掠船打破英国海军不败的神话

在我们的固有印象中，美国获得独立战争的胜利全都是华盛顿领导的大陆军的功劳，其实海军在对英战斗中也发挥了重要作用，不过从严格意义上说，当时美国还没有组建出一支富有战斗力的正规海军，甚至连一艘像样的大型军舰都没有，国家只有一些机动灵活的私掠船，能干的水手往往能被提拔成重要的军事将领，其中约翰·琼斯就是这么一个人物，他曾一度被视为美国的民族英雄。

约翰·琼斯虽被评为美国的民族英雄，但他并不是美国人，而是地地道道的苏格兰人。他的父亲是种植园工人，收入微薄，赚来的工钱只能勉强糊口而已。约翰·琼斯13岁就开始独立谋生了，很快就成了一名水性极好的水手。本来他可以在大海上继续漂泊下去，像其他水手那样平平凡凡、安安静静地度过一生，终日与浪花、海鸥为伴。可人们常说性格决定命运，像约翰·琼斯这样富有野心、脾气暴烈的年轻人是不会甘于一辈子默默无闻的。在一次打架斗殴中，因为下手太重，他无意中把人打死了，惊慌失措的他为了逃避罪责，漂洋过海逃到了北美。

约翰·琼斯到达新大陆以后，得知北美爆发了独立战争，于是产生了在北美建功立业的想法。他毫不犹豫地加入了美国的海军队伍，先后在两艘快速巡航舰上服役，由于表现突出，被提拔为上尉，还受到了海军舰队司令的赏识。21岁那年，他出任单桅船"突击者"号船长。他正式成为船长那天，美国国旗星条旗被设计出来了，他的船只有幸成为美国历史上第一艘悬挂美国国旗的舰艇。

约翰·琼斯接到的第一个任务，就是以最快的速度赶到法国，将美军在萨拉托加取得大捷的好消息传达给美国驻法大使本杰明·富兰克林。尽管他一路疾驰，恨不能立即把捷报传到富兰克林耳朵里，但是结果却令他大失所望，因为在他到达法国前，早有另一艘军舰把这个好消息带了过来。为了安慰这个白忙一场的年轻人，富兰克林说日后他可以按照自己的战术给英国人以有力一击，意思是来日方长，以后还会有很多立功机会。

法国国王路易十六对约翰·琼斯颇为欣赏，专门拨出了两艘军舰让他指挥。约翰·琼斯受到了很大的鼓舞，开始策划如何袭击英国人。他认为，要想让那些军心废弛的船员变成拼死抗战的海军，最直接的途径就是多缴获一些战利品，然后用豪侠精神打动和感染每个人。

在海战生涯中，约翰·琼斯指挥的最有名的战役是弗兰伯勒角之战，当时他带领着一支只有6艘船的小舰队，负责重创英军军舰。旗舰"博霍姆·理查德"号装有42门大炮，但因为部分火炮不能使用，打击能力大为降低。这艘船其实根本就不是什么军舰，原本是东印度公司名义下的商船。船员来自8个国家，共有380人，仅有60多人是美国人。船队中有两艘船属于私掠船，3艘是法国军舰，仅有1艘为美国舰艇，指挥官是一个不太靠谱的法国人。

这支海军队伍俨然就是一伙临时拼凑起来的杂牌军，他们既缺乏凝聚力，也没有战斗力，根本不可能是英国正规海军的对手。约翰·琼斯自知此行凶险万分，临行前，他悲怆地说："我打算走一条危险的路！"事实证明，他的想法是对的。这支小舰队果真表现得十分糟糕。舰队刚离开法国的洛里昂港，他手下的船只就因为各种各样的原因散开了。2

艘私掠船上的船员根本无心作战，一心想要抢夺战利品，找到机会便脱离组织自己寻找目标去了。一艘法国军舰迷路了，另一艘舵柄断了，美国军舰上的法国指挥官皮尔·兰第伊斯想要自己寻找合适的时间和地点行动。最后只有一艘舵柄折断的法国船只和一艘小型海防舰"复仇者"号追随约翰·琼斯继续航行。

舰队到达苏格兰的雷斯角，兰第伊斯指挥的美国军舰莫名出现了，没过多久又神秘地消失了。舰队抵达设得兰群岛顶端时，兰第伊斯又露面了，看来他没有找到目标，只好选择与约翰·琼斯会合。约翰·琼斯的小舰队航行到弗兰伯勒角时碰到了一支由41艘船组成的运输队，旁侧还有两艘英国军舰护航。面对强敌，约翰·琼斯毫不示弱，毫不犹豫地对英国的舰队发起了进攻。

小型"复仇者"号太小了，根本不能上前作战，只能在射程之外观战。约翰·琼斯本想设法将英国护航军舰和运输船队分开，但英国上校理查德·皮尔逊早就看穿了他的计谋，没能让他得逞。紧接着理查德·皮尔逊指挥的"塞拉比斯"号凭借超强火力击败了约翰·琼斯的小舰队的"斯卡巴勒女伯爵"号，并俘虏了上面的船员。约翰·琼斯大为震怒，不管不顾地驱策着"博霍姆·理查德"号冲了上去，跟英国的"塞拉比斯"号展开了激烈的厮杀。

两艘战舰开始互相发射炮弹。"塞拉比斯"号上装有44门火炮，全都能正常发射炮弹，这是"博霍姆·理查德"号远远比不了的。两舰互射了一通之后，"博霍姆·理查德"号的甲板上被轰出了一个大窟窿，还有两门大炮被击裂了，整只船开始向一侧倾斜。约翰·琼斯意识到想要战胜强大的敌人只能智取，不能强攻。于是他巧妙地把船开到了敌舰的船尾，企图让两船接舷。理查德·皮尔逊发现了他的意图，用火力把他打退了。"博霍姆·理查德"号在转向时，由于行动笨拙，不慎让两舰的索具缠在一起。琼斯所有的火炮都没法朝敌船瞄准了。

理查德·皮尔逊得意地说："你的船搁浅了吗？"约翰·琼斯倔强地回答道："我还没有开始战斗呢？"这句话后来成为了美国人广为传颂的名言，成为了诠释勇气、信念和胆识的著名金句。

"博霍姆·理查德"号处境极为不妙，好在后来海面上起风了，借助强大的风力，约翰·琼斯的船偏离了不利的位置，又能向敌船发炮了。明月从海面上升起时，约翰·琼斯又有了新的计划，他试图巧妙地绕过敌船的舰首，理查德·皮尔逊慌作一团，混乱中使舰首撞上了"博霍姆·理查德"号船尾的舵楼甲板，最终被对方的后桅帆索缠住了。两艘军舰缠在了一起。约翰·琼斯为了把敌船紧紧地拴牢，敏捷地跳下了舰桥，伸手抓住了敌船的前支索，将两艘战舰结结实实地绑在了一起。

在接下来两个小时的战斗里，两艘战舰几乎是炮口冲着炮口互射，约翰·琼斯的大炮大都失去了攻击力，要么不能发射，要么已经哑了火，只剩下3门炮能正常使用。"博霍姆·理查德"号在敌方猛烈的攻击下，四处着火，舱内的积水已达两米深。英国军舰也受到了重创，船上也起了火，由于缺少炮手，运来的弹药发射不出去，扔得到处都是。两方的炮手大部分已经在激战中丧生。大约在晚上10点左右，美军向英舰投掷了手榴弹，引燃了船内的弹药，20名英军当场炸死。

约翰·琼斯借着月光又向敌船发射了一枚双用途炮弹，把"塞拉比斯"的主桅炸得粉碎，理查德·皮尔逊彻底丧失了斗志，他一把扯下自己曾亲自挂在桅杆上的舰旗，将其当作白旗向美军投降。约翰·琼斯在弗兰伯勒角的出色表现使他获得了极高的声誉，法王路易十六特地为他颁发了军功勋章，并赐予他金柄宝剑。

约翰·琼斯的事业达到顶峰之后开始衰退，他主持建造了美国最大的军舰"美国"号，辉煌过后逐渐开始走下坡路。接下来的岁月里，他在俄国海军中谋到过军职，由于个性强悍，缺乏包容性，得罪了不少人,最终因为受到诬陷被迫离开。后来他辗转法国,病逝于巴黎,死时年仅 45 岁。他死后不久,美国任命他做阿尔及尔总领事的委任状被送到了寓所,可惜他没来得及享受这份荣耀便撒手人寰了。1905 年,他的遗体被运送到美国安葬。

约翰·琼斯的一生虽然比较短暂,且大部分时间都被挫折和失意所困扰,但他身上那种不畏强敌、勇于战斗的精神至今激励着美国人,美国为了表示对他的尊敬和怀念,特地将海军中的 4 艘军舰用他的名字命名,可见在美国人的心目中,他一直都是一个顶天立地的大英雄。

内森·黑尔——美国谍战中英勇献身的第一人

我们知道战争是硬实力和软实力的比拼,在软实力中谍报水平是重中之重,有时候一份至关重要的情报抵得上一个师的兵力。在美国独立战争中,涌现出了一位特殊的谍报工作者,他因为行动失败被英军以间谍罪处决,临死前留下了一句著名遗言:"我唯一的憾事,就是没有第二次生命献给我的祖国。"他的爱国精神和视死如归的英雄气概感染了一代又一代美国人,其雕像至今矗立在美国中央情报局总部大楼前,其言论多次被情报部门引用,作为一般的指导原则,他就是大陆军战士——内森·黑尔。

内森·黑尔 1755 年出生于康涅狄格州,父亲是一个富有的农场主,家境十分殷实。长大后的黑尔高大英俊,仪表堂堂,学习成绩优异,在耶鲁大学读书时迷上了舞台剧,不过他没有产生当演员的想法,而是希望毕业后回家乡当老师。如果是在平静而祥和的和平年代,他必定能成为一名桃李满天下的优秀教师,但在那个风起云涌的特殊时代,他很难置身事外,作为一个北美人,独立战争打响以后,他不可避免地会被卷入历史的洪流中。

　　莱克星顿的一声枪响惊醒了迷梦中的北美人，黑尔也受到了感染，他立志要为国家的独立奋战到底。在市民集会上，黑尔热血激昂地慷慨陈词："让我们立即进军，在赢得独立前绝不放下武器。"为了反抗英国的殖民统治，黑尔毅然离开了书声琅琅的校园，选择了一条凶险未卜的路，加入了反英武装组织大陆军。他虽是一介书生，但打起仗来却表现得异常英勇，没有半点儿文弱之气。由于表现出色，他受到了赏识，很快就被提拔为上尉。

　　艰苦的军营生活磨砺了黑尔的意志，锻炼了他的胆识，也使他的爱国热情得到了升华。他不再把自己看作学富五车的耶鲁高才生了，而是把自己当成了一名真正的战士，胸中时刻荡漾着"马革裹尸"的豪情，即便是血染疆场也在所不惜。

　　由于美国的大陆军在整体实力上和英军相差太悬殊，抵不住英军的狂轰滥炸，在万不得已的情况下只好撤出纽约长岛。华盛顿意识到再这样打下去美军将损失更加惨重，这场战争靠硬碰硬火拼是没有希望打赢的，与其让无数大陆军白白死在敌方猛烈的炮火之下，还不如派出情报人员测探一下敌人的军情，只要掌握了敌方的动向和军力部署情况，就能先发制人、转败为胜。可是当时美国并没有成立专门的间谍机构，也不曾培养出一个情报人员，战士们全都不具备相关经验，贸然闯进英军控制的区域侦察敌情，无异于白白送死。

　　这项任务太过艰巨了，风险又太高，稍有不慎就会送命，因此谁也不愿铤而走险。在这危急的时刻，军官们纷纷退缩了，他们宁愿留下来和士兵作战，也不愿孤身深入虎穴，一个人承受绝望和痛苦。华盛顿见状很焦急，不知道该怎么办才好。黑尔觉得，能为祖国做事是军人的光荣，便决定挺身而出。好友听说黑尔要深入敌区搜集情报，马上劝他放弃这个念头。好友费尽口舌阻拦他，希望他酌情考虑，告诫他不要仅凭

第四章·英雄之歌——苍茫大地谁主沉浮

一腔热血做出犯傻的事来。黑尔不顾劝阻，主动向华盛顿请缨，接下了别人都不敢接手的重要任务。

尽管从来没有做过侦察工作，黑尔却一点儿也不胆怯。他毅然脱下了军装，换上了平民衣服，秘密潜进了被英军占领的纽约长岛地区。黑尔虽然很谨慎，但毕竟没有受过专业的训练，而且没有任何实战经验，他的行踪很快被英军罗杰斯上校发现了。罗杰斯上校有着丰富的作战经验，曾经在战场上屡立奇功。他跟初出茅庐的黑尔完全不同，作为一名身经百战的军人，他不仅懂得如何指挥士兵作战，而且深谙战场谍报知识。通过对黑尔的观察，他认定来者就是美方派出的间谍。为了核实情况，他没有直接揭穿黑尔的真实身份，选择了伺机与之攀谈。

罗杰斯曾经被大陆军囚禁过，所以对大陆军的情况有一定的了解。他利用这一优势，骗取了黑尔的信任，让其误以为自己也是大陆军的战士。罗杰斯说他也是一名大陆军间谍，这次冒险闯进敌占区目的在于弄清该区民众的倾向，并收集有关英军调动的情报。天真的黑尔信以为真，便把自己的任务毫无保留地告诉了罗杰斯。罗杰斯很高兴，马上邀请黑尔到自己的住所共进晚餐。黑尔答应了他的邀请。

就在主宾开心用餐的时候，英国士兵闯了进来，不由分说地逮捕了黑尔。一番搜身之后，英军从黑尔身上找到了一张详细记录英军军情动态的纸条，认定他就是间谍，当天便把他移交到了曼哈顿司令部审讯。由于敌方找到了有力的证据，黑尔觉得没有必要狡辩了，便直截了当地承认了自己的身份。1776年9月22日，黑尔在一个炮兵营地里被绞死了，临刑前高呼着："我唯一的憾事，就是没有第二次生命献给我的祖国。"这句感人肺腑的名言据说是出自耶鲁学校的拉丁文课本。

黑尔英勇就义时只有22岁，如今200多年过去了，人们对他的故事依旧记忆犹新，美国人从来就没有忘记过他。他的母校耶鲁大学、美国中央情报局大楼前、纽约市政厅公园等多个地点，都矗立着他的雕像。雕像展示的是他上绞刑架的悲怆一幕，他的手脚被绳索捆绑得紧紧的，头微微昂起，面容平静而安详，目光坚毅，身体站得笔直，他用自己的生命向世人诠释了这样一条真理：为了正义的事业而死去的人，永远都会被历史铭记。

第五章
扩张之路——血火搏杀中的征服与掠夺

　　美国宣布独立时仅有13块殖民地，面积仅为80万平方公里，赢得独立战争的胜利以后，英国把大西洋沿岸的部分土地给了美国，使美国的土地扩大到了230万平方公里，但对于日益崛起的美国来说，这些土地仍然是不够的，为了缓解人地矛盾和追求强国之梦，美国不可避免地走上了扩张的道路。

　　美国扩张领土的方式主要有3种：购买、吞并和武力夺取。美国人先是以极低的价格从拿破仑手中购买了路易斯安那，将美国的领土面积扩大了一倍，又开展了轰轰烈烈的西进运动，向广袤的西部索要土地，印第安人被迫迁往荒凉的更西处，踏上了血泪之路。美国还尝试过向南北方向纵向扩张领土，由于在第二次对英战争中，与英国互有胜负，吞并加拿大的计划破产，但征服墨西哥的战争进展得异常顺利，经过血腥战争，美国获得了半个墨西哥的领土，自此在领土面积上成为了大国。

路易斯安那购地案

美国打赢独立战争后，开始大力发展经济。这时政府发现东部面积狭窄的 13 个州根本没法满足人们对土地的需求，殖民地的人口在迅速增长，有限的资源即使全部被有效利用，也不能给美国人带来多大的财富。当初移民像潮水一样涌入美洲，大部分怀揣着发财致富的美梦，如果政府让人们的梦想落空，就不可能继续获得民众的支持，当权者思来想去，把目光投向了无比辽阔的西部土地，开始有意识地在美国搞"西部大开发"。

美国的"西部大开发"在历史上被称作西进运动，这场声势浩大的扩张运动是以美国向拿破仑购买路易斯安那的购地案为开端的。美国以 1500 万美元的低廉价格从法国购入 214 万平方公里的土地，立刻将美国国土的面积扩大了一倍，可谓是历史上最划算的一项特大土地交易（购价为 7 美元一平方公里），不过这笔交易的达成却没有那么容易，当时美国国库空虚，很多人都反对花那么大一笔钱购地，关键时刻杰斐逊派出的代表们自作主张，促成了交易的达成，重新塑造了美国版图的疆界范围，并为日后的西部大开发铺平了道路。

购地案中的路易斯安那州不同于今日美国地图上的路易斯安那，前者的面积是后者的好几倍，它包括现今路易斯安那、北达科他州、怀俄明州、蒙大拿州的大部分地区以及阿肯色州、密苏里州、艾奥瓦州、南达科他州、内布拉斯加州、堪萨斯州、俄克拉荷马州全境，明尼苏达州和得克萨斯州、加拿大边境南部的部分地区。时任总统杰斐逊在购地案完成后，曾经不无得意地说此举是在"给予我们后代的充分储备和多方面的自由祝福"。他指的是购买路易斯安那对后世的巨大影响，不过当

第五章·扩张之路——血火搏杀中的征服与掠夺

时从法国人手中购入这么大片土地，目的不在于造福子孙，而是出于现实利益的考量。

路易斯安那曾经被西班牙占领过，后来西班牙为了在欧洲地区获得拿破仑的支持，与法国签订了秘密条约，把这片广阔的土地划归给了拿破仑。当时无论是西班牙人还是法国人都看不到路易斯安那的价值，西班牙外交大臣声称在那片荒地上投资"很不值当"。法国的官员也抱怨说："这片殖民地一年能花法国 80 万里弗尔，却从未产生过哪怕是 1 苏的利润。"拿破仑收到的礼物在当时的历史时期不过是一块地皮而已，为了不至于任其废弃，拿破仑把它当成了加勒比岛屿粮食和木材供应地。

1803 年，法属加勒比岛国海地起义，拿破仑带领军队镇压，被英勇的海地人打败，法国从此失去了海地殖民地，路易斯安那随之失去了价值。再加上英法关系紧张，英国对法国实施严密的海上封锁，法国的贸易受到了严重的影响。英法两国都在积极备战，打仗需要军费，所以拿破仑急于把丧失价值的路易斯安那卖出去。

拿破仑有了卖地的打算，杰斐逊也有了买地的念头，不过当时他只是想保证美国在新奥尔良的利益而已，还没有考虑过完全接受面积庞大的路易斯安那。当年，阿巴拉契亚山脉以西的大部分农产品都是从密西西比河运输出去的，新奥尔良是该航线的重要枢纽。当美国人听说路易斯安那已经处在法国的控制之下时，大为恐慌，非常担心失去在新奥尔良运货的权利。后来西班牙总督取消了美国人在新奥尔良存货和运货的权利，不准美国商船在密西西比河上继续航行。为了改变这一状况，美国政府决定抛开西班牙人，直接跟法国交涉。

当美方代表向法方代表再三表示有意想购买新奥尔良时，法方代表突然问道："如果把整个路易斯安那卖给你们，你们能出多少钱？"美方本来只想拿下路易斯安那境内的一小块地——新奥尔良，对于法方的这个提议感到大为惊讶，一时间也不好定价。拿破仑急于将路易斯安那脱手，于是不顾外交部长的反对，爽快地表示愿意以1500万美元的低价把路易斯安那卖给美国。

美方代表前往巴黎前，杰斐逊表示国家至多可拨付1000万美金买下新奥尔良及周边地区的土地。所以当拿破仑开口说要以1500万美元的价格出售整个路易斯安那时，美方代表感到既惊喜又意外，显然这是一桩非常划算的买卖，正所谓机不可失，时不再来，趁拿破仑还没有改变主意，代表们必须当机立断做出决定。美方代表来不及向总统杰斐逊请示，很快就先斩后奏，私自与法国签订了购地的条约。

由于米已成炊，杰斐逊没有责怪代表们，认可了这项未经他授权的交易。7月4日独立日纪念日当天，杰斐逊向美国人公布了国家跟法国签订购地条约的消息。10月，参议院为购地案特地举行了投票活动，该条约最终以24∶7的票数获得了批准。12月20日，美国正式从法国人手里得到了新奥尔良的管理权。

美国最终以低价购入214万平方公里的路易斯安那，无疑是一笔十分划算的交易，这对人地矛盾严重的美国来说可谓是一件天大的好事，可是以当年美国的财力来说，1500万美元简直就是天文数字，国家负担不起。拿破仑着急筹备军费，要求美国马上付款，政府只好向海外求援，从两家欧洲银行申请贷款。这笔巨额贷款直到20年后才全额还清，美国为路易斯安那支付的成本实际上已经超过了2300万美元。但按照路易斯安那各个州累计创造的价值来看，路易斯安那一年内创造的经济价值就达到了2万亿美元，所以这桩购地案，美国仍然是最大的赢家。

第五章·扩张之路——血火搏杀中的征服与掠夺

如火如荼的西部大开发

美国有位历史学家曾经不无感慨地叹道:"对于美国的发展来说,没有什么因素比西部的存在更重要了。"西部那片广袤无垠的沃土,对那些强烈渴求土地的美国人来说,一直有着极大的诱惑力和吸引力。早在北美殖民地时期,美国境内一些富有开拓精神的冒险家就踏上了自己的西进之旅。他们穿过茫茫的荒草地,越过茂密的森林,翻过了一座又一座高山峡谷,一心寻找着自己心目中的那块失乐园。英国政府为了把北美人限制在可控制的区域,曾颁布法令禁止移民越过阿拉巴契亚山脉以西。

美国赢得独立战争以后,英美达成协议,英国将阿巴拉契亚山脉以西至密西西比河流域的大片土地全部开放给了美国。杰克逊上台以后,制定苛刻法令驱逐生活在密西西比河东部的印第安人,并想方设法压低土地降格,一系列有利政策吸引了更多的移民涌向了西部,为西进运动扫清了障碍,大大刺激了西进运动的发展。

阿拉巴契亚山脉以西的大部分地区都是一马平川的大平原,完全不同于被苍山密林覆盖的东部地区。虽然在经济水平上,西部较为落后,和已经形成工业产业化链条的东部地区不可同日而语,但它却非常适合发展农业。

对于美国农场主而言,西部的大湖平原可谓是一块得天独厚的宝地,那里土地肥沃、面积广大,适合种植各种作物。1815～1830年间,大批肯塔基人和田纳西州人涌入了五大湖的南部。1825年,伊利运河正式通航,使得大西洋、五大湖、哈德逊河形成了畅通的水路交通网,数以万计的新英格兰农场主和大批在中部拓荒的人群放弃了已有的产业，纷纷来到西部的大湖平原。大湖平原凭借着优越的自然条件和移民的开发建设，一跃成为了美国最重要的农业生产基地，曾一度被誉为"小麦王国"。

位于大湖平原南部的海湾平原，吸引了无数新英格兰人和南方种植园主，他们很快占据阿拉巴马和密西西比一带的肥沃土地，南方种植园主在俄亥俄河南部地区大力发展奴隶制种植园经济，而来自东北部的新英格兰人始终实行雇佣制度，南北制度上的差异在西部拓荒时期已有了明显的分野，为日后南北水火不相容的对立埋下了伏笔。

到了19世纪二三十年代，密西西比河以东的地区都已被先来的移民瓜分殆尽了，后来涌入的拓荒者由于得不到土地，不得不继续西进，向落基山脉以西的地区挺进。在西进过程中，拓荒者除了要忍受长途跋涉的艰辛和单调无聊的生活外，还要面临各种不可预知的风险，一旦染上了某种疾病或是遭到了野兽的袭击，过不了多久就会送命，因为沿途没有医院，随行的人群中也找不到水平高超的医生。有些移民在残酷的现实面前失去了信心，成群结队地返回了东部，又过上了千篇一律的安稳生活，但更多的人选择了继续西进。前面那片令人望而生畏的荒原，可能会成为很多人的坟冢，也可能成为很多人苦苦寻求的"伊甸园"。每个移民都深知这一点，但是他们并不介意。他们埋葬了死去的朋友，不去理会逃离的同伴，怀揣着寻求美好生活的渴望，迈着坚定有力的步伐，继续西行。

许多移民挺进了荒凉的西北地区。对于这批移民来说，最大的挑战来在大自然。他们首先要翻过高大巍峨的雪山，接受严寒的考验，还要跋涉数千公里，穿越一望无际的大平原，历尽艰难险阻，最后抵达的目的地往往是一片苍凉寂寥的大荒漠，那里荒无人烟，景象萧条沉寂，呈现出的是洪荒时代的原始面貌，粗粝、壮美、苍茫，让耽于享受的人失望，却能让乐于开拓的人热血沸腾。移民们就在这片不毛之地上建设自己的家园，凭借着勤劳的精神和坚韧的性格，最终把一片看似没有价值没有希望的荒地变成了一个富饶美丽的地方。

西进运动中的拓荒精神融入了美国人的性格，成为了美国文化传统的一部分。美国人无论遇到怎样的困难和挑战，想起祖先们身上那股乐观进取的拼搏精神以及那种勇敢无畏的品质，就不会选择退缩，而会选择一往无前。在西行过程中，人的生存本能和创造力被最大限度地激发出来，最终形成了一种不拘泥于传统的奋进精神，成为了美国价值观的一部分。

移民西部的人始终坚信只要敢拼打、肯付出，就能过上梦想中的生活，在机会面前人人平等，命运不会辜负勤劳勇敢的人，只要坚持到底，坚守住最初的理想和信念，一切都将成为可能。这种乐观主义精神其实就是"美国梦"的雏形，"美国梦"一直贯穿着美国历史的兴起和发展，它是美国国民精神最核心的部分，其实早在久远的拓荒时期，它便融入了美国人的血液和基因中，至今激励着美国人奋斗不息。

从某种程度上说，西进运动进一步塑造了美国的国民精神和国民性格，但它的影响不局限于精神和文化领域，对美国的经济，尤其是农业、矿业、交通业都产生了难以估量的巨大影响。首先西进运动重塑了美国农业的发展格局，将全国农业重心由原来的大西洋沿岸转移到了密西西比河流域。密西西比河流域土地肥沃、雨水丰沛，内部水系纵横，有大小河流上百条，比大西洋沿岸地带更适合种植作物。俄亥俄河和密苏里河盛产小麦、密西西比河下游以阿拉巴马出产棉花，西部一带形成了畜牧业区，三大农业区蓬勃发展，为美国的农业发展奠定了雄厚的物质基础。

西进运动促进了矿业的发展，使得阿巴拉契亚山的煤矿、苏必利尔湖的铁矿以及得克萨斯、加利福尼亚的石油资源得到了充分的开发，为美国的工业提供了大量的能源储备。俄亥俄和五大湖区的矿石源源不断地供应给钢铁业，带动了美国冶铁业的发展。此外地下蕴藏的金、银、铜等贵金属成为了美国重要的工业资源，也促成了淘金热的兴起。许多投资者因为发现了价值连城的矿藏而获得了丰厚的回报。显然，丰富矿产资源能够直接转化成诱人的财富，不过靠出卖廉价劳动为生的自由民却没有成为受益者，他们拿着微薄的工资，做着世界上最辛苦的工作，汗水洒遍了西部的矿山，然而日子过得并不比过去好。

为了更快更好地把西部的农业产品和工矿业产品运输出去，美国的交通路网发生了翻天覆地的变化，拓荒之处，阿巴拉契亚山脉和密西西比河一带交通不畅，西进的移民只能沿着印第安人狩猎的羊肠小道行进。随着西部农业和矿业的发展，美国掀起了轰轰烈烈的交通运输革命，政府非常重视铁路、水运、公路的基础设施的建设，通过各项政策，促进了水陆交通的发展，使美国形成了四通八达的网络交通体系，从根本上改变了美国的交通格局。

原住民的血泪西迁路

从本质上讲，美国的西进运动就是一场领土扩张运动，它持续了一个世纪的时间，促成大量移民的西迁，缓和了国内的人地矛盾，推进了美国农业、矿业、工业的发展，掀起了交通革命，为美国经济的繁荣奠定了坚实的基础。这是西进运动积极的一面，历来受到历史学家和广大学者的颂扬，每位美国公民都为此感到骄傲，但人们在大力讴歌西进运动的辉煌成果时，却忘记了它阴暗丑陋的一面，那就是对印第安人的野蛮驱逐和血腥屠杀。

众所周知，印第安人是北美大陆的原住民，殖民者登陆以后曾经血洗新大陆，给印第安人带来了深重的苦难。美国建国以后，实施了西部大开发政策，居住在西部地带的印第安人就不可避免地成为了被驱逐和杀戮的目标。可以毫不夸张地说，美国西扩之路就是印第安人的血泪之路。美国高歌猛进地向前进发，粗暴地粉碎了原住民的生活，原住民的人权遭到了践踏，生命受到了蹂躏，再次面临着世界末日般的苦难。

很多惨无人道的行动不仅有大量的拓荒者参与其中，许多杰出的领袖也被卷了进来，这给他们的光辉形象因此留下了难以抹去的污点，其建国之初所倡导的自由平等的价值观念在实践的过程中也打了不少折扣。在当时的历史时代，美国所宣扬的自由平等，仅限于白人，不包括世世代代生活在北美的印第安人，也不包括从非洲贩运来的黑人。白人到了西部，将所到之处统统看成是未开垦的无主之地，定居下来以后便忙着开荒种地、伐树修路、猎杀鸟兽，根本没有想过和当地的印第安人一起分享这里的资源。印第安人在刀枪的威胁下，只好被迫西迁，密西西比河流域的印第安人因此变得越来越稀少，待白人在新的地盘立足以后，印第安人的身影将完全不复存在。

起初，白人还试图扮演文明人的角色，以半是威胁半是利诱的卑劣手段低价从当地印第安人手里购买土地，天真的印第安人相信了他们的花言巧语，以为他们只要获得了既得利益，就不会霸占更多的土地，没想到这些衣冠楚楚的白人对土地的追求竟是无止境的，他们开疆拓土的激情永远都是那么狂热，根本舍不得划出任何一片土地供印第安人狩猎，因此暴力驱逐印第安人早晚都会被提上日程。

美国政府为了在文明的掩饰下掠夺印第安人的土地，曾经非常虚伪地推行过一套号称保障印第安人土地权的制度——保留地制度。保留地制度是指美国政府从印第安人原有的土地中划出一部分归印第安人集体居住，所有印第安人必须在保留地有限范围内活动，谁也不许自行离开，非印第安人不可擅自闯入。

我们知道印第安人社会生产生活方式与白人完全不同，他们要么从事粗放农业，要么以打猎和采集为生，因此需要广袤的地域才能维持最基本的生存。保留地制度实际上是在最大限度地压缩印第安人的生存空间，不但使他们失去了大片故土，还剥夺了他们与生俱来的人身自由。这种制度是非常不人道的。有个叫哈姆林·加兰的美国作家在谈到保留地制度时曾经愤慨地写道："这个大陆原来的主人现在已被白种人（像圈牲口一样）拘禁起来了。"

美国要完成西扩的计划，首先要解决的问题是让白人获得土地所有权。在美国人眼里，印第安人虽然是这片土地上的原住民，但是从未建立过一整套确认土地所有权的制度，他们占有土地的权利是没有制度保障的，也没有相关法律文件做依据，所以作为未开化的蛮人，他们没资格谈论土地所有权，理应被驱逐出境。美国政府歧视印第安人，边疆的开拓者对印第安人的态度也格外恶劣，他们从来没把本土印第安人看成是和自己一样平等的人，而是把这些人看成劣等"动物"。在和印第安人打交道的过程中，他们表现得非常粗鲁野蛮，言语中充斥着莫名的仇恨和敌视。

有一位白人作家曾经这样写道："我们的西部拓荒者……都不是爱好和平的人。他们对土著怀有一种本能的仇恨，只因他们无法灭绝这个种族，才阻止了仇恨的爆发。"有些人道主义者十分同情印第安人的境遇，他们认为保留地制度虽有各种弊端，但至少可以使印第安人免于经历灭绝的惨剧，经过同化，或许有朝一日能进入美国的主流社会，这种想法显然是太乐观了。美国后来的政策表明文明和缓的手段只是暂时的，如果武力和暴力更有效率，人们总能找出各种理由达成自己的目的。

在西进运动的初期阶段，因为害怕引起印第安人大规模的武装反抗，白人通常用订立条约、哄骗、欺诈等方式迫使印第安人割让大面积土地。但是等到有大批的白人移民涌向西部以后，他们对土地的需求大增，所以就干脆撕下了文明的面具，不再理会过去的条约和承诺，开始大规模驱赶、迫害和残杀印第安人，手段无比残忍，行为令人发指。

因为殖民者先在北美东部落地生根，东部的印第安人在杀戮和欺压中丧失了反抗的能力，反抗压迫的力量其实主要集中在西部。美国政府为了冠冕堂皇地镇压反对力量，曾迫使印第安人签下了《拉勒米堡条约》，条约中有一项内容为：印第安各部落承认美国政府在其领土上有修路、建立军队和修筑岗哨的权利。美国人想要在印第安人生活的区域成立军队、修建岗哨，其目的昭然若揭，主要是为了动用军事力量镇压和杀害印第安人。

印第安人为什么要在这样的条约上签字呢？或许他们认为只要答应了白人的条件，就能换来安宁与和平。事实证明他们想错了，就算他们对白人言听计从，和平也不会到来。白人期望的是他们拱手让出全部土地，彻底从自己眼前消失。

对于一个没有文字、没有契约的民族想要弄清"文明人"发明的法律条款实在是太困难了，"文明人"果然就是利用他们的无知钻了空子。条约规定，印第安人允许美国在自己的地盘上修路，于是美国便大肆在西部建造铁路，铁路建到哪里，白人的城镇便建到哪里，也就是说所有铁路沿线的土地都被白人占有了。这是印第安人始料未及的，他们开始拿起武器反抗。

印第安人的反抗遭到了多方力量的血腥镇压，军队是镇压的主力，沿路沿线的白人移民号称要保卫自己的土地，也加入了屠杀印第安人的队伍。与此同时，自行建立武装的铁路公司以维护沿线治安秩序为名，也残杀了不少印第安人。铁路公司的"私家军队"残杀印第安人，其数量不会被列入政府统计，因为不受约束，他们杀起印第安人往往更加毫不犹豫，也更加疯狂血腥。

白人在残杀印第安人的过程中，还不忘不断抹黑和妖魔化印第安人，他们把印第安人描述成有着人的外形的魔鬼，称对方是野蛮的嗜血者，还经常展览白人死者的尸体，以激发白人对印第安人更深的仇恨。被展出的白人尸体往往血迹斑斑、惨不忍睹，究竟是印第安人所为，还是有人刻意在尸体上做了手脚，我们已不得而知了。我们所知道的是美国对待印第安人的政策无非有两种：但凡对白人表示不满或者出现反抗行为的，一律格杀；没有反抗意图，表现得格外顺从的，集中到保留地圈禁起来。

轰轰烈烈的西部运动持续了一个世纪之久，印第安人被驱逐、拘禁和杀戮了一个世纪之久，在一个世纪的较量中，白人的扩张和渗透彻底毁掉了印第安人的生存环境，他们为了逃避屠杀，被迫迁入了更荒远的不毛之地，沦落为美国西部大开发的牺牲品。

誓死捍卫家园的勇士

在残酷的土地争夺战中，美国白人手上尽管沾满了印第安的鲜血，但最终顺利地完成了领土西扩的计划，印第安人成了可怜的牺牲品，那么印第安人果真像我们想象中那么弱小和不堪一击吗？当然不是的，事实上，印第安人并不孱弱，为了捍卫自由，保卫土地，他们也曾浴血奋战；他们也不愚钝，尽管不懂复杂的兵法，但是善于学习，很快就从美国人那里学会了精湛的枪术，拿着缴获的武器，骑着肥壮的骏马，风驰电掣地奔驰在辽阔的北美大平原上，给殖民者带来了无数的麻烦。

印第安人虽然有淳朴平和的一面，但个个都是骁勇善战的。在殖民者到达美洲之前，印第安人的各大部落从来就没有停止过战争，印第安男人以战士的身份自豪，所有人都乐于为自己的部落献出生命，这样的民族性格决定了他们不可能坐以待毙、任人宰割。事实上，当他们看出

第五章·扩张之路——血火搏杀中的征服与掠夺

殖民者觊觎他们的土地，想要把美洲当成自己碗里的肥肉时，便多次毫不犹豫地向比自己强大百倍的敌人发动过进攻，他们曾一次次捣毁白人的据点，袭击白人居住的城镇，搞得白人战战兢兢。

在殖民者眼里，印第安人神出鬼没，就像野狼一样不可捉摸，这群野人任何时候都可能对自己发起秋风扫落叶般的进攻，为了防止被袭击，他们修建了大量的防御工事，时刻准备着应对印第安人的报复行动。

印第安人和殖民者较量之初，只会使用木石工具，手里没有任何金属武器，在敌人的钢剑和火枪面前显得不堪一击。殖民者不需要运用多大的武力就能轻而易举地战胜比自己更强大、更健壮的敌人。屡屡吃亏以后，印第安人也学会了使用金属武器和火器，并将刀剑和阴森的枪口对准了侵略自己家园的敌人。

后来，美国政府大刀阔斧地实施西部扩张计划，一批又一批的殖民者在政策的驱策下，驾着马车，带着私人物品，举家迁往广袤的西部地区。和当地的印第安人发生了一次又一次冲突。白人和印第安人产生过无数大大小小的摩擦，血亲复仇的事件经常在西部平原上演。印第安部落时常袭击边疆移民的定居点，搞得移民人心惶惶。美国政府以保护本国公民的名义多次对印第安人大举兴兵，不过火并的代价很高昂，双方互有死伤，血腥镇压并没有解决白人和印第安人之间的争端问题。

1832 年，北美发生了塞米诺尔战争，起因是美国政府派出 5000 名军人和 20000 名志愿者武力驱逐塞米诺尔人，遭到了当地人顽强的抵抗，领袖奥斯西奥拉带着广大印第安人利用沼泽、丛林等有利地形，跟美军打起了游击战，使美军遭受了巨大损失。这场战争足足打了 10 年，美军由于作战失利，频频更换司令，最后是靠计谋生擒了首领奥斯西奥拉，塞米诺尔之战才算结束。战争结束后，印第安人始终不服，残部一直坚持和美军战斗，直到 1939 年这场仗才算彻底打完。在战争中，美军的死亡人数超过了2000人，损失超过了5000万美元。

1832年，美国和印第安人之间还发生过一场著名的战争，史称"黑鹰"战争。事件的起因是美国政府不断逼迫印第安人迁移，把印第安人赶到了密西西比河以西的贫瘠之地上，又利用各种手段以低廉的价格从印第安人手中骗走了大片的肥沃的土地，引起了印第安人的不满。1832年有位叫布拉克·哈弗克的部落酋长跨过了密西西比河，要求美国伊利诺斯州的政府把被白人骗去的土地归还给他们。

伊利诺斯州州长毫不理会他们的请求，立即集合了大批士兵，下令用暴力对付那些异想天开的印第安人。美国人态度强硬，激起了印第安人的反感。有位叫黑鹰的部落首领在迁移的过程中，带着大量的印第安人跨过密西西比河，进入了被迫割让给美国的伊利诺斯的领地。美国政府认为黑鹰的做法完全是挑衅，得到消息后，即刻出兵镇压。兵力分为3股，一股来自当地的民团，一股是从圣路易斯赶来的军队，统帅为阿特金森，还有一股是斯科特少将带来的正规军。斯科特少将麾下有一个叫扎卡里·泰勒的人在镇压印第安人的行动中起到了关键作用。

这次军事行动，扎卡里·泰勒先到达了印第安人的聚集地，他带领军队修筑好了防御工事——迪克森堡，并不断击杀印第安人。印第安人的队伍中有很多妇女和儿童，拖累了整个部落的行动速度，加上一路上颠沛流离、忍饥挨饿，实在无力应战。黑鹰经过审时度势后，决定带领大家撤退。美军并没有放弃追击。他们料定印第安人会逃向巴德阿克斯河一带，于是便事先到达了那里，对黑鹰的队伍进行围追堵截。黑鹰英勇机智，沉着指挥战斗，在双方的交战过程中，给了美军重重一击，不过印第安人的损失也相当惨重。

为了保住妇女儿童的性命，避免流更多的血，黑鹰甘愿放下军人的骄傲，俯首向美军投降。他3次提出投降请求，均被心如铁石的扎卡里·泰勒直接拒绝了。扎卡里·泰勒命令士兵继续屠杀印第安人，连妇女和儿童也不放过。因为镇压印第安人有功，后来他被奉为了美国英雄，一时间臭名昭著的刽子手被吹捧成了为国出力的大英雄。

黑鹰虽然兵败被俘，但他表现出来的不屈精神和可贵品质，使美国人深感敬佩，所以他也被当成了美国的英雄人物，美国有一种性能先进的军用直升飞机就是用黑鹰的名字命名的，足见美国人对这位印第安人的敬重。

黑鹰曾发表过一段著名的演讲，控诉美国人在西进运动中对待印第安人的政策，他大义凛然地说："我勇敢地投入战斗，可你们的枪炮对准了我们，子弹如鸟儿一般地射来，在我们耳边呼啸而过，就像冬天的寒风吹过森林一样。战友们一个接一个在我身边倒下……黑鹰现在已经成了白人的阶下囚。可是他生来没有做过一件令印第安人蒙羞的事情……"黑鹰的反抗虽然失败了，但是他虽败犹荣，他的故事将永远被传颂，继续激励那些不甘奴役、渴求正义的人奋勇前进。

野牛灭绝与印第安文明陷落

在西进运动中，印第安文明的陷落和野牛的灭绝是同时发生的，有人说是野牛的灭绝让印第安人失去了赖以生存的物质基础，他们最后被迫放弃抵抗，无可奈何地接受美国的强制同化政策，是因为大平原上的野牛几乎被屠杀殆尽了。没有野牛的土地，让他们感到绝望。事实上，野牛对印第安人来说不止是必备的为生条件，它在印第安人的精神文化领域占据的地位更加重要。

在印第安部落里，不仅男子会策马奔腾追捕野牛，连勇敢的妇女也会使用狩猎工具射杀野牛。印第安人的生活是围绕着狩猎野牛展开的，野牛已经成为了他们生命里不可分割的一部分，每次他们虔诚地祈祷时，内容都必定跟野牛有关。他们射杀野牛，也崇拜野牛，和野牛的密切关系，正如蒙古人和大草原上的苍狼一样。蒙古人虽然为了保护牲畜会猎杀草原上的狼，但从不滥杀，目的是维持草原的生态平衡。印第安人对野牛和生态的态度也是如此，他们虽世世代代以猎杀野牛为生，但大平原上的野牛数量并没有明显减少。只要看到广袤的草原上有野牛在漫步，他们就会感到心里安然。

在野牛没有灭绝前，印第安人虽然会因为美国人的武力讨伐被迫退回到保留地，但是只要在草原上看到了野牛群，身上的血性和对自由的渴望就被激发出来了，他们会冒险越出保留地，尾随着庞大的野牛群一步一步地走回故地，继续维系着原来的生活方式。美国人或许也看出了野牛对于印第安人的重要性，所以一次又一次对野牛群进行大规模的屠杀，不但毁掉了印第安人的生存系统，还彻底消灭了他们的精神图腾，使得这些不肯开化的原住民最终不得不留守在贫瘠狭小的保留地，被动地接受白人的圈禁。

殖民者没有对野牛下手以前，大平原上的野牛群非常稠密，以至于修筑铁路的工人时常都能看到大批的野牛从自己眼前浩浩荡荡地经过。铁路公司为了取肉，曾花钱雇用专门的猎手射杀野牛。据说猎来的野牛足以供上千名工人吃上鲜肉。有时候猎杀野牛并不是为了改善铁路工人的伙食，而是为了取乐。铁路公司为了赢利，曾经把捕杀野牛当成了某种提升肾上腺激素的娱乐节目。火车的车厢被当成了可移动的室内射击场，热衷于打猎的人只要待在火车里，就能进行刺激的猎杀活动。铁路沿线矗立着醒目的广告牌，上面写着"铁路短途旅游与野牛打猎"的字样，还有的写着"在平原上打猎"的诱人广告语，语言极富煽动性，吸引了大批血气方刚、具有冒险精神的美国人跑来一试身手。

铁路公司还在野牛身上发现了其他的生财之道，野牛的牛骨被磨成粉末以后，可以加工成上好的肥料，运输到东部能换来不少钱。在利益的刺激下，大量的野牛被屠杀，野牛皮被剥去制作成艺术品，肉被工人吃，野牛骨被大堆大堆地装满运货篷车，零星的碎片散落在大平原上，白茫茫一片。贫穷的移民靠收集野牛骨养家，野牛贸易的兴盛进一步加剧了美国人对野牛的屠杀。

北美人屠杀野牛除了跟商业利益有关外，还有一个重要原因就是美国政府有意识地鼓励人们屠杀野牛。美国政府很明白，野牛是印第安人的衣食来源，他们世代以追捕野牛为生，野牛群走到哪里，他们就追踪到哪里，这便是他们不能像美国人那样定居的原因。如果把野牛屠杀殆尽了，印第安人将老老实实地待在政府划定的地方，这样管理起来就方便多了。美国政府希望印第安人彻底改变已往的生活习惯，企图切断他们与野牛的联系，规规矩矩地接受美国人的施舍和同化。当时美国人对印第安人有着根深蒂固的偏见，认为印第安人身上有很多难以纠正的野蛮陋习，人们一致认为改变印第安人必须从对方的生活方式和传统文化入手，所以消灭野牛势在必行。

美国政府提供给印第安人的食品单里经常没有肉，被圈禁的印第安人不习惯吃素，便会偷偷溜出保留区，自己追捕野牛。这让美国政府很头疼，一方面美国不愿花太多的钱给印第安人提供肉食，另一方面又不希望印第安人追着野牛跑来跑去，于是便下令大规模猎杀野牛。为了实现灭绝野牛的宏伟计划，美国政府甚至不惜拨付巨款。在政府的大力提倡下，美国掀起了猎杀野牛的热潮。在不到 20 年的时间里，北美大平原上的野牛数量由最初的 1300 万头，减少到几百头。印第安人再也看不到野牛奔腾的壮阔画面了，他们不仅要面临着生存危机，还要眼睁睁地看着传统文化走向没落，乃至消亡，子孙后代再也尝不到野牛肉了，再也没有机会穿野牛皮衣服，住野牛皮帐篷了，他们的生活方式将被彻底改变，他们的民族将异化成不伦不类的样子。这是热爱自己民族的印第安人不愿意看到的，但真实的噩梦就这样时时在大平原上上演。

为了苟延残喘地继续生存下去，印第安人被迫长期留守在美国政府划定的保留地里。保留地本来面积不大，后来越缩越小，渐渐地变成了几块互不相连的几小块土地，美国政府答应给他们提供10年的食物，但10年以后他们该怎么办呢？他们不准离开保留地，又没有了野牛，如何自谋生路呢？美国政府很快想出了办法，派人教他们种地，种地本不是什么复杂的事，也不需要太多的技巧，问题在于大平原上肥沃的土地全被白人抢走了，保留区的土地十分贫瘠，根本就不适合种植作物，他们即便变成农业专家，也不能获得丰收，然而美国人不理会这些，自以为对印第安人已经仁至义尽了，高傲地教授完种地的本领以后，扭头便离开了。

印第安人的物资越来越匮乏，他们穷得一无所有，连维持基本的温饱都困难，物质上的贫穷还是可以忍受的，可是野牛被消灭以后，他们的文化之根便被彻底拔除了，而今他们没有了自由，也没有了本民族的文化，最终沦落成了被圈禁起来的特殊人种，其境遇是何等悲凉啊！

美国政府为了更好地改造印第安人，还采取了另外一项措施，那就是让印第安人从儿童时代就全盘接受美国文化，长大后再把他们培养成部落的领导，如此一来，印第安部落会越来越美国化，印第安人会渐渐忘掉自己的历史和文化，日后不会再反抗美国、跟美国做对了。美国人积极在保留地普及美国式的义务教育，为了将印第安人残存的文化彻底清洗殆尽，他们强迫孩子离开父母，10年之内不允许跟亲人有任何接触。

从小接受美国教育的印第安人不再为自己的民族而骄傲，而是会以自己的肤色为耻，他们意识到自己永远都不可能被漂白成美国白人，充其量不过是个现代野蛮人而已，于是陷入了深深的失落中。通过文化清洗政策，印第安人彻底被征服了，他们自己的文化已经被斩草除根，除了屈辱地寄人篱下之外，他们还有什么别的选择呢？其实这种悲剧在野牛纷纷倒下的一刻就已经发生了，没有了野牛的北美大平原，没有了野牛的印第安部落，永远都不会回到从前了。

英美战事又起

美国在向西部扩张领土时，受到了印第安人的强烈反抗，英国人趁机拉拢印第安人，试图恢复对美国的控制。美国为了维护自身的国家利益，再次对英国宣战，史称第二次英美战争。这场大战始于1812年，到1814年底结束，是美国独立后第一次对外发动的战争。

英美之间爆发的第二次战争，有着非常错综复杂的原因，涉及两国政治、经济、外交多方面因素，还跟对加拿大的争夺以及对印第安人的政策有关。

从政治角度讲，美国成为具有独立主权国家以后，与殖民地时期已经大为不同，政府不能容忍英国对本国的干涉和控制。英国战败以后，被迫签订了和平条约，但一直很不甘心，不愿放弃自己在北美的利益，所以不可避免地要和美国产生冲突。美国越来越强势，对外的态度也越来越强硬。

作为老牌殖民帝国，英国一贯保留着先前傲慢的态度，但是由于主力部队都在欧洲战场与拿破仑作战，能派到北美的军队不足20000人，其中有一半还是加拿大民兵，在这种情况下与美军作战是非常不利的，所以英国是不会主动宣战的。英国之所以应战，很大程度上是因为印第安部落纷纷卷入了这场战争。英国人知道印第安人和美国人势同水火，美国的西进运动毁掉了印第安人的家园，两者在战场上短兵相接，势必燃起印第安人的复仇情绪，一定会厮杀得不可开交，英军趁机援助印第安人，便能坐收渔翁之利。

从经济角度看，独立战争之后，美国一直没有摆脱对英国的经济依赖，英国还不遗余力对美国的经济进行全方位的渗透，企图通过控制美国经济命脉达到控制美国的目的。为了维护各自核心利益，两国之间展开了封锁与反封锁的较量，爆发了一次又一次经济战争。英国的意图很明显，一心想要把美国变成自己的长期经济附属国。美国想要打破英国的经济封锁，真正走上独立发展道路，靠商业谈判是达不成目的的，战争是最直接也是最有效的方式。

两国的矛盾还和美国的领土扩张政策有关。从地理位置上看，美国临近英国殖民地加拿大省，那里地广人稀，防备薄弱，美国对那片土地觊觎已久，很想向北扩张，兼并加拿大，进一步扩大自己的版图，这种想法直接触动了英国的利益。1812年，已经卸任的美国总统托马斯·杰斐逊就曾经毫不掩饰地说："今年将加拿大地区兼并，包括魁北克，只要向前进，向哈利法克斯进攻，最终将英国势力彻底逐出大陆。"

在加拿大战场上，美国把军事行动的目标集中到了西线尼亚加拉河一带。驻守在休伦湖圣约瑟岛的英军率先得知了两国爆发战争的消息，于是领先一步采取行动，对坚守在麦基诺岛的美军发动了突然袭击，美军猝不及防，最终不战而降。美军的一支民兵队伍从底特律出发，打算直奔加拿大阿默斯特堡，路过卡纳德河畔时与英军展开了小规模交火，美军将领威廉·赫尔认为己方装备不足，无法攻克阿默斯特堡，产生了撤军的打算，当他听说麦基诺岛已经沦陷，更加无心作战了，立时决定不再向加拿大进军。

英军少将艾萨克·布洛克掌握了威廉·赫尔军队的情报后，决定带兵攻打底特律。几天之后，底特律之战打响了。英军不断向底特律城发射炮弹，逼迫威廉·赫尔投降。当时英军的队伍中既有正规军，也有民兵，还有一批印第安战士。为了迷惑美军，艾萨克·布洛克让军队中的所有人都穿上正规军的衣服，还威胁威廉·赫尔说："我的军人都希望您能投降，我无意进行一场灭绝性的战争，但您要知道，那些隶属于我军的印第安战士，很有可能在战争开始后失控……"守城的美军听到隆隆的炮声和印第安人的怒吼，非常害怕，全都失去了作战的信心。威廉·赫尔抵不住压力，只好升起白旗投降了。底特律失守，威廉·赫尔战败，使美国打消了吞并加拿大省的念头。英国战胜后，占领了美国一部分疆土，加强了对底特律地区的控制。

英军在陆战中获得了局部胜利，然而超出人们预料的是，在海战中英军竟意外地输给了美军。战争爆发时，英国的海军力量世界居首，皇家海军在美洲部署的海军军舰便多达97艘，美军只有22艘军舰，且大多数都是护卫舰，和英国军舰比起来，可谓是相形见绌。英军利用自己的海上优势，紧紧封锁住美国的港口，使得对方的海上贸易活动不能正常进行。两国军舰在大西洋交战时，美国海军继续沿用过去私掠船时代使用的策略，力图速战速决，痛痛快快地打一仗，截获完丰厚的战利品之后立即撤退，只有在数量上占据压倒性优势的时候，才敢和英国海军长时间较量。美国的打法受到了英国人的嘲讽，英国人在报纸上发表文章说美国海军不过是由一群浪迹街头的流氓临时组成的乌合之众。

令骄傲的英国皇家海军料想不到的是，他们口中的乌合之众竟然一次又一次取得了胜利。美国海军不仅力挫英军海军主力，还截获了3艘皇家海军军舰。英国人惊慌失色，不敢再轻看美军，连忙派出更多的舰艇封锁美国港口，并把陆军部队大批运送到美国的海岸。

战争初期，英国的精锐部队都在欧洲，所以在与美军交战时并不占据优势。到了1814年4月，英国所在的反法联盟打败了强盛一时的法国，拿破仑大帝被流放到厄尔巴岛。英国这才得以将更多的军队和战舰调往美国。军队很快占领了百慕大群岛，准备登陆美国。英军统帅亚历山大·考克伦将军得到重要情报，说美国首府华盛顿防御薄弱，便决定大举进兵攻打华盛顿。

1814年8月19日，2500名英军成功在马里兰登陆，浩浩荡荡地向华盛顿挺进，途中遇到了一小股美国海军和一群没有作战经验的民兵的阻抗，英军轻而易举地击败了美军，8月24日，顺利进入华盛顿。几个武装团伙为了保卫华盛顿和英军发生了激烈的交火，英军指挥官罗伯特·罗斯一气之下下令放火。英军烧掉的第一个建筑是国会山，将尚未完工的国会山付之一炬之后，英军朝西北方向的总统府邸奔去。

美国的官员纷纷撤离，最后一个离开的是第一夫人多莉·麦迪逊，逃走时她淡定地从墙上取下了开国总统华盛顿的肖像，并将《独立宣言》的原件文稿以及珍贵的历史档案一起带走了。当夜，英军就放火焚烧了总统的府邸，熊熊的大火一直烧到第二天才渐渐熄灭，其间英军往火堆里添加了不少燃料。据说当时冲天的火光照亮了天空，远在巴尔的摩的民众都能看得清清楚楚。到了第二天，天空下起了倾盆大雨，火势这才被控制下来。不想淋雨的英军返回到了战舰上。

烧毁了华盛顿标志性的建筑以后，英军决定攻取巴尔的摩，攻入巴尔的摩港口的麦克亨利要塞时，美军英勇抵抗，英军未能得逞。美国有一位名叫弗朗西斯·斯科特基的人深受鼓舞，挥笔创作了著名的星条旗歌。后来英军在多个战场上遭受了挫败，海军也没有发挥出应有的作用，便不想再和美国僵持下去了。此时美军也已无心恋战。

于是双方的外交官便于1814年12月24日在比利时的根特城签订了停战和约。因为交通不便，停战的消息没能马上传到时任总统麦迪逊那里，直到1815年2月17日，麦迪逊才正式签署了《根特条约》，根据条款，双方归还占据对方的岛屿，边界恢复到战前的状态，美国享有圣劳伦斯河的捕鱼权，两国的债务和财产纠纷必须得到妥善处理。

第二年，美国指控英国没有完全遵守有关财产纠纷的条款，理由是英军没有把在战争中俘获的美国奴隶还给美国。英国人声称奴隶不是财产，拒绝归还奴隶，两国继续吵吵嚷嚷，但是都不想再次交火了。战后美国重新修建总统府邸，为了遮盖大火焚烧过的痕迹，人们在总统官邸的外墙上刷上了一层肃穆的白漆，"白宫"由此得名。

英美之间的第二次战争使美国真正摆脱了英国对本国在政治和经济上的控制，美国自此成为了一个完全独立的主权国家。迫于英国的压力，美国最终放弃了吞并加拿大的计划，北扩计划受阻，但对外扩张的野心丝毫没有受到遏制，在以后的岁月里，政府加大力度执行西扩计划，对西部印第安人进行了更大规模的屠杀。

武力强取半个墨西哥

美国政府在长达一个世纪的时间里，把向西扩张当成了基本国策。美国高层一边加紧扩张计划，一边发表"天定命运"的理论，堂而皇之地宣称："我们天定命运的权利，就是扩展到整个大陆。"在政府的鼓动下，西部移民数量越来越多，很多移民涌向了新墨西哥和加利福尼亚等隶属于墨西哥的领地。

美国移民和墨西哥政府纠纷不断，引起了美国政府的高度关注。1835 年，美国为了报复墨西哥，煽动得克萨斯的奴隶主叛乱，墨西哥立刻派出军队镇压，杀死了 187 名参与叛乱的美国士兵。美国立刻派出军队回击墨西哥，取得了胜利，接着对外宣布得克萨斯独立，成立"孤星国"。

其实美国人很久以前就盯上得克萨斯了。从 19 世纪 20 年代开始，越来越多的美国移民涌入得克萨斯，美国政府很想花钱将这片土地买下来，并入美国版图，但遭到了墨西哥政府的直接回绝。后来墨西哥政府对美国移民在本国领土上殖民和输入黑奴的做法越来越不满，索性宣布在该地废除奴隶制。得克萨斯地区那场由美国唆使、奴隶主发动的武装叛乱就是在这种大背景下发生的。

1837年，美国政府正式承认"孤星国"，"孤星国"立即宣布奴隶制合法，并主动表示愿意与美国合并。墨西哥政府不承认得克萨斯独立，也不承认"孤星国"的合法性，宣布说日后定会夺回得克萨斯，使其重新并入本国领土，并毫不客气地警告美国说，如果美国执意要介入国家内政，两国将来可能爆发大规模战争。"孤星国"坚持独立立场，并试图以格兰德河作为和墨西哥的边境。墨西哥政府不同意。英国企图调解纷争，但没有取得成效。

1845年美国声称只要"孤星国"愿意和美国合并，美国将承认格兰德河的边境。"孤星国"表示愿意加入美国，于是得克萨斯便成为了美国的领土。同年7月，美国正式对外宣布吞并得克萨斯。美国得到得克萨斯以后，欲望并没有填平，领土扩张计划仍在继续。

美国兼并得克萨斯的行动，使得美墨矛盾更加尖锐化。墨西哥气愤之下宣布与美国断交。美国并没有因此放过墨西哥，而是步步紧逼，没完没了地提出割让领土的要求。1845年11月，美国总统詹姆斯·波尔克派出的使者向墨西哥继续提出割让领土的无理要求，被墨西哥政府严词拒绝。美军不顾墨西哥的反对，大摇大摆地进驻到两国边界存有争议的地区。

1846年4月24日，为了回应美国的行动，墨西哥出兵越过格拉德河，进入两国存在争议的地区，在边境与美国的骑兵发生了激烈冲突，美军3人当场被打死，50多名士兵被俘虏。詹姆斯·波尔克总统听到这个消息，马上以高调姿态警告墨西哥入侵了美国的边界，"在美国的领土上洒了美国人的血。"美国总统发表完煽情的演说，激发了美国人的爱国情怀以后，于5月13日正式宣布向墨西哥开战。10天后，墨西哥向美国宣战，美墨战争全面爆发。

美墨互相宣战后，美国兵分三路侵入墨西哥领土，第一股兵力由约翰·斯洛特带领,他的任务是带兵占领加利福尼亚,使之划入美国领土。第二股兵力由泰勒指导,他负责率领美军的主力部队登陆墨西哥北部,与墨西哥主力军队作战。第三股兵力由温福德·斯哥特领导,他负责带兵侵入墨西哥中心地区。

装备简陋、指挥混乱的墨西哥军队在强大的美军面前节节败退,第一阶段战争结束后,便丧失了北部大片的领土。美军人数并不多,但装备精良,作战经验丰富,在战略和战术上都要远胜于墨西哥军队,所以,即便墨西哥人团结了大量印第安人抵抗美军,还是没有力量挽回败局。墨西哥人在正面战场上打不过美国人,只好在敌占区展开游击战,游击队希望以微小的代价牵制住美军,阻止美军继续进军。

战争进入第二阶段时,美军经过增兵,兵力已达 6 万,其中一半的兵力进入了墨西哥领土。美军为了以最快的速度击垮墨军的斗志,决定攻占首都墨西哥城,实施计划的第一步就是登陆墨西哥东海岸最大的港口维拉克鲁斯。斯特科带领 1.3 万美军在维拉克鲁斯东南 3 英里的海滩成功登陆,没有遇到墨军的抵抗。紧接着,美军便开始架起大炮轰击维拉克鲁斯。斯特科下令说:"如果墨西哥人不向美军投降,任何人都别想活着离开这座城市。"领命的士兵开始肆无忌惮地狂轰滥炸,街道上瞬间血流成河,到处都能看到被炸得支离破碎的尸体,断肢残体从不同的方向纷纷落下,血和灰和在一起,景象异常恐怖,维拉克鲁斯城沦落成了人间地狱,其惨状用任何语言都无法描述,因为每一幅画面都是那么令人触目惊心。

在这场围城之战中,墨西哥平民死伤超过了 100 人。守军拼死抵抗,连没有作战经验的渔民和码头工人也加入了战斗。墨西哥人同仇敌忾,使美军付出了 82 人伤亡的代价。墨军的指挥官为了阻止美军血洗全城,被迫弃城投降。美军随后向首都墨西哥挺进。

很快,美军凭借着强大的火力,兵不血刃地攻下了塞罗戈多和距离墨西哥城仅80英里的普埃布拉,没过多久便兵临墨西哥城下。当时美国兵力足有1万人,保卫首都的墨西哥军民加在一起达到了2万人。虽然墨军人数是美军的两倍,但装备太过落后,在美军猛烈炮火的袭击下,始终处于劣势。两场仗打下来,墨军伤亡和被俘人数加起来已经超过了7000人,美国总伤亡人数也接近千人。

双方全都付出了惨重的代价,两国政府为了避免损失进一步扩大,进行了短时间谈判,但双方并没有达成一致意见。美国坚持要让墨西哥割让领土,墨西哥强硬回绝。美国人气愤不已,再次围攻墨西哥城。墨西哥士兵奋勇抵抗,多次打退了敌人的疯狂进攻。其中最为惨烈的一战发生在查普尔特佩克山,墨军由军事学院的学生组成,当美军向开闸的洪水一样冲向山顶的时候,学生们个个面不改色,英勇还击,子弹打光了,就拔出刀子,和敌人展开近身肉搏的白刃战。少年学员全部牺牲。

最终墨西哥城沦陷了,美军穿着漂亮的制服耀武扬威地进入了城区,入城仪式迎来很多市民围观。美军正得意间,忽然不知从哪儿传来了一阵枪响,遇袭的美军纷纷倒在了血泊里。美军拔枪还击,与墨军中的狙击手展开了巷战。激战中,美国士兵的伤亡人数超过了860人。

墨西哥市参议会担心美国会为此大举报复,便下令停战,要求全体墨西哥人放弃抵抗。游击队不理会官方的态度,继续与美军作战。墨西哥当权者因首都陷落惊慌不已,被迫再度与美国谈判,并于1848年2月签下了丧权辱国的《瓜达卢佩·伊达尔戈条约》,同意将墨西哥超过一半的领土割让给美国,美国为此支付了1825万美元,版图面积扩大了190万平方公里,成功完成了新一轮的扩张。

第六章
南北战争——奴隶制终被废除

在内战打响以前,美国的南方和北方无论在经济形态、政治制度上,还是在文化信仰上,都存在着巨大的差异。北方发展的是工商业资本主义经济,实行的是自由的雇佣制度,人们在追求美好生活的同时,对精神修养有着极高的追求。南方主要以种植园经济为主,白人奴隶主靠压榨奴役黑人生活,丝毫没有感到道德上的羞耻感。

南北战争既是经济之争,也是道德之争。北方要进一步发展资本主义,必然要扫清前进道路上的障碍——奴隶制度。林肯上台以后,竭力推动废奴运动,引起了南方的恐慌。南方首先发动了叛乱,北方仓促平叛,南北战争拉开了帷幕。很多史学家认为,南北战争是不可避免的,因为南北之争除了跟经济方面的因素有关外,还与道德因素紧密相关。北方不能容忍罪恶的奴隶制度存在,南方竭力维护奴隶制度,双方势必因奴隶制的存废展开残酷的斗争,大国注定要经历分裂之殇,然后以血和生命的代价完成最后的统一。

半奴隶半自由状态下的美国

美国在漫长的历史时期，长期存在着两种截然不同的经济制度，北方是以自由雇佣制为基础的资本主义经济，主要以发展近代工业为主，南方是以奴隶制为基础的种植园经济，第一产业为农业。

北部工厂林立，一个又一个新兴的城市就像雨后春笋般冒了出来，大型机器设备的性能不断被改进，生产技术水平越来越高。在工业革命的推动下，美国也在逐渐走上工业化道路。国家对工业的重视也超过了以往任何时代。野心勃勃的企业家都渴望借助这股潮流实现自己的"美国梦"，可是当他们走进机器轰鸣的厂房时，都会不约而同地发现同一个问题：工厂人手严重不足，如果再不补充劳动力，效益就会大受影响。工厂老板想要马上雇佣到大批工人，但是发现这个目标实现起来十分困难，因为北方从来不缺工厂主，但是雇工一直十分短缺。

美国有那么多人口，怎么可能缺少劳动力呢？工厂老板想来想去，觉得能干的劳动者都被南方奴隶主束缚住了。是的，白人殖民者从来就没有间断过向美洲输入黑人，黑人的数量是庞大的，如果他们不是当奴隶，而是成为自由的工人，势必能给工厂带来巨额利润。怀揣着这样的想法，工厂主们开始不停地游说议员、国务卿，甚至总统本人。由于美国北部工业的生产在1860年已经排在了世界第四位，总产值多达18.8亿美元，前景非常看好，政府也想让北方的工业得到进一步发展，所以他们的废奴主张得到了支持。

南方的种植园主们由于使用免费的奴隶代替了雇佣工，攫取的利润往往要比雇佣自由劳动力的农场要高，因此南方奴隶主在贪欲的刺激下，不仅从未想过要给奴隶自由，还想不遗余力地把这种万恶的制度在北美地区无限期地沿用下去。从地理环境上看，南方比较适合发展种棉业，棉花经济一直在南部地区占据主导地位，优质的长绒棉多产自南方。南方的奴隶主虽拥有辽阔的产棉区，但是他们仍然不知满足，一步步地将种植区向西部扩张。于是西部土地便成了南北势力争夺的重点。

北方认为奴隶制度是长在美国本土上的毒瘤，它严重阻碍了工商业的发展，为了维护北方以及国家的整体利益，西部地区理应实行自由雇佣制度下的资本主义，奴隶制度必须受到遏制，甚至应该被废除。北方还站在道德制高点上强烈谴责南方，毫不隐讳地揭露奴隶制度的罪恶。

南方奴隶主竭力为奴隶制辩护，甚至把奴隶制度美化成了某种特殊的"终身雇佣制"，声称出于保护财产的目的，他们会在一定程度上善待奴隶。奴隶主狡辩说在北方的自由雇佣制度下，假如工人身体健康出现了问题，不能继续干活了，就会被工厂主解雇，生活完全没有保障，而在南方的种植园里，奴隶主永远免费为奴隶提供吃住，保障他们最基本的生活，所以从某种意义上说，南方的奴隶比北方的工人过得更好。

这种论断是极其荒唐可笑的，把终身奴役说成终身雇佣，甚至声称奴隶比自由人更幸福，显然是在扭曲事实、颠倒黑白，事实上，没有一个自由人自愿降格为奴隶，无论他们的境况有多么糟糕。北方的工厂主或许会开除某些不能继续再为企业创造价值的员工，但在南方的种植园里，如果他们丧失了劳动能力，那么接下来所要面对的可不是开除那么简单了，奴隶主不可能给他们自由，即使他们病得奄奄一息也不会让他们离开种植园，对于那些已经失去价值的人，奴隶主通常会采取两种做法，要么任其自生自灭，要么果断而迅速地结束他们一文不值的生命。

北方的资产阶级早就看透了南方奴隶主的虚伪、狡猾、贪婪和残忍，所以对他们的辩解毫不理会，坚持要求废除奴隶制度。南方的奴隶主也不甘示弱，多次向联邦政府发难，不仅要求保留奴隶制度，还要求进一步强化奴隶制度。代表不同利益方的议员们在白宫里争论不休。布坎南总统面对不可调和的矛盾，选择了沉默。有位议员认为总统太过软弱无能，在与同僚们进行完了一场激烈的"口水战"之后，忍不住指着总统的鼻子骂道："你下台就是对美国最大的贡献。"这位议员的态度虽然非常恶劣，但他的发怒是有道理的，美国确实需要有一个强有力的总统挽救局面，否则国家的发展将陷于混乱。

白宫里的争吵还在继续，北方代表猛烈地批评奴隶制度，坚持声称北方就是奴隶们的天堂，大批大批的奴隶应该被解放出来，为北方、为北美创造更大的价值。在北方人看来，使用奴隶不仅是不人道的，还是对人力资源的极大浪费。南方虽然盛产棉花和其他经济作物，但是经济生产率一直很低，由于奴隶主可以免费使用奴隶，种植业的生产成本很低，这样就可以让那种落后的低生产率的经济模式一直维系下去。南方的种植园占用了大量劳动力，经济生产率又很低，从国家整体利益来看，这种经济模式长期存在，势必影响国家未来的发展。再者南方属于自给自足的农业经济，没有市场空间，阻碍了北方商品的销售，如果南方的经济模式不发生改变，北方的资本主义很难迅速发展起来。

出于各种原因的考量，北方废奴的呼声越来越高涨，很多北方人开始帮助奴隶逃跑，大批大批的奴隶从南方逃到了北方。奴隶主恼羞成怒，对北方的仇恨更深了，他们一边雇人追捕逃跑的奴隶，一边愤怒地谴责北方害他们蒙受了财产的损失。在当时的时代，法律明确规定奴隶是奴隶主的私人财产，人们抓到逃跑的奴隶，需要将其送回到主人那里。北方人不再理会那些荒谬的法律条文，心怀坦荡地支持和协助黑奴逃跑。南方奴隶主们依旧坚守着腐朽的封建式的贵族价值观，他们理直气壮地大肆抓捕逃逸的黑奴，美国因此诞生了专门抓捕黑奴的职业。

种植园里的罪与罚

在南方种植园里，奴隶制已经全面建立起来了，奴隶和奴隶主已形成了一种比较稳定的生产关系。奴隶作为一种特殊的财产，不仅自己完全隶属于主人，自己的后代子孙也属于白人奴隶主，也就是说一日为奴、终身为奴、世代为奴已然成为了无数非洲人的劫难和命运。第一批被贩卖到美洲的黑人，很难接受自己被奴役、被压迫的命运，他们对自由充满渴望，坚决拒绝主人的训诫，只有在巨大的压力和暴力的驱使下才会勉强劳作，一旦得到机会便会伺机逃跑。

在北美出生的第二代黑人与父辈们完全不同，他们早就学会了逆来顺受，不仅接受了自己的奴隶身份，而且表现得更为顺从，因为他们知道反抗主人是要付出代价的，假如他们冒犯了主人的权威，随时都会像牲口那样被卖掉，还要承受与亲人生离死别的痛苦。事实上，就算他们对主人言听计从，仍然摆脱不了被贩卖的命运，因为在主人眼里，他们只是财产或货物，根本就不是具有自由意志的人类。

迫于经济压力或者其他原因，主人会毫不犹豫地把他们卖掉，很多家庭被生生拆散了，不过有的买主看上了一个健壮的奴隶，会慷慨地买下他的妻子和孩子，这样做不是为了让奴隶夫妻重聚、骨肉团圆，而是为了让他更安心地为自己工作。奴隶有了牵挂，就不会伺机逃跑，即便是因为饱受压迫而愤懑不已，身边有了妻儿，情感上有些抚慰，不至于抑郁成疾，影响工作。更重要的是一旦有哪个买主愿意花钱买下他的妻儿，他就会对新主人感激涕零、死心塌地。精明的奴隶主出于种种算计，尽量不使奴隶们夫妻失散、骨肉分离，不过这并不意味着奴隶们会被当作有思想、有感情的人来看待。

在奴隶交易市场上，奴隶们是毫无尊严可言的，男奴们被掰开嘴巴查看年龄，就像购买马匹时一定要通过牙齿来判断年龄一样。女奴们要脱光衣服检查生育能力。女奴有没有健康的生育能力是买主非常关心的事情，因为这关系到他日后财产的增加。奴隶们忍受着各种羞辱，长期被歧视，有的变得越发冷漠和麻木，有的则变得日益扭曲和复杂。然而相对于他们日后在种植园的棉田里，被肆意打骂、凌辱和折磨来说，这种经历还算不上最糟。

对奴隶主而言，他们购买奴隶的目的无非是想从奴隶的身上获取更大的经济价值，奴隶们即使再顺从、再服服帖帖，也不可能心甘情愿地为主人免费服务，奴隶主为了加强对奴隶的管理，最常用的手段就是使用暴力。大多数奴隶主都坚信皮鞭之下出生产力，任何有感知的血肉之躯，纵使反抗意识再强，在强大的暴力下也会被迫屈服。

一位北卡罗来纳州的种植园主曾经这样写道："很遗憾，奴隶制必须与暴虐统治共存，不过分地行使高压权威，就不会有顺从和有用的奴隶。"在种植园里，奴隶挨鞭子是一种司空见惯的事情，奴隶主总有各种理由教训那些他们自认为低他们一等的黑人。对此废奴主义活动家弗雷德里克·道格拉斯这样写道："为了保证奴隶行为良好，主人依靠鞭子；为了使奴隶谦恭，他依靠鞭子；为了教训他认为'失礼'的奴隶，他依靠鞭子；为了刺激奴隶干活，他依靠鞭子；为了束缚奴隶的精神，毁掉他的人格，他依靠鞭子、锁链、口塞、指夹、桎梏、猎刀、手枪和猎犬……"

在密西西比，有位丧心病狂的奴隶主一气之下竟一次鞭打了奴隶1000鞭子，奴隶被活活打死的事情时有发生。干活慢、偷窃、与白人争吵，企图阻止主人卖掉自己亲属的奴隶都会受到无情的鞭打，即使犯了一点儿小小的错误，也会招致一顿鞭打。有时候奴隶主心情不好或酒后失控，会疯狂地对奴隶施加人身上的伤害，他们用拳脚踢打奴隶，用烙铁折磨奴隶，很多奴隶的身上因此留下了永久性的疤痕，其中一部分被打残，成为没有用处的奴隶，下场更为悲惨。

主人的残暴不仁，激发了奴隶的反抗意识，觉醒的奴隶意识到摆脱暴力伤害的唯一途径就是获得自由，他们开始有意识地逃离蓄奴州，部分人成功逃到了自由州。然而自由之路并不像他们想象的那么平顺，因为奴隶制已经在美国南方全面确立了，白人是不会轻易给他们自由和权利的。在失望之余，黑人奴隶开始组织武装起义，可惜的是奴隶们没有经过正规的作战训练，每次起义都被白人奴隶主血腥镇压下去了，他们的反抗激起了奴隶主更疯狂的报复。从此奴隶主加强了对奴隶的管制，南方各个蓄奴州纷纷建立起了巡逻队，巡逻队会在所在的辖区执勤巡查，一旦发现黑人私自离开了种植园，就会不由分说地当场暴打20鞭以示告诫。

为了在思想上加强对奴隶的控制，奴隶主剥夺了奴隶受教育的权利，同时不断地向他们灌输黑人种族低劣的思想。他们不断告诫奴隶，黑人是被优越的白人使用的一种特殊"物品"，黑人必须遵从白人的意志，否则就会受到惩罚。奴隶主还虚情假意地用高尚的道德和信仰"感化"黑奴，试图把他们培养成虔诚而纯洁的奴隶，有些奴隶确实被他们那套道貌岸然的理论蒙骗了，但大多数的奴隶对于他们的训诫嗤之以鼻，谁会相信平日里挥着血淋淋皮鞭的人会是一个温逊和善的使者呢？那些假扮使者的人不但无耻地夺走了奴隶们的劳动果实，还试图在残酷蹂躏奴隶的同时扮演拯救者的角色，世上还有什么比这更可笑、更荒唐的事情呢？

奴隶主自己什么都不做，便可坐享其成，却总抱怨黑奴懒惰。殊不知，黑人在成为奴隶以前，在自己的土地上辛勤劳作，他们耕种、打猎、捕鱼，向来不辞劳苦，来到种植园以后装病怠工，不是因为天生懒惰，而是为了用消极的方式来表达内心的不满。奴隶主经常抱怨黑奴品性恶劣，善于偷盗，对此奴隶们有自己的一套看法，有一位奴隶在接受采访时曾毫不隐晦地说："他们（奴隶主）说了一大堆关于我们偷东西的事，但你知道最早的偷盗是怎么回事吗？那是在非洲，白人把我们像偷马一样偷来并卖掉。"

奴隶虽然没有文化，不会读写，但却非常擅长察言观色，他们每天都在认真观察主人的表情、情绪和行为，以便作出合适的回应。不少奴隶故意表现得很无知，假装对自由丝毫不感兴趣，不止一次地表示乐于死心塌地地归顺主人，但一旦主人放松了警惕，他们就会伺机而动，谋划起义。很多起义的首领都是主人最信任、最偏爱的奴隶。事实证明，奴隶不但不傻，而且要比他们的主人预想的要聪明得多。

狡猾的奴隶主为了巩固自己的统治，试图使奴隶等级分化，聪明的奴隶也把相似的驭人方式用在了主人和监工之间。监工是奴隶主花钱雇用来的，奴隶主对他们有着诸多的要求，有时宁愿信任自己的奴隶也不相信监工。一旦遇到残暴严苛的监工，奴隶们便会想方设法让主人将其解雇。奴隶主虽然贪得无厌，但也不想让奴隶劳累致死，毕竟购买新的奴隶还要花上一大笔钱。监工可以随时更换，奴隶却不可批量更换。从现实利益出发，没有一个奴隶主愿意以淘汰监工的速度批量地淘汰奴隶，因此在监工和奴隶的较量中，监工未必会占上风。

奴隶主最不能容忍的是奴隶逃跑或起义，那些试图反抗的奴隶一旦被抓回，下场非常悲惨，要么被鞭挞致死，要么被活活烧死，还有的被直接拖出去喂了狗。奴隶主试图通过最残忍的方式给黑人以血淋淋的教训，其目的在于杀一儆百。在漫长的岁月里，奴隶一直在以自己的方式跟奴隶主作斗争，有时迫于压力，他们也会选择妥协。奴隶们学会了在斗争和妥协中寻求最有利于自己生存的方式，因此才得以在残酷黑暗的奴隶制度下，幸运地存活了下来。

一本书酿成的一场战争

从道义上讲，奴隶制度虽然是一套灭绝人性的野蛮制度，但是经过近300年的发展，在美国南部，奴隶制已经形成了一套结构完整的政治经济制度，无数的寄生者靠从奴隶身上榨取价值为生，如果没有黑人，南方的种植园经济将彻底瓦解。为了更好地利用和使用奴隶，南方已经形成了贩运、买卖、使用、追捕一条龙的完整产业链，以此确保奴隶被牢牢束缚在种植园中。

有位叫哈里叶特·比切·斯托的美国女作家，目睹了奴隶遭受迫害的残酷场面以及黑奴奋勇反抗的事迹，心灵受到了极大震撼，于是挥笔写下了一部不朽的著作《汤姆叔叔的小屋》，此书一经问世就在社会上引起了巨大反响，数百万奴隶因为了解了书中的内容加入了反抗的大军，北方白人纷纷站出来指责奴隶制度的残忍，南方和北方的分歧变得更加严重，以至于美国陷入内战后，继任总统的林肯在见到斯托夫人以后，用半开玩笑的口吻对她说："你就是那位写了一本小册子而引发了一场战争的妇人呀！"

一本书引发一场战争，听起来虽然有些夸张，但《汤姆叔叔的小屋》横空出世以后，确实加剧了南北方的对立情绪，它就像一根细细的导火索，一旦被引燃，就会引起惊天动地的大爆炸。林肯说斯托夫人是引发大战的小妇人，其实也具备一定的合理性。那么《汤姆叔叔的小屋》究竟是怎样一部奇书呢？它何以有这么大的影响力呢？

《汤姆叔叔的小屋》与当时的时代紧密相连，小说通过对汤姆和其他奴隶的悲惨遭遇，控诉了奴隶制度的罪恶，同时指出奴隶逆来顺受终究难逃厄运，只有敢于顽强抗争，才有希望获得新生。主人公汤姆就是因为太过善良恭顺而被残忍的奴隶主活活鞭挞死的，而具有反抗精神的乔治夫妇在历尽磨难之后，却如愿过上了有尊严的自由生活。

《汤姆叔叔的小屋》如怨如诉、感人肺腑，很多人读完便潸然泪下，心情久久不能平静，废奴运动因此进入了高潮阶段。这部作品自从在《民族时代》报纸上连载以来，受到了读者广泛的关注，问世第一年就在美国印刷了100多版，销量突破了30万册，无论黑人还是白人因为阅读了这本书，反奴隶制的情绪高涨，南方奴隶主因此陷入了恐慌。

在获得一片赞美的同时，斯托夫人也成了被污蔑、被攻击的对象，南方奴隶主声称她故意歪曲事实，整部小说就是"幻觉的反应"，甚至把这部作品看成是"北方佬儿"意图干涉南方秩序而发表的宣传品。南卡罗来纳州老师在课堂上要求学生举起右手郑重宣誓，发誓今后绝不会阅读《汤姆叔叔的小屋》，煞有介事地教育学生要和可怕的废奴思想划清界限。一些同情奴隶主的批评家故意诋毁《汤姆叔叔的小屋》的文学价值，并嘲笑斯托夫人，说她不过是一个过于感伤又喜欢矫饰的"涂鸦妇女"罢了。

面对攻击，斯托夫人一笑置之，她坦然地公布了小说写作的背景资料和谈话纪要等内容，写下了《关于"汤姆叔叔的小屋"的说明》的文章，介绍了黑奴的典型经历，充分说明了小说中的人物都来自现实生活，并非无中生有，更不是什么幻觉的产物。那么斯托夫人是怎么接触到奴隶的，她的废奴思想又是怎么形成的呢？要想弄清事情的原委，我们有必要了解一下斯托夫人的生平。

斯托夫人出生于美国康涅狄格州的利奇费德，父亲是一个极富正义感的牧师，在父亲的影响下，斯托夫人从小就具有悲天悯人的情怀。青年时代，她阅读了大量著作，尤其喜欢拜伦和司各特的作品，这两位作家对她日后的人生和创作产生了很大影响。14岁那年，斯托夫人随家人迁居到了波士顿，几年之后他们一家又搬到了辛辛那提。在那里，斯

第六章·南北战争——奴隶制终被废除

托夫人从一个花季少女成长为了一名有思想、有学识的女青年,并结识了卡尔文·斯托,建立了美满的家庭,并走上了文学创作的道路。

辛辛那提位于俄亥俄河河畔,郊外有大农奴主经营的种植场,那里是废奴运动最为活跃的地区之一。斯托夫人平时在市区里都能听到有关废除奴隶制的演讲。辛辛那提还是奴隶们的避难所,逃跑的奴隶一直把它当成逃亡路上最重要的中转站,不少人从这里逃到了加拿大或自由州。

斯托夫人曾亲自听逃奴述说他们所经历的种种悲惨遭遇以及受到的各种残酷的对待,对黑人奴隶产生了深深的同情。后来,她和朋友一起访问了几个种植场,目睹了奴隶劳作的场景以及生活的惨状,谢尔比种植场(《汤姆叔叔的小屋》里描写的种植场)的样子在她的脑海里渐渐成型了。斯托夫人的弟弟由于经商的缘故,常常在新奥尔良和红河郡两地往返,他把自己的见闻全都毫无保留地告诉了斯托夫人。从弟弟口中,斯托夫人听到很多惨无人道的真实故事,奴隶主的凶残程度让斯托夫人大为震惊,其中的反面人物便成了书中的原型。

1850年,斯托夫人随丈夫搬迁到了新英格兰北部,在那里,她继续声援废奴运动。斯托夫人的全家都是坚定的废奴主义者。她的嫂子鼓励她写点东西让人们看清奴隶制的罪恶。哥哥爱德华经常公开发表废奴演说。在家人的感染下,斯托夫人更坚定了用文字唤醒人们良知的决心,她打算用她的笔控诉万恶的奴隶制度,启发人们团结起来,将奴隶制推翻。不久,斯托夫人就顺利完成了《汤姆叔叔小屋》的第一章。灵感是突然而来的,汤姆叔叔的悲惨遭遇就像电影一样,忽然一幕幕地呈现在她的脑海里,连接成了一个完整生动的故事。这个无比真实的故事是她在外出时想到的,回到家之后来不及休息,立即奋笔疾书起来,面前的稿纸不够,她就索性把故事写在食品包装纸上。

从此,斯托夫人文思泉涌,一发不可收拾,她把作品投给了废奴主义刊物《民族时代》，小说在周刊上连载发表。小说越写越长，人物形象越来越丰满，情节越来越曲折，故事也越来越丰富，连斯托夫人本人也没有想到，这部作品连载了近一年的时间才全部完成。《汤姆叔叔的小屋》的发表使斯托夫人在全球声名鹊起，从此她成为了一位备受关注的国际人物。维多利亚女王和艾尔伯特王子亲自接见了她，许多名扬四海的大作家如狄更斯、麦考利等也都会见了她。欧洲大陆各国人民把她看成了新大陆的女英雄。斯托夫人来到爱丁堡时，当地人捐出了1000枚金镑硬币，请她将这笔钱带回北美大陆，支援废奴运动。

由于斯托夫人和她的伟大作品，全世界都站在了反对奴隶制的阵营里，美国北方废奴的决心更加坚定了，南方奴隶主受到了更多的口诛笔伐，南北双方互相敌视的情绪空前高涨，一场大战正在酝酿中。

激进的废奴领袖——约翰·布朗

美国虽然有着一段极不光彩的蓄奴历史，但并不是所有的白人移民都赞同奴隶制，自始至终北美就存在着一股强大的反对奴隶制度的力量，奴隶制度最终能够被推翻，奴隶们翻身成了自由人，获得了作为一个人与生俱来的权利，自然与他们的武装反抗有关，但这种地位的变化，其实跟白人主流社会的反思以及对奴隶制的坚决抵制也有很大关系。

在奴隶制逐渐形成和完善的过程中，北方许多州都强烈地反对过这种不人道的制度。虽然工厂主想要消灭奴隶制，是为了维护自身的利益，其目的在于获得更多的劳动力和更大的自由市场，但更多的人反对奴隶制，只是出于道德上的义愤。有一位主张废除奴隶制的代表就曾经义愤填膺地说："我们反对这种针对人的肮脏交易，他们是黑人，但是

第六章·南北战争——奴隶制终被废除

我们无法想象，仅仅是因为这个原因，我们就有更大的权利令他们为奴，就像我们对其他白人，也没有这种特权。"

北方的白人坚决反对奴隶制，他们强烈反对蓄奴行为，自己也不蓄奴。而南方的白人蓄养和奴役了大批奴隶，并肆意地凌辱和残害他们，却丝毫没有道德上的负罪感。南北方对待奴隶制的看法为何如此不同呢？这要从双方的移民成分说起。北方的移民大多有着虔诚的信仰，有一定的道德追求，在利益的诱惑面前通常能守住道德的底线。而南方移民只是一些做着发财迷梦的贪婪之辈，他们更加拜金，更加迷信金钱的魔力，在灵魂速朽的前提下最终成了奴隶制最坚定的捍卫者。

在反对奴隶制的白人当中，最为人所津津乐道的是一个叫约翰·布朗的人，为了黑人的解放事业，他献出了自己宝贵的生命，这种精神至今激励着那些呼吁种族平等的民权斗士。那么约翰·布朗是怎么进入废奴运动前沿的呢？这还得从他的身世说起。

1800年5月，约翰·布朗出生在康涅狄格州托林顿，祖父是第一批搭乘"五月花"号来到北美定居的移民，他的父亲是一个信念坚定的废奴主义者。因为深受家庭影响，布朗从小就对奴隶制度充满了厌恶。长大以后，他耳闻目睹了黑人奴隶的悲惨境遇，对奴隶制的憎恶情绪与日俱增。37岁那年他号召家人一起起誓：要为摧毁奴隶制度付出一生的努力。

布朗对奴隶制的态度除了跟家族的信仰有关外，还与美国社会对黑人的不公以及废奴的呼声越来越高涨有关。在独立战争中，黑人像白人一样走上战场，为这个新兴的自由国家流汗流血，但国家获得独立以后，他们仍然没有获得自由，依然扮演着被拍卖、被奴役的可悲角色。美国政府甚至还制定过《逃奴追缉法》，法令明确规定，奴隶主只需在奴隶被逮捕的地点出示一下所有权证明，当地官方便要无条件地将奴隶归还原主。这样南方的黑奴很难在北方获得自由，北方的自由黑人如果

131

不慎被奴隶主绑架，也就此沦落为奴隶。一旦奴隶主起了歹意，可以把任何一个北方黑人当成要逮捕的黑奴，许多黑人因此丧失了自由。

到了19世纪20年代，北美大陆越来越多的人都加入了废奴运动的队伍，他们当中有工人、有农民，也有资产阶级，人们还成立了废奴协会，组成秘密团体帮助奴隶潜逃到安全的地方。布朗就曾经组织了一个废奴的团体，秘密地帮助黑人脱离奴隶主的控制，移居到加拿大或者是美国的自由州。布朗一边积极地了解黑奴的分布情况，一边精心地帮助他们绘制最佳的逃亡路线。为了激起黑人的斗志，他还特地研究了有关美国奴隶起义的英雄故事及其他国家黑人反抗暴政斗争的历史。

1854年，南方的奴隶主派遣匪徒进犯堪萨斯，端着刺刀威逼那里的人民，强行要在堪萨斯建立奴隶制，引起了当地人强烈的反抗，大批工人、农民纷纷拿起武器驱逐这群无耻的不速之客，与奴隶主以及匪徒们发生了武装冲突。当时，布朗正在弗吉尼亚忙着建设"地下铁路"（帮助奴隶秘密逃跑的通道称为地下铁路）的一个站。听到堪萨斯爆发血腥冲突的惊人消息后，立即派自己的儿子们赶赴堪萨斯参加战斗。不久，布朗自己也匆匆赶回了堪萨斯，带领人民消灭了奴隶主带领下的匪徒武装。从此，布朗名声大震。

为了打击奴隶主的嚣张气焰，布朗决定率众发动武装起义，起义的地点在弗吉尼亚哈帕斯渡口，计划袭击那里的军械库，然后鼓动南方所有的奴隶发动大规模起义。1859年10月16日晚，他对那些与自己生死与共的战友说："拿起你们的武器，我们就要向哈帕斯渡口进军了。"起初起义进展得还算顺利，但是响应者却没有布朗预想的那么多。虽然很多人不赞同奴隶制度，但是真正愿意为此流血牺牲的人毕竟不多。由于敌众我寡，起义军最终被罗伯特·李将军带领的100名海军陆战队队员重重包围了，经过一场激烈的战斗，起义军中有9人当场壮烈牺牲，只有6人侥幸逃脱，布朗和其余的人被围困在军械库里。

面对强敌围攻，布朗镇定自若，他用砖块垒砌了简单的防御工事，坚决拒绝投降。当敌军气势汹汹地闯进来的时候，他仍然没有放弃抵抗。经过一场激烈的格斗，他被一名海军陆战队上尉刺伤，随后被俘。受审时，布朗满身血污，几乎连站立的力气都没有了，他躺在冰冷坚硬的地板上，已经被折磨得奄奄一息。由于连续55个小时不眠不休，且没有吃任何东西，他身体虚弱得很，如果不是因为疼痛感让他清醒，恐怕他随时都有可能昏厥过去。

布朗就这样躺着，想着死去的两个儿子，想着遇害的几个同伴，心中无比悲恸，过不了多久他的妻子和家人就会出席在审判现场，他们一定会难过的。在审讯过程中，布朗对弗吉尼亚州州长说："你以及你们这些南方人看着吧，黑人的问题就要解决了……你们收拾我很容易，我很快就要被你们收拾了，但是，黑人的问题还是要解决，我认为事情并没有完。"

审判很快就有了结果。布朗和被俘的两个同伴被判处了绞刑。弗吉尼亚政府于1859年12月2日处死了布朗。布朗的牺牲在美国北方地区引起了很大反响，人们怀着悲伤的心情为他举行了追悼会，社会上到处流传着歌颂他英勇事迹的歌曲，其中最为深入人心的是《约翰·布朗之歌》。

北方人如此敬重布朗，让南方人感到非常不解，在他们看来，黑奴是合法的私有财产，白人奴隶主保护自己的私有财产是天经地义的，布朗企图释放黑奴的行为就是在蓄意侵犯他人的财产，这样的人居然被北方人描述成伟大的圣者，这着实让他们觉得困惑。南方人永远都不会明白布朗对正义、对理想的追求，布朗虽然死了，但他的精神将永远留存下来，激励着后人为了自由、理想和正义而战。

林肯上台，为奴隶制敲响丧钟

很多人把林肯当选总统当成是美国南北内战的导火线，因为长期以来北方和南方对奴隶制的存废上一直存在着较大的争议，前任历届总统对此采取的基本都是妥协的政策，美国在漫长的历史时期，一直保留着半自由雇佣制半奴隶制的状态。

然而林肯在参加参议院竞选时，就明确指出："政府不能永远保持半奴隶半自由的状态。"他把国家比喻成一幢裂开了的房子，直接把矛头指向了罪恶的奴隶制，毫不隐晦地说奴隶制是使国家走向分裂、引起社会动荡的罪魁祸首，他号召尽快解决奴隶制的问题，并态度鲜明地表示一定要对这种制度加以限制。不过作为一个成熟的政客，他最初并不想马上废除奴隶制，而是想通过渐进斗争的方式逐步废除奴隶制。

显然，林肯是一个坚定的废奴主义者，在废除奴隶制方面比以往的历届总统都更有决心。林肯想要铲除奴隶制，主要有两个方面的原因：一方面是基于维护国家整体利益的考量，美国要更好地发展资本主义，必须扫清前进道路上的障碍——奴隶制，奴隶制逆历史潮流而动，必定要让位于更先进的生产关系。另一方面主要跟林肯的人生阅历有关，他出身贫寒、饱经忧患，本身就具有诗人般的忧郁气质和悲天悯人的艺术家情怀，出于良知和道义，他认定违背人道主义的万恶奴隶制一定要被废除。

1809年2月12日，亚伯拉罕·林肯出生在美国肯塔基州的一个普通家庭，祖辈是弗吉尼亚拓荒者，父亲是一个个性粗犷的农民，一家人以垦殖和打猎为生。林肯自幼丧母，父亲对待他的方式又过于简单粗暴，再加上家境贫寒，所以他的童年过得既晦暗又艰辛。好在他有一个可亲的继母，待他视若己出，为他不幸的生活增添了希望与光彩。

随着年龄一天天增大，林肯对知识充满了渴望，他很想像同龄的小伙伴那样到学校里读书，但父亲坚持认为读书是一件毫无意义的事，书读得再多也不能填饱肚子，人生在世只要学会种地和打猎两种本领就行了，没有必要追求无用的学问。若不是继母一再坚持要把林肯送到学校里学习，林肯极有可能成为一个目不识丁的粗人，很难有所成就，他能成为美国历史上最伟大的总统，与继母的教诲和爱抚有很大关系，所以长期以来，林肯对继母一直敬重有加，对她的感情远比对自己的亲生父亲要深厚得多。

因为经济条件有限，林肯没有机会接受系统的正规教育，他在学校里断断续续学习的时间加在一起不足一年，然而就是在这短暂的学习时间里，他学会了字，了解了最常用、最基本的文法，并对读书产生了浓厚的兴趣。此后他坚持自修，到处借书看，掌握了不少知识。据说林肯砍柴、挖地时总是随身带着一本书，到了中午便索性坐下来一边吃饭一边看书。晚上，他常常坐在昏暗的油灯下读书读到深夜，似乎一点儿也不知道疲倦。因为勤勉好学，阅读广泛，林肯渐渐成为了一个头脑充盈、知识丰富的文化人，所掌握的学问绝不比同龄人在学堂里学到的少。

在成长期间，林肯经常要随着父亲迁徙拓荒，日子过得动荡不安。由于长年从事繁重的体力劳动，林肯的力气越来越大，干起活来又快又好，人人都夸他是一个年轻能干的小伙子。但跟一般的体力劳动者不同的是，他那双粗糙的大手既能干力气活，又能写出一手漂亮的好字，这是别人所做不到的。在人们眼里，林肯不但聪明能干，而且具有很多美好的品质，他正直、诚实、善良、同情弱者、爱护动物，具有种种令人崇敬的美德，除了相貌不够英俊以外，他可以算得上是一名青年才俊。

青年时代的林肯尽管名声很好，内心却是很自卑的，一方面是因为无论他多么努力地打拼，始终没有摆脱贫穷的地位，人生就像一部没有尽头的贫穷编年史，不知道未来是否还有希望；另一方面是因为他的外表有些差强人意，连父亲都嘲笑他长得就像一块糙树皮。单从外表来看，林肯确实不是那么仪表堂堂，他长得高高瘦瘦、腿长手长，颧骨很高，眉棱突出，眼窝深陷，又生就一副干枯的长脸，乍一看去，确实不那么吸引人。但是他聪慧的头脑、睿智的思想和可贵的品格帮助他弥补了相貌上的缺陷，在大多数人眼里，林肯仍然是一个极富魅力的年轻人。

林肯身上有一股韧性，从来不屈从于命运的安排，所以，最终他做了一个惊人的决定，跟一位庄园主的儿子结伴离开家乡，到广阔的天地里寻找机会。他们乘坐简易的木筏从俄亥俄河漂流到了密西西比河。沿途的风光优美壮观，就像是一幅快速展开的天然画卷一样，处处展现着大自然鬼斧神工的杰作，两个第一次离家的年轻人为此惊叹不已。经过一番紧张刺激的漂流冒险，他们顺利到达了新奥尔良。

新奥尔良是一个繁华的港口，也是美国重要的物资中转站。在码头，到处都能见到停泊的货船和络绎不绝的人群。林肯看到一群群肤色各异的人穿着各式各样的服饰，优雅地走在街道上，女士戴着大大的帽子，登上精致的小马车从自己身边疾驰而去，这里的景象和家乡完全不同，处处洋溢着浓郁的都市风情。林肯感到既惊奇又兴奋，若不是目睹了奴隶的悲惨遭遇和买卖过程，这次冒险之旅应该是相当愉快的。

为了谋生，林肯做过许多工作，给人打过短工，也干过伐木、锯木等力气活。有一天，他在伐木途中，看到黑人奴隶戴着铁镣大汗淋漓地在棉田里劳作，动作稍微慢了一点儿，主人立即挥起皮鞭抽打，心里感到无比悲愤。几天之后，他又目睹了奴隶被公开拍卖的过程。

在新奥尔良的奴隶拍卖市场上，一排排拖着沉重的脚镣，戴着手铐的奴隶木然地站在那里，被粗绳像捆绑散装的货物一样捆绑着。买家像打量骡马一样打量他们，接着以娴熟的动作掰开他们的嘴看牙口，随后便开始拍打他们的胳膊和大腿，查看他们的肌肉是否发达，能不能承受住种植园的苦役。林肯看到这一幕，感到既恶心又震惊。他真不敢相信，在大庭广众之下，活人真的如同牲口一样被展览、被拍卖，然而更让他受刺激的一幕还在后面。

拍卖市场上，有一个奴隶家庭被公开出售，全家人都戴着手铐脚镣，连不谙世事的小孩子也不例外。现场的奴隶主都不想将他们全部买下，为了尽快把他们脱手，奴隶贩子把他们卖给了不同的奴隶主，母子分离的惨剧发生了，母亲撕心裂肺的哀号声和孩子伤心哽咽的啼哭声，让人闻之即肝肠寸断，敏感的林肯更是不忍猝听。拍卖会进行到高潮，一位美丽的混血女奴出现了。她还是一个温柔羞涩的少女，长得非常标志，咖啡色的皮肤闪着迷人的健康光泽，头发平滑光亮，一出场便吸引了所有人的目光。

这位光彩照人的混血少女，如果出现在奢华的舞会上，必定艳惊四座，成为所有绅士想要极力讨好和搭讪的对象。可是作为一个没有人身自由的奴隶，美丽本身就是一种灾难。像其他女奴一样，她全身几乎一丝不挂，一群道貌岸然的绅士不怀好意地围着她看来看去。这具青春流动、生机勃勃的胴体让绅士们大饱了眼福，顿时失了神。奴隶贩子笑盈盈地看着眼前发生的一切，他早就知道她能卖上大价钱。

奴隶贩子观察着"绅士们"对女孩儿垂涎三尺的贪婪表情，心里乐开了花，他一再抬高价格，几乎创造了一个纪录，可是不管价格再贵，都有人乐意花大价钱购买。最后这笔买卖以一个极高的价格成交了。少女由一个展品变成了某人的私藏品，面对的将是一条更凶险、更屈辱的路。林肯气得脸色都变了，那么美好的一个女孩儿就这样被毁了，这世上还有正义和公理吗？他愤恨不已地说："太可耻了！有朝一日，我有了机会，一定要摧毁奴隶制度。"

后来林肯走上了政坛，脑海里时刻闪现着奴隶被拍卖的悲惨景象，他成长为一个坚定的废奴者。在与政敌论战的过程中，他多次直言不讳地指出，奴隶制必须被全面废除。林肯的态度让南方的奴隶主深感不安，他的当选被奴隶主视为威胁，奴隶主们时刻准备对付林肯，尽管这个敌人声称他不主张通过武力来解决奴隶制的问题，而是想要采用和平的方式逐步废除奴隶制。但无论采用什么方式，多长时间内废除奴隶制，都是南方所不能容忍的，南方奴隶主想要让奴隶制千秋万代地延续下去，不想看到奴隶制的终结，所以自然对林肯的表态充满警惕。南北方的敌对气氛，由于林肯的上台，变得更加紧张了起来。

南方先发制人，北方节节失利

在南北战争爆发前夕，奴隶制的存废问题与美国的政治危机始终是紧密相连的，它关系到国家的分裂与统一，是让美国政客最为头疼的课题。如果允许奴隶制存在，那么美国将长期处在经济格局、政治格局分裂的局面，如果马上废除奴隶制度，奴隶主势必拼死反击，南北双方将陷入血流成河的内战，国家将彻底走向分裂。

这两种结果都不是林肯愿意看到的，在他看来联邦就像一座摇摇欲坠的房子，随时都有可能倾塌，美国随时都有可能走向万劫不复。虽然他从内心深处想从根源上结束奴隶主的残酷统治，但他知道一切都不能操之过急，如果不谨慎起见，后果将不堪设想，于是，一面努力安抚南方奴隶主，一面强调维护联邦的统一比废奴更加重要。废奴是一场持久战，奴隶制在美国存在了200多年，不是朝夕之内就能废除的，而维护国家的统一却是眼前的事情。经过权衡，林肯采取了温和的策略。

南方奴隶主似乎早就看穿了林肯的意图，他们敏感地意识到和平只是暂时的，早晚有一天北方会摧毁南方的奴隶制度，统一全国，所以他们根本就没理会林肯向南方伸出的和平橄榄枝，而是选择了先发制人，纷纷脱离联邦。1860年11月6日，林肯当选为美国第16任总统，同年12月21日，南卡罗来纳州的奴隶主便对外宣布脱离联邦，3日后要求联邦军队从自己的家乡全面撤出。紧接着，密西西比州、佛罗里达州、阿拉巴马州、佐治亚州、路易斯安那州、得克萨斯州纷纷效仿，陆续宣布脱离联邦。

1861年2月4日，南方各奴隶主代表召开了大会，成立了美利坚诸州同盟，仓促地制定了临时宪法，杰斐逊·戴维斯被推选为临时总统。南方成立了与北方分庭抗礼的南联邦新政府，美国不可避免地走向了分裂。当权者声称他们的政府坚守着种族不平等的理念，永远都不可能让黑人和白人平起平坐。

1861年3月4日，林肯发表就职演说，把重点放在了维护联邦统一的政治理念上，没有谈论敏感的奴隶制问题。他否认了南联邦的合法性，驳斥了州权论，强调任何一种试图分裂联邦的举动都是一种有悖国家利益的危险行动。他还不厌其烦地规劝南方分裂分子说："政府绝不会攻击你们。只要你们自己不当侵略者，就不会发生冲突。"然而南方不把林肯的和平呼吁放在眼里，林肯正式出任总统不足两个月，南联邦就调遣军队包围了查尔斯顿港。4月12日，叛军架着大炮轰击萨姆特要塞，连续轰炸了33个小时，蓄意挑起战争。联邦守军因为事先没有防备，顶不住强大的火力，被迫撤出了要塞。3日后，林肯向全国发布公告，宣布将从各州招集75000名民兵组成征讨军队，讨伐南方叛军。美国内战爆发。南方各州纷纷响应，弗吉尼亚州、阿肯色州、北卡罗来纳州、田纳西州4州立即宣布脱离联邦。

在内战过程中，林肯依然幻想着用和平谈判的方式代替流血和冲突，他再三强调："我们选定的政策是，在使尽一切和平手段之前，绝不能使用强硬的手段。"但南方对和平的提议丝毫不感兴趣，他们的态度很明确，无论谁想推翻奴隶制度，都是南方的头号公敌，即便那个计划并非是在眼前而是在遥远的未来实施，他们同样不能容忍，反对他们的人必须付出血的代价。

其实在战争初期，北方实力强于南方，北方的总人口足有2234万之多，南方地区不过区区910万人口，其中近1/3是黑人奴隶。北方工商业发达，道路四通八达，粮食储备充足，在补给供应上完全没有问题。南方是农业区，根本没有工业的支持，铁路的数量少得可怜，一旦有了战事，军需物资是很难被及时运送到前线的。可是南方既然敢于主动挑起战争，必定做好了完全的准备。从总体上看，南方虽然处于劣势，但他们的军火工业非常发达，军队里不缺少强兵悍将，再加上有英法等国在幕后支持，对于这场战争他们可谓是信心满满。

南方奴隶主利用自己的特产棉花来笼络英国，很容易便达到了自己的目的。当时，英国约有1/5的人口在棉纺织业工作，国内80%的棉花是从美国南方进口的。出于维护自身利益的需要，英国并不希望南方的种植园经济破产，至于奴隶制的存废问题英国并不感兴趣。英国干涉美国内战，除了经济上的原因外，还有政治因素的考量。从历史渊源上来说，英国对于美国这片前殖民地的感情是无比复杂的，它屡次想控制北美殖民地，却屡屡不得逞，于是由怨生恨，非常希望美国陷入内乱，自己隔岸观火、坐收渔翁之利，必要的话，英国会给弱势的南方提供武器和资金上的支持，让战斗进行得更猛烈一些，以此削弱美国的整体实力，使其永远也不能跟大英帝国抗衡。

法国人干涉美国内政，是因为新加冕的皇帝拿破仑三世，很想效仿叔叔拿破仑大帝通过赫赫武功征服民众，成为人们心目中荣耀的英雄。假如英国派兵支援美国南方势力，法国必将紧随其后，向全世界展示法国强大的军事实力。

林肯一方面要应对南方的屡屡进犯和挑衅，一方面要应对来自国际上的压力，经常感到力不从心、焦头烂额，态度开始摇摆不定，时而想要妥协，时而又展示出强硬姿态。面对南方的步步紧逼，他曾举棋不定，一再妥协，北方因此延误了战机，在战场上屡屡失利。林肯深知内战期间国际形势错综复杂，行动更加小心翼翼，尽量避免外部力量干涉。但英法两国既然决意要卷进这场战争，总会想方设法达成自己的目的。

1861年11月8日，美国发生了轰动国际的"特伦特"号事件，英军差点儿和北方政府爆发武装冲突。事件的经过是这样的：南方分裂分子为了寻求国际上的支持，派遣两名使者秘密出使英、法，当他们乘坐英国邮轮"特伦特"号返航的时候，被美国北方战舰拦截，两名南方特使被逮捕。英国听到此事大为震怒，没过多久就咄咄逼人地给林肯发出了最后通牒，并扬言要么放人，要么两国开战，事情必须在一周内解决。林肯不想两线作战，只好妥协了，很快释放了两位南方代表，让英国失去了动武的理由。

林肯代表的北方政府虽能容忍英法等国故意找麻烦挑起争端，但如果两国公然给南方提供武器，北方绝不会坐视不理。北方曾经毫不犹豫地摧毁过秘密躲入法国整修的由英国制造的"亚拉巴马"装甲舰，对外展示了北方政府坚决反对外部力量干涉美国内战的强硬态度。林肯还曾毫不客气地警告过英法：如果它们承认南联邦的合法性或是对美国的内政进行武装干涉，美国将不惜一战。

由于林肯的强硬态度，英法等国没有过深地干涉美国内战，林肯因此把更多的精力用在了对付叛军上。南北方的第一次大规模较量发生在马那萨斯战场。当时3.5万名军容严整的北方军人斗志昂扬地向里士满进军，沿途受到了群众热烈的关注。南方军队约2.2万人，双方在马那萨斯短兵相接。北方军队用炮火攻击南方阵地，又跨过布尔河向对岸发动了猛烈的袭击。本来北方军队在气势上是占优势的，怎奈遇到了南方悍将托马斯·杰克逊，他骁勇善战，具有极强的指挥能力，带领南方军一连击退了北方军的5次进攻，因此荣获了"石墙"的威名。战斗进入白热化阶段，双方厮杀得难解难分，后来南方9000名援军赶到了战场，一举击溃了北方军，北方军惨败，损失了3000人马。

1862年，南北战争战况空前激烈，林肯调遣50万大军向南方发动攻击。西线的北方军一连打了好几场胜仗，打通了贯通南北地域的密西西比河。海军攻克了新奥尔良港。但东线的北方军在与罗伯特·李作战的时候，连遭惨败。北方军统帅麦克莱兰率领10万大军攻打叛军，由于错误估计敌军数量，竟然迟迟不敢采取军事行动，在林肯的催促下才勉强和南方军交战。罗伯特·李亲率9万南方军应战，双方在里士满附近的半岛交火，双方厮杀了7天，史称"七日战役"。罗伯特·李发现了北方军的薄弱环节，带领南方军对其薄弱处加以猛攻，一举打退了北方军。

两个月后，罗伯特·李率军北上，与北方军在马那萨斯展开了大战。当时北方军部队足有8万人，而南方军仅有5.4万人，双方在兵力上差距巨大。罗伯特·李审时度势，运用智取代替了强攻，他先是派遣一小股队伍把北方军主力部队引诱到阵地上，然后调动自己的主力部队从侧翼和后方包抄北方军，北方军落入了圈套，被南方军围歼，战斗打得格外惨烈。一场战役下来，北方军损兵折将，死伤无数，损失格外惨重。

北方军之所以连连失利，一方面是因为南方军拥有富有战斗力的军队和出色的将领，另一方面是因为战争初期，林肯始终下定不了决心与南方军决一死战，他不想看到美国生灵涂炭、血流成河，更不想看到国家被人为地撕裂，总幻想着通过和平的方式实现南北的统一，为了控制住南方势力，他甚至有意识地减缓了废奴的步伐。而南方军是抱着歼灭北方军的决心作战的，所以越战越勇，气势越来越高涨。

北方军接连遭受挫败以后，林肯总结了以往的经验教训，于1862年9月22日公然颁布了《解放宣言》，宣布从次年1月1日起美国境内的所有黑人奴隶将获得解放。黑人听到这个震惊的消息，受到了极大的鼓舞，纷纷加入北方的队伍。据统计，仅1863年10月，就有近10万黑人加入了北方军。南北战争期间，陆陆续续加入北方军的黑人多达23万，其中直接征战沙场的黑人就达到了18.6万。林肯最后的决断使得战争的整个走向发生了变化，北方军赢得了更多人的支持，扭转格局的那一天很快就到来了。

战局大逆转：葛底斯堡取得大捷

葛底斯堡大捷是南北战争的重要转折点，虽然双方损失都非常惨重，但这次战役是北方军接连战败后取得的第一次大捷，对于提升北方军士气起到了关键作用，所以在历史上被看作是一场非常重大的战役。

南方军在回击北方军时，之所以能势如破竹、节节胜利，是因为军队中有像罗伯特·李这样能以寡敌众的杰出将帅，而北方军最初是由个性软弱、指挥能力不足的麦克莱兰司令领导的，他从心理上畏惧南方军，战役还没打响，便丧失了斗志，把军队交给这样的人，北方军怎么可能打胜仗呢？林肯很快就认识到了自己用人不当的问题，当机立断地解除了麦克莱兰的职务，把军事大权先后移交给了约瑟夫·胡克和乔治·米德两位少将。

罗伯特·李将军接连打了胜仗以后，一路北进，随后袭击了弗吉尼亚，紧接着又率领7.6万南军继续挥师向北进发，与北军发生了大规模交火，不仅击溃了北方军，还成功俘获了5000人。罗伯特·李并没有因为小小的胜利停止攻打北方军的步伐，而是乘胜穿过了马里兰州，带领大军浩浩荡荡地向东北部的宾夕法尼亚州挺进，对新旧首府费城和华盛顿构成了严重的威胁。侵入的南方军很快占领了宾夕法尼亚州的城镇，抢夺了大量的战利品。士兵们大肆抢劫，所过之处，所有视线范围内的牲畜、马匹、车辆等物资都被据为军队所有，他们还抓捕了一大批黑人，剥夺了黑人的自由身份，将其降格为奴。

罗伯特·李纵容士兵胡作非为，本意是想激起北方的反战情绪，没想到却在北方引起了公愤，北方军更加仇视南方军，恨不能马上在沙场上较量一番。指挥官约瑟夫·胡克率领波托马克军团护卫首府华盛顿，士兵们严阵以待，一场大战即将来临。在关键时刻，约瑟夫·胡克却产生了其他想法，他想趁罗伯特·李挥师北进，南联邦首都里士满兵力空虚之机，出其不意地攻打里士满。约瑟夫·胡克自以为这是一步好棋，殊不知，他的意图早就被老到的罗伯特·李看穿，罗伯特·李成竹在胸，打算将计就计，想要趁约瑟夫·胡克攻打里士满时，直取华盛顿。华盛顿是以国父之名命名的首都，在美国人心目中具有至高无上的地位，夺下华盛顿，北方军很有可能就此一蹶不振。里士满只是一座默默无闻的城市，价值根本不能和华盛顿相提并论，就算被占领了也不要紧，南联邦再换一座城当首府便是了。

约瑟夫·胡克自以为高明的计策，实际上是很愚蠢的。林肯得知了他不切实际的想法后，立即否决了这个不成熟的计划，并告诫他说："我认为，你真正的目标是李将军的部队，而不是南联邦的里士满。"总统下令，约瑟夫·胡克不能不听，他不敢再痴心妄想，立即聚集军队防御罗伯特·李。当时北方军的兵力是南方军的一倍，在数量上具有压倒性的优势，但由于罗伯特·李素来具有以少胜多的本领，在战场上威望很高，所以还没有跟南方军交手，胆小的约瑟夫·胡克就气馁了。在巨大的压力下，他向林肯谎报了军情，声称叛军的数量要远远多于北

第六章·南北战争——奴隶制终被废除

方军。

林肯早就猜透了约瑟夫·胡克的心思,因此没有派援军支援他,而是选择了临阵易帅,将波托尼亚军团的指挥权转交给了勇敢果断的乔治·米德少将。乔治·米德临危受命,两天之后,他率波托尼亚军团抵达了葛底斯堡附近,下令暂且安营扎寨。南方军的军营也驻扎在葛底斯堡附近,两军相距不过区区几公里。有趣的是,他们对对方的动向几乎一无所知。当时南方军穿得又脏又破,鞋子烂得几乎无法补救,无奈之下,罗伯特·李只好派一小股军队到葛底斯堡镇上买鞋,不料刚刚闯进小镇,便意外地看到了衣装严整的北方军骑兵,错愕了一会儿,双方立即举枪交火,且同时派人报信请求增援,葛底斯堡之战的序幕就这样拉开了。

罗伯特·李听到消息后,立即召集了25万人赶赴葛底斯堡作战,北方军的兵力也增加到了1.9万人。比较富有戏剧性的是,这次兵力上明显处于劣势的北方军,表现得尤为出色,居然屡次打退了南方军的进攻。激战到下午,北方军损失惨重,伤亡、失踪和被俘的人不计其数,残余部队只好暂时撤退,退守到公墓岭。

公墓岭是一座鱼钩状的小山,地形易守难攻,北方军驻守在这里对作战十分有利。极具讽刺意味的是公墓大门上赫然悬挂着一个牌子,上面以警告的口吻写道:"凡在此处使用枪炮者,一经发现,将依法严惩不贷。"如此肃穆的境地,在兵荒马乱的年代,不仅不能继续维系原来的平静和安宁,还将蒙上一层血腥的色彩。战争时期无禁地,没人在乎牌子上写了什么,军人们都等待着血战一场。

次日,南方军袭击了北方军的两翼,北方军拼死抵抗,战斗进行得非常惨烈。打到黄昏,北方军依旧如磐石一样岿然不动。驻守在公墓岭南端的北方军两次打退了南方军的进攻,虽取得了局部胜利,但付出的代价格外惨重,很多战士当场阵亡了,战场上尸横遍野、一片狼藉,活下来的人大部分都负了伤。当敌人又像潮水一样冲过来的时候，北方军的弹药已严重不足，根本不能靠火力阻止南方军冲锋，危急关头，北方军指挥官当机立断，号召大家放弃步枪，把刺刀当成格斗武器。战士们端着明晃晃的刺刀站成一排，以风驰电掣的速度从山头俯冲而下，直捣南方军阵地，南方军被打得措手不及，士气锐减，400多人当场被俘。

战斗进行到第三天，南方军的补给已出现了严重的困难，罗伯特·李毫不理会，继续沉着应战，带领军队对北方军固若金汤的中央阵地发起了猛烈的进攻。激战到下午，南方军开始用大炮轰击北方军，一发发炮弹铺天盖地地向北方军的阵地袭来，北方军伤亡严重。北方军也开始架起大炮回击，双方展开了激烈的炮战。一时间浓烟滚滚、炮火连天，南方军无法判断炮火的打击力度，不知道轰炸的效果如何。一小时后，北方军不再发炮，南方军揣度对方的炮兵已大部分阵亡，最富攻击力的大炮也被炸毁了。

事实上，北方军还有很多富有战斗力的炮兵，火力最猛的大炮也安然无恙，暂时停止发炮是为了迷惑敌人，试图把炮弹节省下来在关键时刻对付南方军。南方军果然中计，不再向阵地发炮。罗伯特·李率领1.5万名精锐的步兵一路奔驰，对固守在公墓岭战壕里的北方军步兵发起了进攻。当时北方军的阵地有许多大炮作掩护，南方军步兵进入射程后，一发发炮弹在南方军的队伍里炸开了花，南方军像被砍倒的杂草一样纷纷倒下。在硝烟弥漫的战场上，到处都能看到烈焰和鲜血，处处都有死亡的气息。然而南方军步兵仍在前进，他们借助地形、岩石和树木的掩护，艰难地摸索着前进。

南方军到达公墓岭山脊时，损失已经过半，但是他们成功冲进了北方军的阵地，跃进了北方军的战壕。双方展开了激烈的厮杀，混乱中南方军抢走了北方军的大炮，并将南联邦的旗帜插在了北方军的阵地上。北方军也不甘示弱，又把大炮夺了回来。双方杀得难分难解，战场一片混乱，几乎辨不清敌我。乔治·米德忧心忡忡，急急忙忙地赶往前线。那时南方军已经被打退了，乔治·米德总算舒了一口气，忍不住叹道："谢天谢地！"

南方军步兵损兵折将，垂头丧气地撤回了自己的营地。罗伯特·李骑着战马来到士兵面前，鼓舞大家说："凡是没有受伤的，都要重整旗鼓。"尽管由于伤亡严重，能作战的士兵已经不多，南方军还是没有放弃，仍旧在和北方军对峙。罗伯特·李经过慎重考虑后，决定撤退。他知道这场仗毫无胜算，继续打下去只会死伤更多，为了保存有生力量，他必须带领士兵渡过波托马克河，回到弗吉尼亚去。

南方军撤退当夜，天降暴雨，波托马克河水位暴涨，南方军没有办法渡河。林肯得知军情后，吩咐乔治·米德立刻派兵追击。乔治·米德认为滂沱的大雨和上涨的河水已经阻断了叛军的去路，北方军没有必要冒雨追击，等到雨过天晴、水位回落以后再派兵追击也不迟。乔治·米德的自以为是让北方军丧失了全歼南方军和俘虏名将罗伯特·李的最佳时机。罗伯特·李带领着南方军克服了种种困难，冒着大雨成功渡河，大家都感到很庆幸，他们担心的追兵始终没有出现。林肯得知罗伯特·李成功逃脱以后，感到非常沮丧，他十分难过地说："我们已经胜利在望了，只要伸出手过去，一切就都是我们的了。"

葛底斯堡战役以北方军的胜利和南方军的失败而告终，北方听到军队旗开得胜的消息后，一片欢腾。在这场战役中，战神罗伯特·李的不败纪录被打破了，从此北军不再忌惮他的威名，真正开始扬眉吐气了。葛底斯堡战役不仅使南方军元气大伤，还使得南联邦就此失去了战略的主动权，从此南方再也没有力量挥师北进，进犯北方了，北方军进入了反攻阶段。

攻克维克斯堡，胜利的天平倾向北方

在南北战争中，最具决定意义的战役当属维克斯堡战役，这场战争历时9个月，北方军在格兰特将军的带领下采用迂回包围的战术成功攻下了南方军设在密西西比河上的唯一据点，将南联盟拦腰斩断，从此南方军一蹶不振，北方军彻底占了上风。

南北双方之所以会在密西西比河展开激烈的争夺，并在维克斯堡短兵相接，是因为密西西比河的战略地位非常重要，可以说谁掌握了这条贯通南北的"大动脉"谁就掌握了战争的主动权。密西西比河是全美最大的河流，又是疏通南北的优良航道，它直接把南联邦分割成了东西两部分，并流经肯塔基和密苏里两大蓄奴州。南联盟视其为生死攸关的生命线，北方当然知道它对于南方的重要性，所以内战爆发后，便把目标锁定了密西西比河。

维克斯堡位于密西西比河的要冲地带，背靠山区，四面环绕着蔓藤植物，瘴气弥漫，很早以前就是重要的军事要塞。南方军在此地设重兵把守，并架起了多座炮台，北方军想要攻下这里并没有那么容易，但维克斯堡一旦被攻克，南方军的力量势必土崩瓦解。

从1862年起，北方军著名将领格兰特便率领大军试探性地攻打过维克斯堡。北方军一举攻克了新奥尔良，成功控制了密西西比河口。如果继续出击，就有希望打通密西西比河。格兰特在战场上表现出色，主动向上司请缨执行袭击维克斯堡，但是忌妒贤能的亨利·韦杰·哈勒克很怕自己的部将功高盖主，断然否决了他的提议。格兰特费尽口舌，阐明利害，终于获得了批准。格兰特马上出击维克斯堡，自己亲率陆军引诱守军出城抵抗，以此减少城内守军的兵力，然后派部下谢尔曼配合海军攻城。

南方军得知自己城内兵力空虚以后，大为恐慌，主将戴维斯立即派遣部下带领军团守卫维克斯堡。北方军攻城计划受挫，格兰特率领的陆军受到了南方军的阻抗，谢尔曼的行动也受到了阻挠。攻城计划暂时被搁置了，格兰特花费了好几个月的时间思考，才意识到这个看似完美的计划其实根本行不通。

1863年初，格兰特再次披挂上阵攻打维克斯堡。由于维克斯堡易守难攻，他打算启用一个大胆的计划，即派遣军队秘密穿过密西西比河的沼泽，然后出其不意地占领维克斯堡的南端和东西两侧有利的地形，借助地理优势，破城便指日可待了。这是一个危险的计划，谢尔曼等将领这样做会拉长补给线，而且行军过程中会遇到诸多困难，所以坚决反对这次军事行动。格兰特坚持原计划，他坚信胜利险中求，觉得若北方军一直按照保守的打法进攻，恐怕再过好几年也攻不下维克斯堡，故而始终不改初衷。将领们见格兰特态度坚决，只好从命。

紧接着，格兰特带着4万大军在与维克斯堡相距10公里的地方停了下来。在他的指挥下，士兵们放下了兵器，纷纷挥起铁锹挖起了运河。北方军花了好几个星期的时间挖筑运河，由于劳累过度或者是因为身体虚弱，很多人病死了。过了一个月，工程人员对运河查看了一番，得出了一个让人失望的结论：这条运河根本就不能用，战士们做了无用功。格兰特不甘心，号令军队再挖两条运河。可能是因为经验不足，也可能是因为技术的原因，新挖的两条运河也不能用。

迂回战术不奏效，格兰特只好采取更直接的方式。他制订了一个更加大胆惊险的作战方案。北方军兵分三路实施攻克维克斯堡的计划。里尔森上校负责率军行军600英里穿越密西西比州的心腹地带，沿路毁掉桥梁和铁路，切断敌方的交通。谢尔曼负责南下诱敌。格兰特本人亲率主力部队沿密西西比河西岸行军，在格兰德湾南部地带寻找通往维克斯堡的渡口。格兰特的人马耗费了3个星期才抵达预定的码头，这次行军非常困难，沿途发了大水，道路被淹没了，车马不能正常行走。士兵们砍了很多树用来做木桩，并把木桩搭在水面上，这才让马车得以顺利通行。遇到溪流挡住去路，他们还要费力架桥才能成功到达对岸。

格兰特一行人到达渡口后，改行水路。当时天色已晚，格兰特大军乘坐着舰船悄无声息地沿河而下，所有的战舰都关掉了引擎、熄灭了灯火，仿佛神出鬼没的幽灵一般在水面上默默航行着。舰队已过大半时，驻守在要塞上的哨兵忽然发现了情况。堡垒中的守军立即用大炮和子弹袭击舰队，舰队加快了行驶速度。那些坚固的撞角舰和装有高耸烟囱的轮船，在冲天火光的照耀下，冲过了一座又一座炮台。炮火和子弹虽然很密集，但舰队并没有受到多大的打击，除了一艘运输船被摧毁了以外，整个舰队都完好无损。

4月末，舰队上的2.3万名士兵成功从河西岸到达了东岸，刚一上岸，他们就遇到了南方军的阻击。将南方军打退以后，格兰特命令大军过河，遭到了几位指挥官的强烈反对。指挥官们认为这样下去北方军的补给肯定会出问题。格兰特信心满满地说每位士兵带点儿面包、咖啡和盐就可以了，以后无论缺什么东西都可以让密西西比的农民提供。指挥官们不再说什么了。格兰特没有直接攻打维克斯堡，而是号令大军向密西西比州的首府杰克逊进发。

格兰特这么做当然是基于合理的战略考量：首先，杰克逊是维克斯堡守军的供给基地，切断两座城市的联系，就等于成功切断了南军的补给线；再次，北方军占领杰克逊，可以阻断南方军从杰克逊前往维克斯堡增援守军。与此同时，南方军也展开行动了。约瑟夫·约翰斯顿命令彭伯顿率领大军向东进发，自己亲率部队西进，两军在杰克逊会师。彭伯顿没有听从号令，一心想要切断北方军并不存在的交通线，徒然浪费了精力，最后无功而返，退回到了维克斯堡。约瑟夫·约翰斯顿因为缺少配合，不得不撤离杰克逊。

格兰特按照原计划，攻占了连接杰克逊和维克斯堡两地之间的一个重要铁路枢纽站，切断了守军和外部的联系。接着他又挥师袭击彭伯顿带领的南方军，两军大战了5次，北方军获得了胜利，占领了维克斯堡外围的据点，把南方军围困在了约克斯堡城内。数以万计的北方军犹如铜墙铁壁一样把约克斯堡围得水泄不通，有位战士曾经戏谑地说整座城已经被围得密不透风了，连猫都别想跑出去。

由于布防得当，约瑟夫·约翰斯顿不敢冒险支援，只能眼睁睁看着彭伯顿守军受困，任其自生自灭。从5月22日开始，北方军开始全面攻城，从水上和陆上一起对维克斯堡发动了炮击战。炮声持续响了47天，要塞上的工事全被摧毁殆尽。守军断了粮草，全都饿得头昏眼花。在饥饿的驱使下，纷纷逮起了蛇和老鼠，把蛇鼠当成了果腹之物。彭伯顿知道南方军必败无疑，不想再负隅顽抗下去了，便竖起了白旗向格兰特将军投降。经过谈判，北方军同意让受降的士兵回家，前提是他们日后不得再参战。7月4日，南方军将领交出了他带领的所有军队和维克斯堡，维克斯堡之战画上了一个非常完美的句号。

经过维克斯堡之战，北方联邦政府成功打通了整个密西西比河的命脉，达到了肢解南联邦的目的。南联邦从此变成了彼此隔绝的两部分，正常的物资供应以及国际军火供应都出现了严重的问题，这对于补给本来就很紧张的南联邦来说，确实是雪上加霜。英法两国从此对南联邦彻底失去了信心，英国不再介入内战，还把专门为南联邦制造的两艘铁甲舰收回。法国也闻风而动，将为南联邦制造的军舰卖给了别的国家。显然南联邦气数已尽，即使苟延残喘，也坚持不了多久了，北方胜利在望，统一全国指日可待。

投降仪式上的会晤

由于在战场上屡立奇功，格兰特受到了林肯的赏识，1864年3月被正式任命为联邦军总司令。格兰特上任以后，来不及庆贺，立刻和部下谢尔曼制订了东西两线协同作战，将敌人分而歼之的作战方案。5月，格兰特率领北方军主力和罗伯特·李率领的南方军主力部队在弗吉尼亚展开了激战，与此同时，谢尔曼出兵佐治亚。联邦军兵分两路打击南方军。战争进入后期阶段，南方军败局已定，连首府里士满都被北方军占领了。南方军司令罗伯特·李面临着投降还是抵抗的艰难抉择。

作为一名视荣誉比生命还要宝贵的高傲军人，罗伯特·李当然宁愿战死疆场也不愿屈膝投降，但是他不能为了自己的骄傲和荣誉，就置万千将士的生命于不顾，经过一番心理挣扎，他决定向格兰特投降。激进的南方士兵不想投降，他们纷纷表示，就算是只剩下了小股力量打游击，也要把北方军队慢慢拖垮，必要的话，可以把南方的妇女和青少年也动员起来，南方还是有一线希望的。罗伯特·李认为让妇女和少年参战，不是一个军队的光荣，而是这个军队的耻辱，他坚决否定了这个建议，向格兰特明确表示他愿意代表南方向北方投降。

在阿波马托克斯，南北战争中敌对阵营里的两位最杰出的将领见面了。罗伯特·李为了维护军人的体面，穿上了一套崭新的军装，手上戴上了一副雪白的手套，脚下是双擦得发亮的长筒皮靴，身上的佩剑闪闪发光，剑柄上的狮子头显得威风凛凛。格兰特既没有带佩剑，也没有穿新军装，只是穿了一身皱巴巴的旧军服，衣服上的纽扣也没有扣上，皮靴和军裤上还沾满了污泥，显得格外邋遢。乍一看去，人们真的会误以为是南方接受北方的受降。

两人见面之前，罗伯特·李曾对人说："我可能会成为格兰特的战俘，所以我必须以最好的军容出现。"同为军人，格兰特当然了解败军之将的心情，他之所以这样衣衫不整、形象邋遢，无非是不想让罗伯特·李难堪。为了照顾罗伯特·李的情绪，受降仪式是在一家私宅里举行的，一点儿都不隆重。

两位将军见到对方后，礼貌地互相鞠了一躬，并握了握手，然后谈起了美墨战争中的短暂相遇，那时罗伯特·李已经荣升为上校了，而格兰特只是一个区区中尉。在罗伯特·李的印象中，那时格兰特的衣着就很不得体。两人寒暄了几分钟之后，格兰特迟迟没有提及投降的事情，最后还是罗伯特·李主动谈及了这个话题，他们的谈话才切入正题。

罗伯特·李提出南方的军粮已经吃完了，战士们现在都在挨饿，格兰特慷慨地表示北方会将2.4万份军粮运送到南军军营，解决他们的燃眉之急。罗伯特·李又问可不可以让受降的军官和士兵保留自己的马匹。格兰特回答说，没问题，每个人都可以牵走自己的马，因为战后大家还需要用马匹来耕田种地。受降仪式结束后，罗伯特·李感激地握了握格兰特将军的手，然后大踏步走出了屋子，动作娴熟地翻身上马。格兰特准备目送他归去，也来到屋外脱帽向他致意。罗伯特·李摘下帽子回礼，很想表达点儿什么，最终却一个字都没有说出来。

罗伯特·李心绪复杂地回到了自己的军营，部下们全都聚拢了过来，围着他哭了起来，大家知道他们就要跟自己爱戴的总司令分别了，以后可能永远都没有机会见面了。罗伯特·李也舍不得这群跟着自己出生入死的兄弟，难过了良久，最后哽咽着说："我们一直在一起战斗，我已经为你们尽力了，心中有太多的话说不出口。"说到动情处，他流下了两行泪水："你们被赦免了，可以回家了，再见吧。"

格兰特也回到了自己的军营，他圆满地完成了任务，开始琢磨用什么样的措辞给总统发电报。沉思间，听到军营外面传来庆贺的炮声，他立即制止士兵放炮庆祝，并说："叛乱者现在又是我们的同胞了。"

3日后，南方军队正式列队向格兰特将军投降。旌旗在微风中飘扬，现场响起了鼓舞人心的嘹亮军号，北方军队向投降的南方军队致以军礼，南方军队仗剑回礼。礼毕，南方军队全部放下了武器，降下了南联邦的军旗，宣告美国内战彻底结束了。战后，格兰特将军按照约定仁慈地对待了他的敌人，他没有囚禁任何人，也没有审判任何人。罗伯特·李原本担心自己有可能成为俘虏或是被划定为战犯，但这样的事情没有发生，像其受降的南方士兵一样，他可以自由地回家，保留自己的佩剑和马匹，在和平的环境里过上新生活。这种结局是他没有料想到的，但北方确实给了他体面退出军政舞台的机会，让他在最尴尬的时刻保留住了一个军人最起码的尊严，他还有什么可求的呢？

尽管南北双方在战场上打得你死我活，厮杀得非常惨烈，但林肯和格兰特司令选择了不计前嫌，愿意以宽容的态度对待敌人。毕竟战争是残酷的，无论哪一方失去了生命，都是一种悲剧。美国已经经受不起更大的内耗了，无论是林肯，还是格兰特都由衷地希望，美国人互相残杀的历史真正彻底结束了，从此以后，大家能忘掉不幸与悲痛，携起手来，把这个国家建设得更美丽、更富强。

在提及南北内战历史的时候，很多人都认为格兰特和罗伯特·李的会面是一个非常耐人寻味的时刻，两个光辉夺目的大人物在极其肃穆的氛围下握手言和了，象征着南北方的和解，也象征着和平时代的到来，这无论对于哪一方来说都是一件天大的好事。美国人敬重格兰特，欣赏他的坚毅、果敢、豪爽和大度，也敬重罗伯特·李，因为他完好地沿袭了军人的传统，在最后时刻做出了最正确的抉择，没有把无辜的平民百姓拖进战争泥潭，避免了更多的伤亡。

人们用一切溢美之词赞美格兰特，赞美罗伯特·李，有人甚至盛赞他们是人类历史上最伟大的将帅，将其描绘得完美无缺。可事实上十全十美的人是不存在的。格兰特是个了不起的将帅，但性格比较我行我素，而且饮酒无度。在重用他之前，就有很多人劝林肯说："格兰特好酒贪杯，难当大任，起用他恐怕以后会误了大事。"林肯相信自己的眼光，表示愿意包容他的这个小缺点，于是微笑着说："如果我知道他喜欢什么酒，就会送他几桶。"

罗伯特·李是南军中首屈一指的悍将，没有人会质疑他的军事才华，但对于他的评价，一直存在较大争议。敬重他的人欣赏他爱惜百姓理智投降的举措。怀疑他的人认为，在国家利益和故乡情怀之中，他选择了为南部家乡而战，成为了捍卫奴隶制的帮凶，而且兵不血刃地镇压过约翰·布朗的起义，骨子里具有反动的一面。

其实人性是复杂的，任何非黑即白的评价都是片面的，从里到外都绝对纯粹、绝对完美的好人是不存在的，彻头彻尾、十恶不赦的恶人也是少有的。作为北方和南方的代表，格兰特和罗伯特·李都有值得称颂的一面，也都有属于各自的瑕疵，代表正义的北方在情绪失控时也曾实施过焦土政策，对南方大肆洗劫、破坏和杀戮，在人类历史上留下了不光彩的一页。现实告诉我们，战争和人性都是复杂的，美国人经过反思，不会再歌颂南北战争，而是会花更多的时间品味和咀嚼分裂之殇的痛苦，并竭力避免类似的悲剧再次发生。

林肯遇刺，普天同悲

南北战争让无数人付出了生命的代价，美国总统林肯就是最后一个倒下的人，他成功解放了南方，推翻了奴隶制，然而还没有来得及看着自己的国家统一之后，进入蒸蒸日上的发展阶段，便不幸遇难了，这是一件非常遗憾的事情。林肯的死既是美国的损失，也是世界的损失，从此美国少了一位杰出的总统，世界上少了一个能够推动历史走向光明进程的伟大人物。

1962年，历史学家投票为美国总统排名，林肯排在第一位，在被评选上的5位最伟大的总统排名中，名列榜首，其威望已经超过了国父华盛顿。其实林肯并不是一个尽善尽美的人，他不像华盛顿那样决断杀伐，个性比较优柔寡断，也不像华盛顿那样冷静乐观，骨子里天生潜藏着忧郁的特质，但是他的人格魅力却是无可匹敌的。林肯不同于精明老辣的政客，他天性正直、善良、仁慈，在内战过后大度地宽恕了所有的敌人，可惜的是他的宽仁并没有打动那些铁石心肠的人，最终还是被一名同情奴隶主的凶徒刺杀了。

1865年4月14日，是美国南北战争结束后最为黑暗的一个日子，因为它是林肯总统的祭日。那天一向抑郁的林肯心情豁然开朗，南方将领罗伯特·李已经向格兰特投降了，国家终于由分裂走向了统一，奴隶制彻底瓦解了，这无论对美国还是人类都是天大的喜事。在内阁会议上，他与全体内阁成员热烈讨论战后国家重建的问题，再次强调不会惩罚南联邦，他直截了当地说："我希望战争之后没有迫害，没有血腥。任何人都别指望我支持绞死或杀死他们的行为，即使这些人曾经十恶不赦。"反对宽大处理的人不再说什么了，因为他们知道总统心意已决，

第六章·南北战争——奴隶制终被废除

任何人都不可能使他改变主意。

内阁会议结束后，林肯夫人玛丽提议外出看戏，林肯心情大好，便邀请格兰特将军携妻子同去。玛丽听说格兰特妻子茱莉亚·格兰特也要同去，脸色立刻变了。喜欢争风吃醋的她不允许任何迷人的女人接近自己的丈夫，也讨厌别人盖过自己的风头，所以不惜以粗鲁的态度对待茱莉亚·格兰特，茱莉亚·格兰特只好随便找了个借口婉拒了总统的邀请，因此格兰特夫妇没有与林肯夫妇成行，最后，林肯夫妇与参议员艾拉·哈里斯的女儿和她的未婚夫搭伙做伴。

途中，林肯陪伴夫人乘坐马上在大街上遛了一会儿，他对未来的美好生活充满了憧憬，兴致勃勃地谈起了今后4年的计划。最后又意犹未尽地说了一句："在我的一生中，从没有像今天这样快乐。"林肯反常的态度让玛丽很不安，玛丽好像预感到了什么似的，狐疑地望着丈夫热切的眼睛，心中莫名有些慌张。就在前几天，丈夫还用半开玩笑的口吻向她讲述过一个噩梦：在梦中很多人都在哭泣，哭得十分忧伤，人们围着担架上的尸体哀伤地啜泣不止，他问士兵白宫里究竟谁死了，士兵悲痛地说是总统被暗杀了。

那时林肯并没有把这个噩梦太放在心上，可是玛丽却感到害怕，她希望快点到达剧院，看场热热闹闹的好戏，好忘记那些不愉快的事情。其实林肯早就知道某些黑恶势力是不会善罢甘休的，他曾经对卫兵威廉·克鲁克说："我相信有人想要我的命，而且我丝毫也不怀疑他们会成功。"早在他当选总统那年，各种暗杀总统的计划就已经在街头巷尾传得满天飞了。如今，虽然内战结束了，但仇恨之火并没有完全熄灭，如果有人蠢蠢欲动，想要实施暗杀计划，他是防不胜防的。

林肯清楚总统本身就是一个高危职业，所以早就做好了应对各种各样的凶险。不过为了未竟的事业，为了妻子，他还是比较谨慎的，临行前向作战部长提出让爱科特少校陪同去剧院。作战部长告诉他爱科特少

157

校有任务在身，不能同去，希望总统取消看戏计划。林肯不想改变活动安排，他可不想做个畏畏缩缩的人，无奈之下，作战部长只好派另外一个少校执行任务，让爱科特上校护卫总统去剧院。

下午，华盛顿的报纸铺天盖地地报道了林肯夫妇和格兰特将军前往福特剧院看戏的消息。总统的行踪被暴露无遗，人们丝毫没有觉得有什么不妥，全都津津乐道地谈论着总统的业余消遣活动。剧院即将上演的是当时非常流行的一部经典喜剧《我们美国的表兄弟》。由于南联邦在近期投降了，北方民众总算松了一口气，都想高高兴兴地消遣一下，所以买票看戏的人非常多。人们听说总统要光临福特剧院，都想和总统共度一个愉快的夜晚，于是，纷纷涌入了福特剧院的包厢和座席。当晚，看戏的观众多达1675名，气氛非常热闹。

有一个叫约翰·威尔克斯·布什的青年演员来到福特剧院取邮件时，听说林肯今晚就要来这家剧院看戏，顿时热血澎湃，激动得全身颤抖。他只是一个蓄着短须、相貌平平的演员，演技很一般，根本不能和父亲米尼叶斯·布鲁特斯·布什相比，他的父亲可是英国家喻户晓的大名人，而他充其量只是米尼叶斯·布鲁特斯·布什光环下的一个附庸而已。

他不甘心，心想既然不能在舞台上大放异彩，那么就要通过其他途径让自己轰轰烈烈地燃烧一次，于是，一个有关刺杀总统的计划便在心中酝酿成型了。杀死北方人最敬爱的总统林肯，他就会成为南方人心目中的大英雄。

早在内战期间，约翰·威尔克斯·布什便已经把目标瞄向了林肯，他非常同情南方奴隶主，将林肯视为最大的公敌，恨不能好好教训一下那位站错阵营的政客。有一次林肯在福特剧院看戏，约翰·威尔克斯·布什在剧中扮演一个狠毒粗鄙的恶棍，他趁机对着林肯吐出了一长串恶毒的台词，表情十分狰狞，目光充满了敌意，显然他是把个人情绪带到了戏剧里。林肯和随行人员都觉得这个古怪的演员有些反常，不过并没有太在意，只是将这种满口浑话、张牙舞爪的表达方式当成是一种浮夸的表演而已。

事后，约翰·威尔克斯·布什曾经伙同一群亡命徒两次策划绑架林肯，但都没有得逞。最后约翰·威尔克斯·布什提议，干脆一不做二不休，把绑架计划改成暗杀计划算了。当他听到林肯又要莅临福特剧院，觉得逮到了千载难逢的好机会，心情激动不已。他先是为自己备好了马，然后进入酒吧痛痛快快地喝了不少白兰地。

由于约翰·威尔克斯·布什本身是演员，所以他出现在剧院现场，并没有引起警卫任何的注意。林肯夫妇临近晚上八点半才到达剧场，那时戏已经开始了。他们低调地走进包厢，坐下来安静地观看演出。9点过后，约翰·威尔克斯·布什穿着一身骑马装，戴着一顶软边帽悄悄来到了剧院后台。当戏剧演到第三场第二幕接近尾声部分时，约翰·威尔克斯·布什决定下手了。他快速地穿过了通向总统包厢的走廊，不动声色地走进了包厢。

当观众被逗得哄堂大笑不止时，约翰·威尔克斯·布什立刻拔出了一把口径为44毫米的手枪，把阴森的枪口对准了林肯，连发数弹，一共开了8枪，命中6枪，其中有一发子弹打中了林肯的头颅，另外5枪也击中了要害部位，坐在摇椅上的林肯还没有反应过来，便猝然倒下了。可是观众们并没有察觉出异样，连旁边的林肯夫人都不知道发生了什么。狡猾的约翰·威尔克斯·布什选择了在戏剧进入高潮时开枪杀人，观众和演员的大笑声掩盖了尖锐的枪声，所有人都被蒙在鼓里。

过了很久，人们才发现总统已经遇害身亡了。包厢里陷入了混乱，剧院里到处弥漫着恐慌的气息。布什癫狂地跳到了舞台中央，对着观众大喊了一句："一切暴君都是这个下场。"这句话是弗吉尼亚州的名言，用在这种场合显得无比诡异。全场观众呆住了，一切发生得太快、太突然了，人们还没来得及想哪些是戏剧哪些是真实，凶徒便逃出剧院，策马跑了。联邦侦探立刻对约翰·威尔克斯·布什展开了大搜捕，最后成功将其击毙。

林肯死了，全美陷入悲痛之中，人们把他的辞世当成了国殇，纷纷穿上了黑色的丧服，有人在悼词中用沉痛的笔调写道："这是我们历史上最悲痛的一天。"一名获得了自由的女奴写道："我的心灵仿佛受到了电击。"诗人惠特曼曾经无比忧伤地写道："呵，鲜红的血液长淌，甲板上躺着我们的船长，倒下来了，冷了，死了……"美国历史上最伟大的"船长"永远地闭上了眼睛，然而悲剧并没有永远结束，战争遗留的创伤还需要更多的时间来抚平。

林肯被刺杀后，人们的反应不尽相同：有的人震惊，不敢相信这一事实；有的人恐惧，没有勇气面对这种可怕的事情；有的人悲伤不已，有如经历丧亲之痛；有的人无比愤怒，强烈谴责了刺伤林肯的暴徒，主张惩罚南方奴隶主；对林肯的宽恕毫不领情的部分奴隶主则高兴地欢呼道："太好了，林肯死了，我可以杀掉那些该死的黑鬼了。"民众对林肯遇刺的反应，揭示了人们对内战的看法，由此看来，在短时间内消解仇恨并不是那么容易的事。

国之殇，恸未央

南北战争是美国历史上最残酷、最惨烈的战争，这场战争虽然只僵持了4年，但却让美国付出了伤亡150多万的沉重代价，连美国总统林肯也沦为了牺牲品。它留给美国人的并不是凯歌与荣耀，而是创伤与反思。

在这场玉石俱焚的内战中，足有63万北方军和48万南方军埋骨沙场，被战火波及的平民多达数十万，无数的家庭支离破碎，到处都有伤心的寡妇和因为丧子而伤心欲绝的白发老人，一时间无论南方还是北方，似乎家家户户都有人为罹难的亲人哀悼。战争的消耗和惨烈程度超出了人们的预期，谁也没想到内战会持续如此之久，伤亡会如此之大。战争爆发时，很多士兵都以为国捐躯而自豪，但随着阵亡人数的不断增加，尸体堆积如山的惨象不断在他们脑海里闪现，很多人开始思考战争的本质和杀戮的意义。

内战时期，涌现出了像格兰特将军和罗伯特·李这样的传奇英雄人物，也出现了无数被草草掩埋的无名士兵，他们生前籍籍无名，死后亦不为人知晓，却将永恒的悲痛留给了自己的家人。一般阵亡的士兵都会被就地掩埋，倘若来不及安葬，身上盖块破布便无人料理了。只有战死的军官才会被装进棺椁中厚葬。经济条件较好的家属打听到了亲人被埋葬的地点后，会千辛万苦地把尸体带回家安葬。更多的家庭因消息比较闭塞，不知道亲人是死是活，因为报纸上刊载的死亡名单经常会出错，被宣告死亡的人有可能还在人世，而已经战死的人大多都是杳无音信。

死亡的阴影不仅出现在战场上，还一次又一次地笼罩在了毫无抵抗力的平民头上。混乱之中，有的人被打偏的子弹或炮弹杀死，不少人因为在恶劣的环境中罹患了传染病死去。村庄农舍在战时变成了临时的战地医院，有的还变成了停尸房。然而最大的悲剧不在于死亡的脚步有多么切近，而在于战争扭曲人性，令人疯狂，让正常人变成杀戮的机器和魔鬼。

内战中，最让人难以置信的暴行竟是由正义的一方所主导的。这多少让人匪夷所思。北方军将领谢尔曼不是唯一一个被异化扭曲的人，但却是最典型的一个。在南下的过程中，他号令士兵一路毁坏农田，焚毁村庄和城镇，拆毁铁路，把一切可摧毁的设施全部摧毁殆尽，给南方的环境造成了极大的破坏。军队每到达一个地方，都会带来冲天的火光，撤离时，地面上除了一片灰黑的焦土和几个冒烟的树干外，几乎什么都没有剩下。无数欣欣向荣的村庄、繁华热闹的城市顷刻之间变成了满目疮痍的废墟。

经过一次又一次的大扫荡，上百万平民流离失所，沦为了难民。谢尔曼的行为已经超越了正常战争的范畴，他将战争的仇恨扩大到了手无寸铁的平民身上，像对待敌人一样对南方的百姓进行掠夺、驱逐和杀戮，极大地玷污了北方军的光荣传统，也使内战的正义性大打折扣。谢尔曼为何如此铁石心肠，竟能对无辜的民众下此毒手，对此他自己曾经做过解释，十分坦然地说："我就是要让南方人和他们的子孙后代得到刻骨铭心的教训，永远不敢再想要独立！永远不敢诉诸战争！"

用恐惧对付恐惧，用鲜血还以鲜血，用疯狂的破坏和暴力去威慑和征服，这显然不是北方军作战的初衷，也不是总统林肯想要看到的结果。事实上，两败俱伤的战争没有真正的赢家，由于北方人口更多，死亡人数要远远多于南方，最后留下的并不是可歌可泣的英雄事迹，而是无数遮蔽平原的白骨和一片尸山血海。一群群鲜活的生命被战争吞噬了，在史学家眼里，只是冰冷的数字而已，而数字却能最真实地反映战争的残酷性。

战争结束后，美国人深刻反思过、设想过这场内战是否可以避免，很多人认为是不可避免的。理由很简单，南方不可能心甘情愿地被北方统一，奴隶主遵循的是利益至上的原则，如果北方触动了南方的利益，南方势必不惜一切代价，哪怕是血的代价。林肯设想过通过和平的手段而不是流血的方式完成祖国的统一大业，所以在南北分裂初期一再妥协退让，他的这种表现被激进派视为软弱，并受到后世的批评，可事实上，林肯之所以再三让步，不是因为惧怕南方，而是不想眼睁睁地看着美国人大规模地手足相残。

作为总统，他尽了最大的努力避免悲剧发生，但遗憾的是历史的潮流不是个人能够阻挡的，有时候历史的车轮确实要碾过血与骨铺成的道路才能继续前进，这是人类社会悲怆的一面，有些灾难注定在劫难逃。有些人曾经设想过，如果美国没有爆发内战，南方会随着社会的进步和时代的变迁，慢慢废除奴隶制度吗？这种可能性不大。一种制度的灭亡往往不是自然而然发生的，而是人为推动的结果，任何一种制度的既得利益者都会使出一切手段维护和巩固自己的统治，根本就不可能任其自行消亡。

奴隶制在美国延续了200多年，如果没有南北战争，它会延续得更为持久，对美国的政治、经济、文化、国际地位等各方面造成的消极影响将是不可估量的。内战虽然不是解决问题最好的方式，但在当时的历史时期，它的确是一个迫不得已的选择。令人遗憾的是，双方都没有很好地控制住事态的发展，为了打击对方都曾有过烧、杀、掠、抢的暴行，波及了大量无辜的平民，把没有任何自卫能力的平民也拖入了战争。南方军挥师北进时曾大肆洗劫过北方，北方军一路南下时也做过同样的事，且手段更为极端，报复范围更加广泛，致使不计其数的平民因为劫掠而死于饥荒。

如今内战早已结束，但反思还在继续。美国人在经历分裂之痛和手足相残的悲剧以后，会变得更加警醒，更加团结，在不断反思的过程中，他们会努力把美国建设成一个更民主、更文明、更进步的国家。

战争阴影下的经济增长

南北战争给美国带来了巨大的伤痛，但是它仍有一些进步意义和积极影响。比如它使美国成功摧毁了奴隶制，实现了国家统一，为资本主义的发展扫清了道路，促进了农业、工业、交通运输业的大力发展。有人曾将南北战争比喻为第二次美国革命,高度评价了这场战争对美国的积极影响。

内战结束后,南方和北方贸易空前加强,刺激了商业的发展。由于战乱的原因,南方的环境和基础设施受到了大规模破坏,物资较为短缺,所以急需与北方进行商贸往来,这种供求关系,有力地刺激了北方经济的增长,在一定程度上也促进了美国经济的繁荣。《纽约太阳报》曾经这样评论道:"叛乱之初,叛军领导人最欣赏的论调是,如果南部不再与北部进行商业贸易,那么'纽约大街上将杂草丛生。'"虽然南方高估了北方对自己的依赖,但南北贸易中断,确实给北方造成了损失,事实上,南方也要承担一定的损失。而在战争结束后,纽约的商业呈现出前所未有的繁荣,在很大程度上是因为北方成功地打开了南方的市场。

在1862~1863年间美国的小麦产量超过了战前的水平,小麦、玉米、猪肉、牛肉的出口量也增加了一倍。其原因在于军队的消耗量高于战前水平,为了满足军需供应,全国的粮食普遍增产。尽管在战争年代,男人因为应征入伍而导致国内劳动力严重不足,但是这种局势却促使美国农业更快地实现了机械化耕作。妇女、儿童没有能力代替男人从事重体力劳动,于是大量的收割机、割草机开始出现在农田里。

有人曾经这样描述过在农田里操纵机械轻松劳作的妇女:"机械如此完美,似乎不太需要人力了……在过去的几周内,我们曾看到一位健壮的妇女,她的儿子在军队里,她赶着她的牲口割草。她悠闲地坐在割草机上,轻松地一天割7英亩,这种情形标志着把机器运用于生产的一场伟大的革命。"

从某种意义上说,战争以一种微妙的形式使美国更快地走上了现代化。"革命"不仅发生在农田里,在食品生产和加工领域,人们也能感受到类似的变化。战前,美国虽然已经出现了罐装的蔬菜、水果和炼乳，但是这些罐头食品并不普及，产量也不高。由于军需的刺激，罐装食品生产规模瞬间扩大，食品加工业发生了翻天覆地的变化。战前，水果罐头和蔬菜罐头只有 500 万听，由于联邦军队的需求，到了 19 世纪 60 年代，蔬菜、水果罐头的产量猛增到 3000 万听。1859 年，美国出现了第一座炼乳厂，1862 年夏，军队和该厂签订合同，促使平时产量平平的炼乳厂每月的产量达到了 17000 夸脱，一年以后，这家工厂单日的产量就达到了这一数字。

在战争期间，出于军事目的的需要，北方军封锁了密西西比河，对水路运输业造成了一定的影响，但内陆河道的运输总量却大大增加了。联邦军为了把大批的军需物资运送到西部战场，将维克斯堡上游的河流网作为主要运输通道，同时还将大量的粮食通过东西大湖及其他水路网被运送到东部战场。内战期间，伊利运河年运输吨位数比往年增长了 54%。由于联邦海军的需求，造船业繁荣兴盛起来。内战 4 年，美国建造商船的吨数是战前的两倍。1864 年建造商船吨数创造的历史纪录，直到 1908 年才被打破。

战争时期，补给很重要，因此军需运输十分繁忙，铁路在这一历史时期扮演着非常重要的角色。北方的铁路网本来已经四通八达了，但是为了适应战争需要，又铺设了许多复线，几条重要的河流干线上也架起了铁路桥，许多铁路的运输量都增长了一倍，铁路公司的利润也翻了一番。北方军在攻占了部分南部地区以后，开始大规模地修建铁路，促进了南方铁路运输业的发展。从整体上看，南方的铁路数量远远少于北方，且部分路段在战争时期被炸毁，北方军修建的新线路在战后极大地提升了南方的交通运输水平。

由于有大量的男性赶赴前线作战，工厂需要生产更多的军服和军鞋，为此美国缝纫机的数量增长了一倍，服装业还出现了标准尺码的概念，制鞋业由以作坊为主的小规模生产演变成了工厂制作。有个叫莱曼

·布莱克的发明者改进了绱鞋机器，提高了生产效率，这种机器得到大范围推广以后，到 1863 年年底，已经高效地制作出了 250 万双鞋子。

战争虽不是美国在各领域走向现代化的起因，却在一定程度上加快了现代化的趋势。从长远来看，它对美国的农业、工业、制造业、交通运输业的影响是积极的。美国在付出了巨大的伤亡代价以后，逐渐走向了繁荣，这种结果对于美国人民来说或多或少是一种安慰。

第七章
镀金时代——华而不实的繁荣

南北战争结束后，美国进入了长达一个多世纪的镀金时代，这段时期，是美国经济突飞猛进发展的黄金时期，工业产值一度超过了英、法、德等欧洲强国，社会财富以井喷的方式增长，但是最大的受益者是垄断资本家，而不是广大的人民。在追逐财富的过程中，人性的堕落、贪婪、狡诈彰显得淋漓尽致，寡头和政客们互相勾结，将国家操控于股掌之间，不仅破坏了纲纪，还败坏了社会风气。就在这些既得利益者享受挥金如土的奢华生活时，工人阶层却过着朝不保夕、贫苦无助的苦日子。

美国的镀金时代，乍一看去，就像纯金般耀眼，然而金光闪闪的外衣却难以掩盖内里的堕落、腐朽和肮脏。这种现象并非美国所独有。在文明的进程中，尤其是在社会的转型期，很多国家都有过自己的镀金时代。美国只是遵循了人类社会发展的某种规律，有过一段表面光辉实则不光彩的历史罢了，好在美国人善于反省，掀起了轰轰烈烈的揭黑运动（扒粪运动），凭借舆论监督的力量遏制了腐败的蔓延，有效净化了社会风气。

棘手的战后重建

美国南北方统一以后，政府首要解决的问题就是南部地区的重建，它涉及对南部政治、经济等各方面的改造，其中还包括赋予黑人权利等人权问题。林肯当政时期，曾经发表过《大赦与重建宣言》，初步提出了重建纲领，提出要对南方宽大为怀。林肯遇刺以后，继任总统约翰逊负责主持南部重建工作，他延续了林肯总统的方针，对南部给予宽大处理，承认南部各州的"州"地位。

林肯被害以后，人们义愤填膺，强烈要求政府惩治叛国者，严惩南部叛乱分子的呼声越来越高。新任总统约翰逊为了迎合民意，最初也曾态度鲜明地表示："卖国有罪，必须使之声名狼藉；比起卖国罪，其他一切罪行都无足轻重……必须剥夺叛国者的一切……不仅必须惩处他们，而且必须摧毁他们的社会力量。"但随着时间的推移，人们渐渐从林肯总统遇害的悲痛中恢复了过来，重新回归了理智，对南方的敌对情绪也渐渐淡化了。北方人通过报纸新闻，了解到了南方经济遭到的巨大破坏以及目前面临的困境，对南方产生了怜悯心理，不再要求政府实施更严厉的措施。

民意的转变促使约翰逊改弦更张，他从此不再发表讲话斥责叛乱分子，而是采取怀柔手段对待南方。宽仁的政策给了南方宽松的发展空间，使得遭受重创的南部经济得以恢复和发展。约翰逊政府赦免了南方奴隶主，给予了他们选举权，但这些具有严重种族主义倾向的白人进入州议会以后，坚决反对给予黑人自由平等的权利，违背了解放黑人的初衷。约翰逊本人也认为，黑人不应该和白人完全平等，因此黑人虽然拥有了人身自由，但在美国并没有获得公民应有的合法权利。

约翰逊对奴隶主的纵容，使得南方的种族歧视现象越来越严重，南方各州为了黑人的活动与自由，公然颁布了带有鲜明种族歧视烙印的《黑人法典》。法典明确规定，当地官员有权逮捕黑人中的无业游民，并把他们带到白人雇主那里从事劳动。如此一来，南方白人可以换一种方式继续奴役和剥削黑人。有些地方甚至规定，黑人只能从事种植园和家仆的工作，不得进入其他行业，此外还规定，黑人不得携带私人武器，不可和白人通婚，不得乘坐火车出行，夜间不可在街上随意行走，无论什么情况下都不能参加大型集会，等等。

北方人读到《黑人法典》中那些明目张胆的有关种族歧视的法律条文时非常气愤，斥责它是奴隶制的复辟。很多人开始怀疑约翰逊政府重建工作的成效。南方的奴隶主不仅限制黑人的种种权利，还剥夺了黑人的选举权，并相继成立了"三K党""白人骑士团""白人兄弟会"等臭名昭著的组织，专门以暴力、威胁等恐怖手段对付黑人及其支持者。约翰逊在重建工作中的失利引起了共和党激进派的强烈不满。越来越多的北方人站在了激进派的一边。

激进派主导国会后，推出了另外一套重建方案，该方案决定要对南方各州施行有力的管制。约翰逊坚决反对南方的重建方案，连续否决了国会提出的多项法案，最终国会以2/3的票数推翻了他的否决，顺利通过了《民权法》，法案明确规定所有在美国本土出生的人都是美利坚合众国的合法公民，平等地享有各种应得的权利，美国各州不可再颁布类似于《黑人法典》之类的法律。后来国会又通过了《重建法》，把南方划分成5个军事管辖区，赋予了黑人选举权，规定各州可在黑人参与选举的情况下重新组建州政府。从此南部地区的重建工作开始由国会主导。

接着国会相继出台了3条赋予黑人平等权利的宪法修正案，规定全美正式废除奴隶制；黑人是美国的合法公民，受到法律的平等保护；黑人有投票权。国会还在南部地区建立了"自由民局",帮助广大黑人和一些贫苦的白人实现就业,并不遗余力地帮助他们解决生活上的困难。自由民局做了很多卓有成效的工作,比如免费为有需要的人分发食品,帮助黑人兴办学校,把部分废弃的种植园分给一无所有的黑人,妥善安置黑人家庭等。黑人在经历了长达2个世纪的黑暗以后,终于看到了一线光明,他们原本以为自己能像白人那样拥有土地和牲畜,过上自给自足的美好生活,却不料白人种植园主返乡以后,一切又都还给了白人,他们又成了两手空空的无产者。

国会在主导重建工作时,总统约翰逊没完没了地阻挠重建政策的实施,双方之间的斗争越来越激烈。约翰逊无视《官员任职法》,企图强行解除战争部长的职务,仅仅是因为他支持国会。此举引起了众议院的不满,官员开始弹劾总统。参议院经过投票表决,因为只缺一票,没能将约翰逊拉下总统宝座。但经过一系列风波后,国会战胜了总统约翰逊,从此约翰逊再也没有从中作梗阻挠南方的重建工作。

约翰逊卸任以后,内战英雄格兰特将军在大选中胜出,成为了下一任总统。这位在战场上叱咤风云的老将,在政坛上还是个新手,由于缺乏相关经验,他做任何事情都步履维艰。执政时期,他的政绩乏善可陈,手下的官员滥用职权、贪污腐化,把国家搞得乌烟瘴气。南方的重建工作遇到了很大的困难,偏偏全国又爆发了经济危机。面对错综复杂的情况,格兰特疲于应对,南北方的对立情绪日趋紧张,黑人与白人之间的种族矛盾越来越突出。南方重建的宏伟计划被搁置了下来。

共和党人对于南方顽固分子的残暴记忆犹新,他们时刻提醒选民要对南方人保持警惕。在这敏感的时刻,南方和北方偏偏又发生了流血冲突。有一位前往密西西比州为黑人办学的北方人,遭到了南方反动白人的挟持殴打,当场被打得不省人事。事后,驻扎在密西西比州的联邦军队将那位北方人的血衣送到了华盛顿,共和党人强烈谴责了南方的暴行，在多年的选举中，经常挥舞那件血渍斑斑的衬衣，借此抨击民主党人（南方是民主党的大本营）。格兰特无力平息党争，也没有信心解决南方和北方的问题，最终在连任了两届总统后，退出了第三次竞选。

总体来看，南方的重建工作取得了一些令人欣慰的成就，南方的经济有所恢复，黑人的社会地位有所改善，有了一定的公民权利，收入也有所增长。可是他们并没有获得和白人平起平坐的权利，生存环境仍然十分恶劣。美国大部分土地被白人占有，黑人只能租种土地过活，每年需要向白人缴纳大量的土地租金，遇上年景不好庄稼歉收的情况，生活将更加艰难。

在重建工作结束后，南方白人中的种族主义者对待黑人的态度愈发恶劣。为了剥夺投票权，南方当权者想出了种种卑劣的花招，比如开征投票税，黑人普遍没钱交税，于是大部分都丧失了投票权。有些州规定人们必须通过文化考试的测试才有资格投票，当时黑人受教育程度低，全都被取消了投票资格。最令人啼笑皆非的是"祖父条款"，规定祖父投过票的人才能投票。黑人的祖父大部分是奴隶，当然不可能有投票的权利。南方各州的种种歧视性法令，剥夺了黑人的民主权利，几乎架空了重建时期国会赋予他们的所有政治权利。

南方各州还出台了种族隔离的法令，规定黑人、白人必须分开生活，不同肤色的人不得聚居，不得在一起活动，即使在公共场所也要严格实行黑白隔离的政策。重建时期的黑人并没有摆脱弱势地位，重建结束后，他们的境遇仍然十分不理想。

不过比起权利受到限制，让他们更加难以忍受的是现实生活的艰难。在南方，黑人普遍比白人贫困，日子过得朝不保夕。南方经济的恢复和发展，最大的受益者仍然是占据强势地位的白人。在重建期间，南方的制造业和采矿业都得到了发展，经济上获得了长足发展，虽已不如"棉花王国"时代繁荣，但南方白人的生活大体还算富足。黑人由奴隶转变成了贫穷的自由人，身份地位已经发生了翻天覆地的变化，若要获得和白人完全平等的地位，他们还需要漫长的道路要走。

金色迷梦下的黑暗岁月

内战的阴云散去以后，美国的经济进入了蓬勃发展的黄金时期，工业产值超过了英、法、德等强国，社会财富迅速积累，国内呈现出一片欣欣向荣的繁荣景象。随着工业经济的快速发展，自由竞争的体系被逐渐打破，资本和财富渐渐集中到了实力雄厚的少数资本家手中，美国涌现出了一批富可敌国的大财阀和强盗大亨，他们靠着低买高卖的手段，攫取了巨额财富，成就了自己的商业帝国。与此同时，无数小企业被收购兼并或倒闭破产，工人待遇非常差，各种社会矛盾凸显。

从内战结束后一直到 20 世纪初，美国进入了"镀金时代"，"镀金时代"的特点是，表面繁荣昌盛，形势一片大好，背后却潜藏着各种危机，比如贪腐横行、贫富两极化、道德滑坡、劳资冲突不断等。这一时期，美国在金色外衣的包裹下，各种弊病潜滋暗长。正如狄更斯在《双城记》里所形容的那样："这是最好的时代，这是最坏的时代；这是智慧的时代，这是愚蠢的时代；这是信仰的时期；这是怀疑的时期；这是光明的季节，这是黑暗的季节；这是希望之春，这是失望之冬……"

很多年轻人怀揣着"美国梦"涌入大城市寻找机会，却失望地发现：美国的各大行业早已被少数寡头垄断了，小企业生存艰难，盈利的主要方式就是变相压榨和剥削工人，工人想要得到合理的劳动报酬几乎是不可能的。雇主可以随心所欲地决定工人的薪资，给予工人最差的工作条件和最低廉的薪水，根本就不用担心工人反抗。如果工人举行大罢工，雇主便会请求民兵组织或联邦军队介入，以武力迫使工人放弃抵

第七章·镀金时代——华而不实的繁荣

抗，乖乖上工。

大量的工人过着一贫如洗的生活，而少数雇主却过着醉生梦死、纸醉金迷的奢华生活。他们挥金如土，炫耀着自己的财富与成功，对那些不幸的失业者以及入不敷出的廉价劳动力漠不关心。有些人或许感到奇怪，既然美国是一个追求自由平等的民主国家，国内的贫富差距如此之大，为什么政府不采取一点措施来消除这种不公平的现象呢？借用休伊·朗的说法：谁愿意"剪点富人的毛，帮帮小伙计"呢？

美国的政客在"镀金时代"大多已成了少数富人的代言人。共和党成立之初代表的是自由劳工的利益，但自从进入到19世纪70年代，它就成了大公司和少数富人的代言人。民主党的一个重要支派，也主张维护富人利益，认为政府没有义务为穷人提供实质性的帮助。工人对美国的政治影响微乎其微，很多人因为是未归化的移民没有投票权，南方的黑人也没有投票权，此外还有1/4的工人因为太过贫穷被完全排斥在政治进程之外。

"镀金时代"，美国的政治、工业、商业之间一直存在着一条隐秘的链条，政客选举需要筹集大量资金，富有的工厂主或是垄断集团可以通过操纵竞选资金，扶植自己的利益代言人，也可以通过同样的手段将不利于自己的人赶出政坛。此外，在选举过程中，舞弊造假的现象屡见不鲜。当时美国基本不实行匿名投票，选民使用的都是两大政党自己印刷的选票，让人一眼就能看出选票的种类，因此贿选之风格外流行。贿选现象在立场不明确的州中更加普遍，据说新泽西州有1/3的选民常常一手投票一手清点从政客们那里得来的现金。

政客和寡头站在了统一战线上，广大平民的生活愈发艰难，社会上到处充斥着苦难和不公。在同一座城市，奢华的豪宅和肮脏不堪的贫民窟形成鲜明对比，很多人连最基本的物质保障都没有，政客、寡头们却永远以光鲜的形象出现在各大媒体报刊上。他们的成功是建立在无数人失败的基础上的。一位美国历史学家曾经这样写道:"在这片丰饶的国土上,从来未能满足下层人民衣食住的需要,周期性的萧条更使千百万人陷入了实际的贫困。在那些大城市里,贫民窟飞快增长,疾病、罪行和恶习四面传播。"到了1896年,美国一半以上的财富集中到了1%的富人手里,全国90%的财富被12%的人所把持。

工人不仅在物质上是无比贫乏的,而且在人身安全上也得不到基本的保障。不少劳工被迫从事高危职业,随时都有可能面临致死致残的危险,但报酬却少得可怜。为了生活,劳工们不得不忍受非人的工作待遇。老罗斯福总统曾经在自传中描述过底层劳工的生存状态,它以直白的口吻这样写道:"那些煤矿业大公司,可以随意地开除矿工;但矿工却不能抛弃公司。他得要有工作才行,找不到工作,老婆孩子就要挨饿。"

工人们也曾组织工会维权,但全都失败了。对此一位宪法专家总结道,它"受到了包括合众军队在内的法律和秩序的强有力的镇压"。寡头的影响力非常大,他们完全有能力控制当地的政府,处在弱势的平民根本没有力量与之对抗。镀金时代,美国社会对弱者缺乏普遍的同情,强者信奉适者生存的达尔文主义,把平民所遭受的痛苦视为其竞争失败应该付出的代价,根本不会把贫富差距看成社会问题,也不会把自己当成阻断自由竞争、破坏社会公平秩序的罪人。

底层民众缺少财富和社会资源,即使人多却未必势众,他们很难形成一股能与寡头、政客以及社会秩序相对抗的力量。弱肉强食的丛林法则在镀金的文明社会里大行其道,在中下层社会苦苦挣扎的平民是很难突破阶层壁垒,改变自身命运的。在"镀金时代","美国梦"只属于少数寡头,广大平民拥有的恐怕只剩下幻梦和噩梦了。在金钱光环的笼罩下,人性的贪婪和野心得到了最大限度的彰显,喧嚣的大都市永远歌舞升平、繁华似梦,然而内里却已经腐朽,好在这只是美国历史上的一个阶段，而不是一种永恒的延续，这是美国之幸，也是人类社会之幸。

改变美国的"扒粪运动"

进入19世纪下半叶，美国的经济几乎全都被实力雄厚的寡头控制住了，这些财大气粗的业界大鳄，对内无视员工的权益，挖空心思剥削和压榨工人，对外不择手段，奉行着"发财要紧，让公众利益见鬼去吧"的现实哲学，做出了一系列损害公众利益的坏事，引起了社会各界的不满和抨击。富有正义感的媒体人先后发表了2000多篇揭露行业丑闻的文章，引发了政府高度的警惕。

"镀金时代"的美国政治腐败、社会道德败坏，贪官污吏和奸商肆意横行，广大平民生活在水深火热之中，他们并没有因为经济的繁荣和国家财富的增长过上一日好生活，反而活得愈发艰难，所以人们普遍对现状感到失望。从事新闻工作的记者们出于职业感和道德感，掀起了轰轰烈烈的揭丑运动，他们愤怒地撕下了美国金光闪闪的外衣，将内里破败的棉絮、恶心的蛆虫一一抖搂给世人看。

此举无异于在打政客们的耳光，所以美国时任总统西奥多·罗斯福（人称老罗斯福，是富兰克林·罗斯福的叔叔）反唇相讥说，那些整天忙着揭露黑幕的记者们就像手持粪耙永远盯着地上的污秽物，看不见任何美好事物的扒粪者。揭丑运动因此被讽刺成了扒粪运动。揭丑记者受到了总统的挪揄和谩骂，但却受到了大众的尊敬和认可，扒粪运动因为受到公众的支持，如火如荼地开展起来。

新闻记者林肯·斯蒂芬斯是扒粪运动的核心人物，他在自传中深刻地分析了美国的腐败是怎样滋生的，以及如何遏制和消除腐败等内容。斯蒂芬斯所生活的时代，政坛上贪污受贿成风，官商勾结早已成为政商两界心照不宣的秘密，社会上血汗工厂、假冒伪劣等问题越来越严重，经济繁荣的表象下，潜藏着一重又一重的黑幕，这一切，斯蒂芬斯都看在了眼里，为了让人们看清真相，把阵痛中的美国推向正确的方向，他毅然拿起了笔，投身到了报界。

26岁那年，斯蒂芬斯开始执笔揭露金融界和政界权钱交易的黑幕。9年后他成为《麦克卢尔》杂志编辑部主任，连续发表文章揭发贪腐人员的劣迹，他说："要用每一座城市代表城市腐败中的一类典型"，于是在他的笔下圣刘易斯成了贪污受贿的大本营，明尼阿波利斯则成了腐败警察的巢穴，费城成了道德滑坡、走向堕落的代表。

斯蒂芬斯的笔触不断升级，将矛头由一个城市指向一个州，进而戳向联邦政府，最后与西奥多·罗斯福总统短兵相接。接受采访时，西奥多·罗斯福坦言有时为了通过某些条款，他需要私下里跟参议院、众议院做交易。斯蒂芬斯一针见血地指出，本质上这也是一种贿赂。西奥多·罗斯福听到这个结论，勃然大怒，坚决反对此种说法。斯蒂芬斯有理有据地分析道："总统先生说过，为了笼络某些参议员，不得不对他们的人选委以官职。""这岂不是意味着，您为了得到他们的支持票而不惜授之以利吗？"

西奥多·罗斯福辩驳道，他是为了顺利通过利国利民的条款才这么做的，斯蒂芬斯顺势说："总统先生您也承认，为了推行利民政策，您得在参议院和众议院收买选票。"斯蒂芬斯的如实报道在美国引起了轩然大波。西奥多·罗斯福痛斥他滥用文字，部长说他的行为已经构成了对总统的诽谤罪。斯蒂芬斯义正词严地说他的文章皆来自总统本人的表述，没有任何不实内容。西奥多·罗斯福拿他没办法，愤怒之余，在一场记者招待会上，给斯蒂芬斯之类的揭丑记者取了一个侮辱性的绰号——扒粪者，说他们就像小说《天路历程》中描述的那样，整天挥舞着粪耙，只对又脏又臭的东西感兴趣，完全看不到光明的一面。

斯蒂芬斯欣然接受了扒粪者的称号，黑幕揭发运动也有了一个更生动、更响亮的名字——扒粪运动。斯蒂芬斯就是要把美国污秽的一面彻底扫除干净，为此不惜忍受所有的脏乱和臭气。他供职的《麦克卢尔》越办越火，俨然成为了扒粪运动的桥头堡，广告收入随着杂志知名度的提高，也在逐渐增加。广告商开始干预杂志社的事务，他们对主编说该杂志揭发的某个公司是自己的重要客户，如果不把这些文章撤下来，恐怕双方的合作要大受影响。

主编不想失去广告收益，强行撤换了斯蒂芬斯拟写的文章。斯蒂芬斯很生气，他不能容忍言论自由受到外部力量的粗暴干预，于是和几名志同道合的同事一起辞职了。不久，他们合伙创办了《美国杂志》。《美国杂志》凭借着斯蒂芬斯的名气，发展得顺风顺水，销量一直不错。不过合伙人似乎已经忘记了创办杂志的初衷，不希望斯蒂芬斯再有过激的动作或行为，时刻提醒他做事要谨慎，不止一次地告诫他要注意发行量和广告收入的增加。

创业之后，斯蒂芬斯的心态也发生了微妙的变化，虽然他拥有了自主的自由，但是为了让杂志获得收益，他渐渐地变得保守而庸俗，再也没有了往昔的斗志和昂扬的风采，最后他带着无比复杂的心情离开了《美国杂志》，变成了一位自由撰稿人，希望重拾当年坚守的理想。

斯蒂芬斯由于领导了一场声势浩大的揭黑运动，被人们誉为"揭开地狱盖子的美国新闻人"。他笔下的美国几乎涵盖了镀金时代所有的特点，那是一个大亨寡头横行无忌、政府官僚受贿成风的时代，少数富人活在金碧辉煌的奢华天堂里享乐，而广大贫苦的百姓所承受的却是无穷无尽的苦难，他们随时面临着失业、破产，有可能因病一夜之间变成赤贫，也有可能被迫默默等死，俨然活在一个没有希望的人间地狱里。斯蒂芬斯用他的一支笔毫不留情地揭露了这一切。他的思想在美国的舆论监督方面产生了重大影响，并成为了美国左翼思想的来源。作为一个有良知、有正义感的媒体人和知识分子，斯蒂芬斯尽到了自己的责任。

虽然他引领的"扒粪运动"没能从根本上动摇美国两极分化的社会，但却促进了国家改革，在舆论的监督下，政界、商界的腐败行为有所收敛，美国公民的意识有所觉醒，经过漫长的变革，调查性报道蓬勃发展起来，成就了现代意义上的调查新闻界，媒体成为了约束政府和商界行为的最强有力的监督工具。

第八章
大国崛起——走向"蓝水海洋"

美国完成了陆地上的领土扩张以后,把目光投向了蔚蓝的海洋。为了实现海上霸权,美国步步为营,先是拿下了垂涎已久的夏威夷,控制住了这个"太平洋上的十字路口",将其作为通往亚太的门户,然后从没落的西班牙帝国手里抢走了菲律宾、波多黎各岛等殖民地以及对古巴的控制权。

美国把战略重点由大陆推广到海洋以后,先后推行过"大棒政策"和"金元外交",靠武力和金钱实现了自己的政治目的。到了柯立芝时代,美国不但成为了军事政治强国,而且成为了一个腾飞中的经济强国。柯立芝只需无为而治,即可坐享繁荣盛世。

摘取"夏威夷熟梨",称霸太平洋

　　一个多世纪以来,美国通过各种巧取豪夺的手段成功实现了陆地上的扩张,成为了虎视眈眈窥视两洋、雄踞北美的大陆强国。当扩张的野心再度极具膨胀时,美国人把目光瞄准了海洋。推动美国海上扩张的有两个关键人物,一个是美国第25任总统威廉·麦金莱,在他的推动下,美国吞并了夏威夷,另外一个是美国的第26任总统西奥多·罗斯福,他拟定了庞大的海军扩军计划,使得美国海军的军事力量得到了空前加强。

　　1897年3月,威廉·麦金莱入主白宫以后,就把吞并夏威夷的计划提上了日程。夏威夷由大大小小132个岛屿组成,位于太平洋中部,可谓是处在太平洋的"十字路口",一直被视为亚洲、美洲和大洋洲的海上运输枢纽,战略位置极为重要,谁若是控制了夏威夷,在一定程度上就获得了海上霸权。

　　其实,美国人垂涎夏威夷已久,美国政客曾一度将其比喻为"早已成熟的梨子",随时准备摘取。早在1875年,美国政府便与夏威夷签订条约,规定美国在夏威夷获得的特权其他国家不得享有,夏威夷生产的糖可免税出口到美国。第三方国家不可租借夏威夷的土地。美国不仅在经济上控制着夏威夷,在政治上还操纵着夏威夷。从本质上看,夏威夷群岛俨然已经成为了美国的殖民地。

　　美国在夏威夷的政策,引起了当地人的极度不满,夏威夷民族主义情绪空前高涨。1891年,女王莉留奥卡拉尼企图顺应民意,废除和美国签订的一系列有损本国主权完整的条约,还没来得及实施计划,政权就被夏威夷境内的美国商人、种植园主组成的武装力量推翻了。在美国驻夏大使约翰·史蒂文斯的鼎力支持下,该武装力量建立了夏威夷临时政府,政府办公大楼上飘扬起了美国国旗。

时任美国总统哈里森决定吞并夏威夷的时机已经成熟,但参议院和众议院并没有批准吞并条款,任期结束后,哈里森下台,继任者克利夫兰既不反对吞并夏威夷,也不急于实施这个计划,他更重视夏威夷境内美国种植园主的利益,不想那么快采取果断的行动。执政期间,他的战略重点不在太平洋上,而在南美洲,所以不急于吞并夏威夷,吞并计划又被搁浅了4年。

1896年,共和党人在竞选纲领中极力强调扩张对于美国的重要性,甚至毫不掩饰地指出:"夏威夷群岛应该由美国来控制。"共和党人似乎在有意强调,如果他们执政,夏威夷就一定能成为美国的囊中之物。1897年,共和党提名的总统候选人威廉·麦金莱上台,上任3个月后,于同年6月16日和夏威夷临时政府正式签署了合并条约。《夏威夷星报》把夏威夷比喻成了"一个嫁期未定的新娘",正待字闺中,等着美国迎娶。

其实这个"嫁期"是非常短暂的,1897年7月7日,美国的参议院和众议院便批准了吞并夏威夷的条款。次年8月12日,夏威夷正式并入美国版图,成为美国的合法领土。美国占领夏威夷,标志着其战略眼光的调整和变化,说明美国的战略方向已经由内陆转移到了广阔无垠的蔚蓝海洋。

威廉·麦金莱的继任者西奥多·罗斯福早在出任海军部次长时,就已经认识到了海上扩张对于美国未来发展的重要性,他认为美国要提高综合实力及在国际舞台上的威望,必须要以强大的海军力量作支撑。问鼎白宫以后,他交给国会的第一份咨文中,就观点明确地指出美国必须马上打造出一支所向无敌的海军。他强烈要求国会追加拨款,建造新式军舰,实现海军扩军计划。

在西奥多·罗斯福的积极努力下，美国的海军整体实力渐渐追上了欧洲强国。美国海军有了先进的舰船和装备，军人的综合素质也有了显著提升。以前，海军的军饷非常少，生活条件也比较差，水性好有战斗力的年轻人多半不愿加入海军。对于这些情况，西奥多·罗斯福很清楚，为了增强海军的吸引力，他努力改善水兵待遇，水兵的伙食变得越来越好，同时，薪资水平也有了较大的涨幅。征兵广告打出以后，年轻人纷纷踊跃报名，海军再也不缺人才了。

经过一系列的改革，美国海军日益壮大，其作战水平和威慑力仅次于英国海军。美国人因此倍感自豪。拥有了强大的海军力量以后，西奥多·罗斯福把目光投向了波涛汹涌的太平洋。当时日本正凭借着海军力量在远东耀武扬威，其扩张的势头非常迅猛，已经威胁到了美国的根本利益。西奥多·罗斯福设想过和日本开战，回忆起日俄战争中俄国军舰惨遭日本海军歼灭的情形，决定不去轻举妄动。美国的海军虽已今非昔比了，但日本海军实力不可小觑，盲目开战对于美国是不利的，唯有静观其变、维持现状才是上上之策。

美国虽然在短期内不打算对日本动武，但是绝不能在日本面前显示得过于软弱。西奥多·罗斯福经过深思熟虑，派出了一支由16艘精锐战列舰组成的庞大舰队，大张旗鼓地环游世界，还高调地把所有的战舰漆成炫目的白色，为其取名为"大白色舰队"。这支舰队从汉普顿海军基地出发，横穿两大洋，足足航行了1年零2个月，行程多达4.6万海里，向全世界展示了美国作为一个大国的海军力量，同时威慑了嚣张不已的日本人。

当美国舰队到达日本横滨港时，日本人看到美国海军军容如此严整浩大，惊讶不已，迅速改变了骄横的姿态。为此，西奥多·罗斯福非常得意，因为美军没有浪费一枪一炮，没有折损一兵一卒，就挫败了日本的气焰，这在外交史上也算是一次极大的胜利。

美西战争：速战速决的殖民地争夺战

19世纪末20世纪初，美国国力急速上升，野心和欲望又膨胀起来。骄傲自大的美国政府在做着大国美梦的同时，又打起了重新瓜分世界的如意算盘。美国政客积极寻求经济霸权，并一再强调唯有对外扩张才能更好地解决就业和商品流通的问题，在他们看来占领了更多的土地，就等于打开了更大的市场，一切经济上的问题都会因此迎刃而解，因此加大了军费的投入，时刻准备着靠枪炮打开一个更广阔的市场。

当时的美国还不敢触动英法等老牌资本主义强国的利益，于是就把目光投向了国力日益衰落的西班牙，决定从西班牙那里抢夺古巴和菲律宾殖民地。古巴和美国相距仅有92海里，有着"加勒比海明珠"的美誉，不仅地理位置重要，而且盛产蔗糖，美国当局对其觊觎已久，早已把它看成是自家的后院。菲律宾物产富饶，美国人早就把它当成了下手的目标，倘若占领了菲律宾，不仅能从那里搜刮到更多的资源，有利于进一步拓展海外市场，对美国打通海洋运输渠道也有重要意义。在美国政客眼里，日薄西山的西班牙盘踞在古巴和菲律宾两块宝地上，简直就是暴殄天物，如果不肯退出，美国势必要武力强取。

美国不把西班牙放在眼里是有原因的，西班牙的实力已经大不如从前了，殖民统治越来越力不从心。古巴人民趁西班牙衰落之际，成立了革命政府，夺回了2/3以上的领土。菲律宾人民也掀起了声势浩大的民族解放运动，革命军举起独立的大旗，几乎解放了菲律宾群岛，还一度包围了首府马尼拉。西班牙的血腥镇压并没能控制住局势。美国政府密切关注着事态的发展，时机成熟以后，开始制造事端发动战争。

1898年2月15日，美国"缅因"号战舰在哈瓦那离奇爆炸，死难者多达274人，奇怪的是仅有两名军官在事故中丧生，大部分军官都留在了岸上，逃过了一劫。事件发生以后，在没有掌握任何有说服力的证据下，美国便把矛头指向了西班牙。西班牙莫名其妙地背黑锅自然有其历史上的原因。"缅因"号是美国派到古巴"护侨"的军舰，当时西班牙的政府军和古巴的革命军正拼命厮杀，美国政府担心身在古巴的同胞受到殃及，便派出"缅因"号护送他们回国，结果战舰在哈瓦那爆炸沉没，舆论想当然地认为幕后主使就是西班牙政府。

其实西班牙没有必要炸沉"缅因"号，它的实力远不如美国，在与美国的摩擦中，西班牙处处避让，不可能如此挑衅美国。"缅因"号的沉没极有可能是美国政府自导自演的苦肉计，目的在于寻找借口名正言顺地向西班牙发动战争，战舰上的高层军官普遍幸免于难就是其中最大的疑点。然而大众是很容易被误导的，政府说西班牙是幕后黑手，义愤的民众便沸腾了，在媒体的煽动下，人们纷纷高喊着"牢记缅因号""让西班牙人见鬼去吧"两大口号，强烈要求美国政府对西班牙宣战。美国政府早就想对西班牙动武，见人民如此支持对外战争，非常高兴，于是加快了发动战争的步伐。

1898年3月25日，美国逼西班牙和古巴革命军停火，接受美国的斡旋。西班牙为了避免战争，一口答应了美国的要求，还请出英、法、德、奥、意、俄等6国的驻美大使一起协商和平解决古巴问题。4月7日，各国代表聚首，美国总统麦金莱明确表示，他希望用和平的方式解决争端，但是假如有一天美国不得不进行武力干涉，主旨是为了"人类的幸福"。4天后，麦金莱跟国会商议在古巴建立维护治安和履行国际义务的政府，动用陆军和海军的力量武装干涉古巴问题。4月19日，麦金莱的建议被批准了。西班牙被逼得无路可退，被迫于4月23日对美国宣战。两天后，美国向西班牙宣战，美西战争爆发了。

两国互相宣战以后，美国立即采取行动，出动北大西洋舰队成功封锁了古巴北海岸，又派谢夫特将军率领 6000 名陆军士兵在海军的掩护下登陆古巴的圣地亚哥港。西班牙军队仓促应战，挡不住美军的疯狂进攻，双方激战没多久，西班牙守军就被击退了。1 个多月后，美军攻下了位于代基里到圣地亚哥之间的一个至关重要的阵地拉斯瓜西马斯。

谢夫特旗开得胜以后，挥师挺进圣地亚哥东北部的埃尔卡内，遭到了当地守军的顽强抵抗。当时西班牙军队只有区区 500 人，而美军足有 5000 人，面对兵力强于自己 10 倍的强敌，西班牙人丝毫也不畏惧，跟美军浴血奋战了一整天，重创了美军最精锐的陆军部队，美军的伤亡人数超过了 1300 人。这个结果大大超乎谢夫特的预料，他原以为攻下埃尔卡内只需要两个小时的时间，没想到西班牙人会那么顽强，美军由于轻敌，付出了惨重的代价。

美军陆军作战失利，海军却替他们赢得了先机。美国的舰队很快抵达了圣地亚哥港，然后把西班牙的舰队逼进了一条狭窄的水道，进而逐一击沉。几天后，强大的美军便包围了圣地亚哥，西班牙守军无力抵抗，全部缴械投降。美军占领了圣地亚哥。两国在古巴的较量宣告结束。

在攻占古巴之机，美军早已悄然对菲律宾展开了行动。美国舰队在乔治·杜威的率领下抵达了菲律宾的马尼拉港外。西班牙舰队趁美军没有防备，快速发动了袭击。由于西班牙的军舰太过老旧，攻击力太差，不但没能给美国舰队予以重创，反而把缺点暴露给了对方。乔治·杜威发现敌舰的甲板上堆放了很多木柴和煤，就下令对准燃料射击。西班牙的舰艇很快被大火吞没了，7 艘战舰沉入了海底，烧伤烧死的士兵超过了 380 人。美军只有 8 名士兵受了一点轻伤，不曾有人阵亡。美军以绝对优势赢得了海战的胜利。后来，美军又相继占领了甲米地、科雷希多岛和关岛。乔治·杜威一举歼灭了西班牙舰队，封锁了马尼拉。7 月底，1.5万援军赶到，乔治·杜威又对西班牙守军发起了新一轮的进攻。菲律宾的起义军首领听信了美军的谎言，与美军并肩作战对抗西班牙，以为战后美军会承认菲律宾独立。事实上，美军早就和西班牙总督达成了秘密协定，西班牙表示，愿意把马尼拉交给美国管理，双方根本就没打算让起义军入城。

按照协定，美军佯装攻打马尼拉，西班牙军队假装抵抗，双方装模作样地演完一场戏之后，西班牙人便投降了。美西战争宣告结束。10月1日，美国和西班牙谈判。经过两个月的讨价还价，两国背着古巴人和菲律宾人签下了《巴黎和约》。和约规定西班牙放弃古巴；西班牙割让所属波多黎各岛、西印度群岛中的其他岛屿、关岛给美国；将菲律宾群岛割让给美国，美国支付2000万美金。

美西战国是两个殖民帝国之间发生的争夺之战，双方都没有任何正义可言，无论战胜方还是战败方都不同程度地践踏了弱小国家的利益。尽管美国人打了好几场漂亮的大仗，以极短的时间和极小的代价从老牌殖民帝国手中抢走了好几块诱人的"大肥肉"，却不足以让富有正义感的美国人自豪。美国作家马克·吐温在谈到美国的军事扩张行径时，曾经十分愤慨地说："（美国国旗上的）白条应当涂成黑色，旗上的星条应当改为骷髅头和交叉骨。"

铁腕总统的"大棒政策"

麦金莱遇刺身亡以后，西奥多·罗斯福成为了美国第26任总统。西奥多·罗斯福上台之后，对外政策日趋强硬，竭力奉行"大棒政策"，霸权姿态凸显。在演说中，他赤裸裸地引用了一句非洲谚语："手持大棒口如蜜，走遍天涯不着急。"提出了以武力威慑和战争讹诈相结合的外交政策。西奥多·罗斯福执政时期，加紧了对拉丁美洲和加勒比海地区的控制，积极推行向外扩张的计划，迫使拉丁美洲国家唯美国马首是瞻，亦步亦趋地听命于美国。

西奥多·罗斯福一边手持大棒，一边以文明的姿态对自己的外交政策作出了看似合理的解释，他丰富发展了门罗主义，声称："在美洲，也正如在其他地方一样，终将需要某一文明国家的干涉；而在西半球，美国奉行门罗主义，迫使美国……行使一种国际警察的权力。"

门罗主义最初是由美国第5任总统詹姆斯·门罗提出的，其核心内容是阐明了美国的立场，美国认为欧洲列强不该干涉美国、殖民美洲的国家以及美洲国家的主权事务。美国对于各国之间的竞争保持中立态度，但如果战争发生在美洲，美国势必将其定性为敌意行为。经过多次补充，美国又扩展了门罗主义，表示美国有权插手调解拉丁美洲各国之间的国际纠纷。西奥多·罗斯福又将自己的"大棒理论"添加到了门罗主义中，指出美国有权干涉拉丁美洲各国主权事务。

门罗主义经过发展完善，概括起来无非一句话：欧洲各国无权干涉美洲主权事务，但美国有权干涉拉美国家主权事务。也就是说，美国可以独霸整个西半球。西奥多·罗斯福甚至公开警告美洲国家说："任何一个美洲国家行为不端时，美国不能保证其不受惩罚。"在西奥多·罗斯福看来，任何一个经济大国和政治强国都必须是一个军事大国，武力是维护一个国家国际地位最有力的后盾，只要军事力量占据了绝对的优势，就可以让任何一个国家循规蹈矩，对美国唯命是从。

显然，西奥多·罗斯福是一个不折不扣的铁腕人物，在漫画家的笔下，他永远是一个强悍粗犷、杀气腾腾的形象，手里总是拿着武器，脚下总是踩着猎物。西奥多·罗斯福确实是一个骁勇好斗的人。他出生在美国纽约，刚刚来到这个世界时就比一般的孩子哭得凶。可是幼年时代的他，体格却不如同龄人健壮。他从小羸弱多病，饱受气喘病的折磨，不能到户外正常玩耍嬉戏，只能待在家里翻看书籍和画册。

他的父亲希望他能通过体育锻炼变得结实健壮起来，于是鼓励他健身。父亲特地为他准备了一间环境极佳的健身房，让他坚持在室内锻炼。西奥多·罗斯福没有让父亲失望，每天都坚持健身。身体素质增强以后，他还把活动范围由室内扩展到了户外，经常踏着冰冷的溪水前行，以此磨砺自己的意志，有时会徒步走到郊外，从事爬山、游湖等活动，逼迫自己适应各种严酷的环境。

经过重重磨炼，西奥多·罗斯福仿佛脱胎换骨变了一个人，他不再是那个苍白病态的小伙子了，而是变成了一个体格强壮、骁勇好斗的狠角色。渐渐地他迷上了拳击、打猎、骑马等刺激活动，还对探险产生了强烈的兴趣。他到非洲大草原打过猎，到巴西丛林冒过险，这些奇异的经历锻炼了他的胆识和气魄。从军以后，他变得更加勇猛大胆，很快从军队中脱颖而出。美西战争爆发以后，他辞去了在海军中的职务，毅然率领骑士团在古巴战场上与西班牙军队激战，一举击败了西班牙守军，从此名声大噪。

光辉的军旅生涯使得西奥多·罗斯福更加迷信武力，为此他曾经毫不掩饰地说："和平的胜利，不如战争的胜利伟大。"如此好战的一个人登上总统宝座以后，当然会不遗余力地强调扩张主义政策，美国最终成为动辄挥舞大棒的霸主角色，与西奥多·罗斯福当政时期的外交政策有着密不可分的关系。

罗斯福政府在外交舞台上是非常活跃的，他在古巴、菲律宾、巴拿马等地建立共同医疗系统，为美国塑造大国形象的同时，积极扩大海军规模，在多处军队所在地兴建了基础设施。为了更好地统治西半球，西奥多·罗斯福可谓是费尽心机。1902年，委内瑞拉爆发了经济危机，无力偿还外债，德、英、意3个债权国家以索债为由封锁了委内瑞拉的海港，并对其进行炮击。美国出面干预，严厉警告欧洲国家不得插手美洲国家事务，并派海军前往委内瑞拉海域巡逻。最终各国在美国的调停下接受仲裁，美国趁机扩张自己的势力，如愿加强了对委内瑞拉的影响。

为了防止老牌殖民帝国侵略古巴，美国和古巴曾经签订过一项名为《普拉特修正案》，这项法案作为附录部分被强行列入了古巴宪法，使得在法律意义上，古巴沦为了美国的保护国。1903年，美国又将该法案加入了美古条约，从此名正言顺地干涉古巴的内政。有了特权以后，美国根据自身利益的需要，扶植了一个又一个傀儡总统，将古巴完全玩弄于股掌之中。

1903年11月，美国在巴拿马策划了一起政变，使得巴拿马成功脱离了哥伦比亚，建立了独立政权。紧接着，美国就和巴拿马当权者谈好了条件，顺利获得了开凿巴拿马运河的权利。巴拿马运河的开凿对于美国来说意义重大，运河通航以后，使得纽约和旧金山之间的水路足足缩短了1.4万公里，而且该运河沟通了大西洋和太平洋，为美国控制拉美和亚太地区提供了有利的条件，确立了美国在西半球不容挑战的霸权地位。因此，让西奥多·罗斯福最引以为傲的事情，恐怕就是巴拿马运河的开凿和通航了。

巴拿马原本是哥伦比亚的一个省，它既是南美洲和北美洲的分界线，又是连接大西洋和太平洋的通道，战略地位非常重要，所以难免成为兵家必争之地。早在1881年法国就尝试过开凿巴拿马运河，但没有成功。罗斯福政府想从法国人手里买设备，重启开凿运河的工程，但和哥伦比亚政府谈条件时，由于哥伦比亚要价太高，美国便一手策划了巴拿马的独立。不久，美国和巴拿马签订了条约，只花了1000万美元就获得了巴拿马运河的开凿权和使用权。

1904年，西奥多·罗斯福以更高调的姿态维护拉美国家的秩序，明确表示如有哪个国家行为不轨，美国都会进行军事干预。同年，多米尼亚共和国深陷债务危机，法、意、德、比等债权国以武力威逼的方式追债，西奥多·罗斯福斥责了欧洲列强武力恫吓的行为，并派出美军军舰驶入多米尼亚领海。美国成功保卫了多米尼亚共和国以后，强迫多米尼亚签订条约，将国家的海关、财政大权统统交给美国，将其变相变成自己的保护国。

美国反对别国对他国武力追债，但是加勒比国家倘若欠账不还，美国就会强行接管债务国的海关。多米尼亚、尼加拉瓜和海地陆续被美国接管。假如拉美国家政局动荡，陷入混乱，美国也会出动军队干预，古巴、海地、巴拿马、尼加拉瓜、波多黎各都曾经被美国海军陆战队控制过。总之，在西奥多·罗斯福的推动下，美国成为了监管西半球的"警察"，动辄对别国挥舞枪械和大棒，高傲地维护着自己制定的所谓的"国际秩序"。

以金元代替枪弹

美国总统西奥多·罗斯福推行的"大棒政策"由于过于蛮横无理，不尊重小国和弱国的基本权益，遭到了世界各国尤其是拉丁美洲的强烈抵制。威廉·塔夫脱上台以后，为了缓解美国和各国的紧张关系，提出了"用金元代替枪弹"的主张，即金元外交。金元外交，指的是通过经济扩张而非军事扩张的方式扩大美国在海外的影响，以资本渗透的方式为美国争取更多的海外市场和殖民特权。

威廉·塔夫脱鼓励美国银行家及大商人在拉丁美洲加勒比海地区扩大投资，然后以经济绑架的方式加强对这些地区的控制。表面上看，美国的对外政策只是一种经济行为和商业行为，似乎有别于过去野蛮的"大棒政策"，可实际上它并非有悖于"大棒政策"，而是"大棒政策"

的有力补充。"金元外交政策"本质上是对其他国家的变相掠夺，它之所以没有激起其他国家强烈的反感和抵触，只不过是因为施用的手段更隐蔽、更高明而已。

在推行全球扩张战略时，威廉·塔夫脱显然比西奥多·罗斯福技高一筹，他的城府、心机和手腕远在西奥多·罗斯福之上，那么他究竟是一个怎样的复杂人物呢？从履历上看，威廉·塔夫脱就不简单。他出身豪门家庭，全家都是俄亥俄州的权贵人物。父亲是当地赫赫有名的律师，担任过辛辛那提高级法院法官、联邦政府陆军部长、司法部长，还做过驻奥匈帝国、驻俄国的外交官。威廉·塔夫脱膝下的两个儿子一个当过参议员，另外一个出任过辛辛那提市长，孙子进入政界以后，也成为了国会的参议员。

威廉·塔夫脱的家境非常优越，从小难免染上纨绔子弟的习气，据说他读小学时经常不按时完成作业，多年以后才改掉了这个坏习惯。威廉·塔夫脱天资聪颖，成绩总是名列前茅。17岁那年，他顺利考取了耶鲁学院，4年后，以全校第二名的好成绩光荣毕业。那时的他刚刚21岁，正是风华正茂的好年纪，但疯长的体重却毁了他的全部形象。据说他的体重高达225磅，是全校毕业生中体重最重的一位。然而威廉·塔夫脱从不为自己肥胖笨拙的体型烦恼，他反而非常自信地说："我的成绩虽在一人之下，但我的体重却在众人之上。"

完成了耶鲁学院的学业以后，威廉·塔夫脱进入辛辛那提法学院攻读法律，继续深造。从辛辛那提法学院毕业后，威廉·塔夫脱在当地的报社谋到了职位，成为了一名法律记者。后来他又陆续担任过俄亥俄州汉密尔顿县的助理检察官、俄亥俄州第一区联邦税务处处长、俄亥俄州最高法院法官、联邦政府司法部副总检察长、联邦巡回法院法官等职务。

美西战争结束以后，美国占领了菲律宾，引起了菲律宾人强烈的反抗，美国政府决定增派军队镇压菲律宾的反对力量，同时建立殖民地政权。总统把建立政权的重任交给了威廉·塔夫脱。威廉·塔夫脱带着8人委员会踏上了菲律宾的土地。没过多久，他就被提拔为驻菲律宾的总督。他要完成的目标就是争取反对美国的资产阶级，依靠当地的力量在菲律宾站稳脚跟，然后顺理成章地建立殖民地的政权。

威廉·塔夫脱和8人委员会在菲律宾颁布了市政府组织法和公务员法。公务员法规定，美国人和菲律宾人只要成功通过考试，都可以出任公职。此举的目的无非是想通过公务员的职位拉拢菲律宾本土的资产阶级和知识分子。威廉·塔夫脱的办法奏效了，菲律宾的有产者和知识分子做了官以后，民族情绪和反美意识越来越淡，美国在菲律宾的殖民统治因此变得容易起来。

比起早期在北美大陆建立殖民地的祖先，威廉·塔夫脱的手段显然是升级了，他已经摸索出了一套运用本土力量维护自身统治的有效办法。第一批扎根在北美洲的先民们，最初还带着天真浪漫的幻想，致力于在一片崭新的沃土上创建家园、缔造文明，威廉·塔夫脱则不同了，他创建和管理殖民地，主要目的在于抢占该地的市场和资源，使其完完全全地为美国的利益服务。

通过高明的手腕运作，威廉·塔夫脱成功使当地的资产阶级、知识分子和普通大众割裂开来，使之为自己所用。既没权力也没产业的菲律宾群众无力跟殖民地政府抗衡，因此威廉·塔夫脱在菲律宾任职期间，政权比较稳固。他的成就得到了总统的赏识。在菲律宾做了4年总督以后，他被召回美国，担任陆军部长，还负责主持过修筑巴拿马运河的工作。西奥多·罗斯福任期结束后，全力推荐威廉·塔夫脱为总统候选人，威廉·塔夫脱在西奥多·罗斯福的鼎力支持下，成功当选为美国总统。

威廉·塔夫脱执政初期，英、法、德三国是世界上最主要的资本输出大国，它们通过海外投资攫取了巨额利润。美国作为刚刚崛起的大国，迫切需要通过向海外输出资本增强自身的影响力。威廉·塔夫脱意识到西奥多·罗斯福的外交政策不得人心，但对外扩张的策略是有效的，因为它符合美国的根本利益，于是就制定了"金元外交"的政策，他态度鲜明地表示政府"全力支持国外美侨的一切合法与有益的企业"，还大言不惭地宣称美国的经济渗透是对广大不发达国家的慷慨援助。

威廉·塔夫脱在推行"金元外交"的过程中，与英德等老牌殖民帝国在拉丁美洲市场上展开了激烈的争夺。美国将大量资本源源不断地输入拉丁美洲，不仅获得了丰厚的利润，而且如愿增强了自身的政治影响力。垄断资本使得美国轻而易举地控制住了墨西哥的经济命脉，这样美国就可以根据自己的利益需要随心所欲地操纵墨西哥。墨西哥的独裁者迪亚斯为了维护自己的统治，十分配合美国的政策，他甚至还帮助美国政府血腥镇压当地的反美运动。

起初威廉·塔夫脱把所有的赌注都押在了独裁者迪亚斯身上，他认为迪亚斯能保证美国投资的安全，假如迪亚斯的政府垮台了，美国的20亿美元投资就有可能打水漂。迪亚斯最初是无比亲美的，很想借助美国的力量，长期维持自己的独裁统治。但当国内反美情绪日益高涨，民心有所骚动的时候，他因为忌惮人民的力量，便打算采取行动限制美国资本的流入。

威廉·塔夫脱很快就察觉到了迪亚斯的变化，于是决定更换代理人，帮助马特洛发动政变，推翻了迪亚斯的统治。马特洛掌管政权后，依然没能制止当地日益激烈的反美活动。威廉·塔夫脱大感不满，为了震慑墨西哥人民，出动两万兵力开赴墨西哥边界，还派去了若干战舰到墨西哥海岸耀武扬威。

在中美洲中，尼加拉瓜是美国资本渗透最严重的国家。美国不仅在尼加拉瓜成立了国民银行，掌控了该国的财政大权，还控制了该国的铁路。尼加拉瓜人民察觉到了美国对本国的威胁，认为一切都是保守党阿道弗·迪亚斯政权腐败无能造成的，于是与阿道弗·迪亚斯政权展开了英勇的斗争。威廉·塔夫脱为了维护美国在尼加拉瓜的既得利益，不假思索地站在了阿道弗·迪亚斯政权一边，派出了战舰和海军陆战队武力镇压反政府力量。

后来美国与尼加拉瓜政府签订了条约，通过条约，美国取得了开凿和管理尼加拉瓜运河的权利，在洪塞卡湾修建海军军事基地的特权以及租借尼加拉瓜3个小岛99年的特权。美国获得了如此多的特权和好处，花费的代价仅为300万美元。

塔夫脱政府对墨西哥和尼加拉瓜的武装干涉充分表明，所谓的"金元外交"并非是用金钱完全代替子弹，必要时刻，美国仍会对某些国家动武。"金元外交"和"大棒政策"实际上是相辅相成的关系，两者经常被结合起来使用。

柯立芝时代：无为而治，坐享繁荣

第一次世界大战以后，欧洲列强元气大伤，逐渐走向了衰落，美国却因为大发战争横财，成为了各国的债主，经济突飞猛进地增长，呈现出前所未有的高度繁荣。因为这一历史时期发生在总统柯立芝任期内，所以又被称为"柯立芝繁荣"。

在柯立芝执政时期，美国的工商企业赋税较轻，企业的经营和发展不受限制，经济垄断行为也不受限制，资本家收获了丰厚的利润，工人就业较为充分，工业生产蒸蒸日上，技术发明层出不穷，国内的汽车业、电气业、建筑业发展良好。在这段短暂的历史时期，国家相对富裕繁荣，因此在回顾那个"昙花一现"的美好时代的时候，美国人将其称为"兴旺的20年代","兴旺的20年代"总是和总统柯立芝的名字紧密地联系在一起,表面看来似乎是他成就了那个了不起的时代,然而事实上是那个特殊的时代装点了他的政绩。

柯立芝是美国总统中最幸运也是最懒惰的总统,他不像其他总统那样勤于政务,而是出了名地嗜睡。每天早上八九点才起床,中午困倦了还要睡好几个小时的午觉,有时睡到下午5点才醒。据统计,他每天花在睡觉上的时间便超过了11个小时。其余的时间他也没全用在工作上,时不时还要走出白宫,优哉游哉地看场电影,手中有着大把大把的娱乐时间。即使有了紧要的事,他也总是不慌不忙,据说有一次一位工作人员因为公事把午睡中的柯立芝叫醒了,柯立芝对此非常不悦,十分不以为然地说:"美国还在不在啊?"

柯立芝之所以如此潇洒,部分是跟他的个性有关,但更主要的原因是美国宽松繁荣的经济环境。第一次世界大战结束后,美国的经济进入了高速发展的时期,到了1929年,工业生产的比重在资本主义世界超过了英、德、法三国的总和。美国逐渐成了世界的中心,柯立芝享受着这一可喜的成果,即使整天睡大觉,美国的经济仍然会快速稳步地增长。

柯立芝的执政理念与其他政治家不同,他信奉"小政府主义",认为把市场交给自由经济,鼓励公平的自由竞争,更能促成经济的繁荣,他的治国理念是"少管闲事的政府是最好的政府"。

从短期来看,柯立芝的"无为而治"正契合了这段繁荣时期的环境,宽松的管理作风,为国内的科技进步和自由竞争创造了良好的氛围,把更多的权力下放给企业界,减少不必要不合理的行政干预,有助于市场经济的正常运行。从某种意义上说,他的"懒惰"确实比过度干预更适合当时的历史时期。

从长远来看,柯立芝的治国方式存在着诸多的隐患。政府完全不干预市场经济，对于不合理的疯狂投机行为置之不理，极容易产生经济泡沫，造成虚假繁荣。他的继任者胡佛在经济危机爆发以后继续坚守着那套无为而治的做法，结果国内一片大乱，危机愈演愈烈，最后被迫在一片质疑声中狼狈下台。胡佛的结局说明柯立芝的治国理念只适合他在任时的历史时期，过了那种可以高枕无忧的发展阶段，很多问题及矛盾就暴露出来了。

柯立芝繁荣并非是源于总统柯立芝的政绩，而是源于美国国力的上升和经济迅猛的发展态势，人们敬重柯立芝，对柯立芝推崇备至，更深层的原因是对一个逝去的美好时代的怀念。柯立芝时代是美国迎来的一个美好春天，作为那个时代的代言人，柯立芝无形中被美化了，他的慵懒、寡言、率性而为的态度成了人们乐此不疲的话题，至今提起柯立芝，人们依然觉得他是一个可爱而又富有个性的总统。

美国作家门肯在评价柯立芝时，说："他在5年零7个月的总统生涯中，所做出的最大功绩就是比其他任何一个总统睡得都多——睡觉多，说话少。他把自己裹在高尚神圣的沉默中，双脚搭在桌子上，打发走一天天懒惰的日子。""柯立芝作为美国总统的有价值的记录几乎是空白的，没有什么人记得他做过什么事，或者说过什么话。"

门肯对柯立芝的评价是比较中肯的，少说少做多睡确实是柯立芝最不同寻常之处，据说在1924年大选时他就懒得推销自己，当新闻记者举起话筒焦急地问他："关于这次竞选你有什么话要说吗？"柯立芝简洁地回答说："没有。"另外一个记者问道："关于当今的世界局势，你能发表点看法吗？"柯立芝简短地回复道："不能。""能说一下禁酒令的事情吗？"记者又问。"不能。"柯立芝不愿再多言。当他从加利福尼亚返回华盛顿接受采访时，记者问他有什么话要对美国民众说，他迟疑了片刻，说："再见。"然后就结束了全部的谈话。

柯立芝在从政时期，不喜欢表态，不喜欢滔滔不绝地讲话，也不喜欢做决策,在生活中他也是如此,所以很多人都以能和他多说几句话为荣耀。据说在一次宴会上,柯立芝身旁的女士为了让他多开尊口费了不少心思,席间她直言不讳地说:"柯立芝先生,我跟别人打了赌,我要从您口中套出 3 个以上的字眼儿来。"柯立芝听罢,说出了 3 个字:"你输了!"还有一次,柯立芝身旁坐着一位喜欢高谈阔论的女士,那位女士口若悬河地说了半天,柯立芝始终一言不发,她感到有些尴尬,便对总统说:"总统先生,您太沉默了,我一定得让您多说几句话,最起码要超过两个字。"柯立芝嘀咕道:"徒劳。"不多不少正好两个字。

1928 年,柯立芝的任期快要结束了,他本可以争取连任,因为在他执政期间美国经济繁荣、国泰民安,再次当选的可能性很大,但是他却不打算再参加竞选了,出乎意料地发表了一个声明:"我不打算再干这个行当了。"记者困惑不解,再三问他为什么要退出竞选,他本不想回答,记者纠缠了很久,他才给出了一个似是而非的理由:"因为总统没有升职的机会。"

柯立芝的急流勇退或许有更深层次的原因,或许他早已看出了美国潜藏的危机,知道美国的经济迎来短暂的繁荣之后便会变得不景气,他自知没有能力应对那种危机,所以聪明地从总统宝座上退了下来,把最重要的位置腾出来,留给能力挽狂澜的人接任。在权位面前,柯立芝保持了一份清醒,他在自己政绩斐然的时候选择了隐退,而不是自不量力勉强让自己承担承受不了的大任,这种高明的做法使他保留了名誉,也给后来的美国政客留下了永久的回味与思考。

卸任以后,柯立芝有一天和朋友外出散步,路过白宫,朋友开玩笑说:"你知不知道,现在谁住在白宫?"柯立芝睿智地回答说:"住在白宫?没有人能住在白宫,他们只是来来去去罢了。"是的,一个人权力再大,也只是个匆匆过客而已,该放手时放手对于自己、对于国家或许都是一件幸事。客观而言,从政绩的角度来讲,柯立芝算不上是一位伟大的总统,但他对于权力和人生的态度却是极为值得推崇的,在美国历史上,他确实称得上是一个特立独行、与众不同的总统,比那些贪恋权位、哗众取宠的政客要高明得多。

第九章
大萧条时期——凝重悲怆的金融惨剧

　　1929～1933年，美国发生了有史以来最严重的经济危机，进入了大萧条时期。随着股票的狂跌、金融体系的崩溃，美国的工业、商业、农业均经历了前所未有的沉重打击。大大小小的工厂纷纷倒闭，无数工人因为破产陷入了困境，繁华的商业街变得衰败凋敝不堪，农产品价格下跌，农民破产，不少人开始以野草充饥。这场危机虽然使不少资本家变成了乞丐，但最大的受害者仍然是广大劳动人民。大量的劳动者因为失业露宿街头，靠从垃圾箱里翻检食物为生，一场凝重的金融惨剧从华尔街席卷了全国，使整个国家陷入了深深的悲伤和恐惧中。

　　罗斯福竞选为总统后，采取了一系列有效的改革措施，他利用宏观调控手段稳住了银行业、工业和农业，采用强有力的措施提升了就业率，还建立了社会保障制度，提高了工人的福利，有效缓解了社会矛盾。毫无疑问，罗斯福的新政是卓有成效的。

经济危机

20世纪20年代,美国的经济进入了一个蓬勃发展的黄金时期,举国上下一片繁荣景象,但繁荣的背后却潜伏着巨大的危机。资本家在利益的驱使下,盲目地扩大生产,造成了商品的严重过剩。广大工人阶级由于饱受剥削和压榨,生活比较困苦,购买力极低。供求矛盾日益尖锐,资本主义经济受到了严重的冲击和考验。但是利欲熏心的有钱人对这一切却浑然不知,一边逼迫工人在最短的时间内生产出更多的产品,一边醉心于股票投机活动,加剧了商品市场和金融市场的不稳定性。

胡佛上台以后,盲目乐观,继续维持柯立芝时代的政策,对市场听之任之、放任自流,以为这样就可以延续柯立芝繁荣,但时代早已悄然发生了变化。胡佛曾经在竞选演说中许诺:"美国人家家锅里有两只鸡,家家有两辆汽车。"可事实上,在他当政期间,美国遭受了前所未有的经济危机,不要说家家户户饭锅里有两只鸡、车库里有两部车,老百姓连最基本的衣食住行都难以维持,他的承诺听起来着实像一种讽刺。

1929年10月24日,华尔街股市突然暴跌,股价一落千丈,连股票行情自动显示器都跟不上它疯狂下滑的速度,金融"海啸"发生了,美国的金融体系瞬间崩溃。美国人在忐忑不安中迎来了"黑色星期四",为了挽回损失,所有人都在抛售股票,股价继续下跌,跌到了历史最低点,许多人一生的积蓄在短短几天内化为乌有,成千上万的富翁在一夜之间变成了穷光蛋。两个星期以后,全国共有300亿美元的财富完全蒸发,但股票市场的全面崩溃还不是最糟糕的,更为糟糕的是股票引起的社会和经济动荡,美国的经济因为连锁反应在极短的时间内陷入了近乎毁灭性的深渊中。纽约当时流行一首儿歌,生动地描述了美国正在发生的灾难："梅隆拉响汽笛，胡佛敲起钟。华尔街发出信号，美国往地狱里冲！"

金融"海啸"发生以后，银行纷纷倒闭，工厂纷纷破产，无数的工人失去了赖以为生的工作，不少人沦落成了街头乞丐。资本家囤积了大量的过剩产品，由于卖不出去，他们把大量的牛奶倒入了密西西比河，使河流变成了一条飘着奶香味的"银河"。而当时，很多家庭穷得连一瓶牛奶都没有。可资本家宁愿把食物当成垃圾销毁，也不愿把它施舍给饥饿的人。在很多人正忍饥挨饿、食不果腹的时候，大农场主却在忙着用小麦和玉米当燃料，代替煤炭取暖。

美国的各大城市满目萧条，无家可归者越来越多，有的开始搜集木板和旧铁皮搭建简易房屋，有的找来一块油布或牛皮纸建起了帐篷，这些简陋破败的小屋形成了新式的贫民窟，渐渐地又变成了一个又一个村落，它们被称为"胡佛村"。流浪汉乞讨用的饭袋被称作"胡佛袋"，盖在乞丐身上的报纸被称作"胡佛毯"，因为缺油而改用畜力牵引的汽车被称作"胡佛车"。一时间，美国总统的名字出现在大街小巷，所有象征贫困和苦难的东西，全都跟时任总统的大名联系在了一起。

这场经济危机足足持续了4年，很多人因为忍受不了生活的巨大变化，绝望自杀了。连富有的银行家和企业主都没能维持住自己的尊严和体面，不少人成为了在街头卖水果的小贩。虚荣心较强的人仍然固执地穿着漂亮的高档时装，但上面却打满了难看的补丁，任其怎么努力，都无法掩饰自己的窘境和穷酸。

大萧条造成的最严重的社会问题是失业人群和流浪人群的增加，在那段特殊的时期，美国的失业人口达到了830万，超过1500万的人在四处奔走到处寻找工作。由于找不到工作，没有收入，大量的人口加入了流浪大军，成为居无定所、漂泊无依的人。据统计，截至1932年，美国的流浪人口已达到了200万人。流浪汉的构成成分非常复杂，有破产的佃农，有陷入经济困境的农场主，有两手空空的贫苦青年，有突然失业的工人，还有曾经阔绰一时的名人和中产阶级。昔日经常出现在报纸杂志上意气风发的成功人士，如今纷纷变成了蜷缩在肮脏角落里伸手讨饭的卑微乞丐。

为了生存，人们的潜能被无限度地激发出来了。据说有一个阿肯色州的人为了求职居然徒步走了900英里，体能和意志力大大超过了职业运动员。华盛顿州的人为了谋到救火员的差事，故意到森林里四处放火。美国人绞尽脑汁，耗尽了力气，还是找不到糊口的工作。入不敷出的日子一天比一天艰难。

穷人为了省钱想出了各种匪夷所思的办法，男人舍不得购买刮胡刀，总是把旧刀片磨了再用，烟民学会了动手自己卷烟，再也抽不起普通香烟了。为了节约电源，全家改用25瓦的灯泡。妇女学会了改衣服，把自己穿过的旧衣服稍微改动一下，然后交给女儿穿。小孩子到处搜集汽水瓶卖钱，小小年纪就开始为生计操心。

在这场浩劫中，日子过得更惨的是中西部的百姓。由于农产品价格暴跌，无数农场主破产。宾夕法尼亚州乡下人以草根、蒲公英果腹，肯塔基州人吃起了野葱、野莴苣和紫罗兰叶。城里饥饿的孩子聚集在码头，一旦看到腐烂的水果和菜叶，就会像野狗一样扑过去抢夺。旅馆里的厨师每次把残羹剩饭倒进桶里，拎进小巷的时候，都会引来10多个人哄抢。大街上，随处都能看到在垃圾堆里翻检食物的人，由于蛆虫太多，人们捡东西吃时会不自觉地闭上眼睛，眼睛近视或老花的人干脆把眼镜摘掉，免得影响了食欲。

1929～1933年的经济危机，使得美国整个社会经济生活陷入崩溃和瘫痪，随后这场金融风暴从美国席卷了整个资本主义世界，对世界的经济政治格局产生了无可估量的影响。在这场灾难性的危机面前，最大的受害者是广大的劳动人民，大量的工人、农民失业破产之后过着饥寒交迫、流离失所的悲惨生活,因为饥饿、疾病、抑郁等原因死去的人不计其数,侥幸活下来的人大部分以乞讨为生,早已丧失了全部的尊严和骄傲,日子过得比难民更悲戚。

罗斯福新政

金融危机过后,经济大萧条的风暴以摧枯拉朽的气势席卷了整个美国,经济泡沫破灭了,繁华的假象被戳穿了,举国上下都是一片混乱凋敝的景象,每天都有无数企业破产,每天都有人因为失业陷入绝境,美国正经历最黑暗、最痛苦的时期。胡佛没有能力力挽狂澜,最终狼狈地下台了。继任者富兰克林·罗斯福总统,为了振奋国民精神,在宣誓就职时发表了一篇慷慨激昂的演说,他告诫人们不要被恐惧打倒,声称战胜恐惧就能战胜一切厄运。

富兰克林·罗斯福在用乐观精神感染国民的同时,马不停蹄地开始着手颁布新政。他果断抛弃了自由放任的管理方式,尝试采用宏观调控的方法加强对经济领域的干预。为了鼓舞全民士气,罗斯福发明了"炉边谈话"的工作方法,经常使用浅显易懂的语言向广大民众发表讲话,阐述即将实施的救市措施,鼓励全国人民同心协力、共渡难关。

1933年3月9日~6月16日,美国召开了特别会议,会上罗斯福总统发表咨文,督促国会配合新政做好立法工作。在罗斯福的大力推动下,国会在短短百日之内,陆续通过了《紧急银行法》《联邦救济法》《农业调整法》《国家工业振兴法》《田纳西河流域管理法》等一系列法案。

由于经济风暴率先从金融界刮起,罗斯福实施新政的第一步,就是从整顿金融市场入手。在"百日新政"期间,政府制定的一系列立法之中，针对金融领域的法律法规在比重上足足占据了1/3。罗斯福宣誓就职时，全美银行业全面瘫痪，几乎找不到一家能正常营业的银行，连首府华盛顿都无力兑现支票。为了救活银行，罗斯福督促国会通过了《紧急救活银行法》，规定给予有偿付能力的银行颁发许可证，允许其恢复营业。法令颁布几日之后，美国14771家银行持证开业，恢复了信誉。

罗斯福整顿金融初见成效，公众称赞他的举措犹如"黑沉沉的天空出现了一道闪电"，经历了漫长的黑暗和等待之后，美国人终于看到了一线希望的曙光。在加大整顿金融业力度的同时，罗斯福还加强了对黄金的管制，制定了一系列措施防止黄金外流。他明令禁止黄金出口，不允许私人储备黄金和黄金证券，禁止美钞兑换黄金，规定公司债务均以黄金偿付。1934年1月10日，政府发行了30亿美元纸币，使美元大幅度贬值，刺激了对外贸易。

罗斯福新政的另外一项重要内容是和社会救济有关的。当时的美国饿殍满地，政府如不采取人道主义救济措施，很多人都会被推向死亡深渊。新政开始实施以后，罗斯福政府马上成立了联邦紧急救济署，向全美各州拨发救济款项和物资。不少人因为排队领政府发放的救济汤渡过了那场危机。

罗斯福意识到单纯的救济并不能从根本上改善人们的生活，新政第二年开始推行"以工代赈"的政策。当时全美有1700多万人靠政府救济以及慈善组织的捐赠生活，虽然政府拨付了大笔款项，慈善机构乐于慷慨解囊，但是要养活如此庞大的落难人员，仍然感到力不从心。罗斯福认为，创造更多的就业机会，鼓励失业者自力更生才是长远之计，于是开始大批招募青壮年劳动力，使之从事植树造林、道路修筑、建造公园等工作。据统计，第一批被招募从事公共工程的人数量就达到了25万，他们通过辛勤劳动，获得了应有的报酬，并提升了自尊心，日子要远远好过单纯地领取施舍和救济款。

新政期间，美国成立了很多共振机关，共振机关总体来说分为两类：一类是公共工程署，一类是民用工程署，前者政府的拨付款项超过了40亿美元，后者政府拨款接近10亿美元。民用工程署，主持兴建校舍、行政机关、邮局、修筑桥梁，囊括的大小工程项目多达18万，先后招募过400万劳动力，为大量没有技能的失业者提供了工作机会。后来政府又新创立了一些共振机构。其中最为知名的是耗费50亿美元创办的工程兴办署和专门为年轻人创立的全国青年总署。这两大共振机构为2300万人解决了就业问题，全国半数的劳动力都有了用武之地。美国政府为了提升本国的就业率，修筑了近千座机场、上万个运动场和数百座医院、校舍，无数的工匠、工人因为政府的经济刺激计划摆脱了困境，找到了一份为生养家的工作。

罗斯福政府为了整顿工业和农业，采取了一系列强有力的措施。罗斯福要求各大资本家遵循公平竞争的原则，对企业生产规模、商品的价格以及销售的范围做出了规定，制定了商品的协定价格，这项措施有利于减少企业之间的恶性竞争，控制垄断，减少企业倒闭的数量。

罗斯福的政策得到了大企业主的支持，因为这些举措限制了垄断，使无数的企业主避免在残酷的竞争中破产。得到大企业主的拥护以后，罗斯福又积极争取小企业主的支持，他认为："产生丰硕成果的领域还在于小企业主们，他们的贡献将是给1~10个人提供新的就业机会。这些小企业主实际上是国家骨干中极重要的部分，而计划的成败在很大程度上取决于他们。"小企业在政策的扶持下得到了稳步发展，为美国的经济复苏起到了非常关键的作用。

为了稳定农产品的价格，罗斯福制定政策限制农产品生产，并给农场主、农民发放补贴金。也就是说，农业劳动者为社会提供的农产品越少，农业产品的价格越高，他们不但会因此受益，还能享受到国家的政策补贴。这种做法违背了人们心目中"多劳多得"的观念，引起了部分人的质疑和反对，不过政策是十分有效的，许多农场主因为新政，避免了走向破产的命运，广大农民也因此获益良多。

新政的延续：立法为工人维权

罗斯福实施新政一年以后，美国糟糕的经济形势有了明显的改观，各大银行能正常营业了，越来越多的失业者找到了谋生的工作，农民的生活、条件有了一定的改善，穷人大体可以维持温饱，不再像以前那样处于绝望的境地了。然而，美国的经济形势依然很不乐观，仍有成千上万的人为找工作所苦，没有社会经验的年轻大学生就业形势非常严峻，能否找到一份稳定工作几乎全凭运气。各大工厂的营利空间很小，利润十分微薄。

罗斯福推行的新政虽有一定成效，但毕竟没有使美国整体走向经济复苏，国内因此出现了不少质疑的声音。有人指责他使政府赤字太多，有人反对他过度干涉市场经济，保守分子觉得他动作太大，变革太过迅猛，左翼分子则认为他力度不够，所做的努力太少。保守分子因为从根本上怀疑罗斯福的执政理念，公然与之决裂。罗斯福为了赢得左翼分子的支持，从1935年开始，积极推行第二期新政。

1935年是多事之秋，美国的最高法院裁定罗斯福的经济刺激计划违宪，迫使他做出了极大的妥协和让步。在最高法院的压力下，罗斯福被迫修改新政政策，重新推出了新的经济计划。在新计划中，罗斯福努力控制公共支出，又推行了新的法律，加强了对政权交易者和投资公司的监管力度。在工业方面，他的工作重新由大企业转向了小企业，他努力控制大企业的权力，鼓励小企业自由竞争，竭尽所能地激活市场经济。

在罗斯福的推动下，国会通过了两项改变工人生活状况的法律，赋予了工会更多的权力，并创建了退休制度。罗斯福希望法律能够给予广大贫苦工人更多的保障，可惜相关法案被最高法院否决了。罗斯福并不气馁，又拟定了新的《国家劳动关系法》，该法案帮助工人创立了一个全新的全国性的劳动组织，为处于弱势的工人提供了一个与企业主谈判的平台。

罗斯福第二期新政最为重要的举措，就是通过法律创立了社会保障制度。他积极推行社会保险法案、公用事业法案、全国劳工关系法案等法规，以立法的方式为工人争取更多的权益。在罗斯福看来，一个国家的政府："如果不能照顾老者和病人，不能为壮年劳动力提供工作，不能把青年人带到工业体系之中，听任无保障的阴影笼罩每个家庭，那就不是一个能够存在下去，或是应该存在下去的政府。"

罗斯福政府为了让美国人老有所依、老有所养，制定了《社会保险法》，法律规定，年满65岁的退休人员，根据在职时的薪金水平，可每月领取10~85美元的养老金。罗斯福还将失业保险纳入了社会保险范畴，他觉得失业保险对于工人是非常必要的，因为："它不仅有助于个人避免在今后被解雇时去依靠救济，而且通过维持购买力还将缓解一下经济困难的冲击。"保险金一半由雇主和工人按一定比例缴纳，另一半由联邦政府负责。也就是说，工人和企业主只要每月定期向政府缴纳少量的钱，待工人退休或失业时，就能从政府那里领取相应的生活费。

这项法律并不适用于每一位美国公民，农民、公职人员或其他团体成员并不享受这样的待遇。对于找不到工作的人来说，新法律几乎没有任何意义。因为一个人必须先有工作，才能失业或退休，才能从政府那里领取生活费。《社会保险法》虽然覆盖面有限，也算不上是尽善尽美，但是对于广大工人来说确实是一种难得的福利，在该法案推行之前，工人的生活完全得不到保障，一旦失业就会陷入潦倒的困境中，65岁以后就会变成毫无价值的人，很有可能病死或饿死在街头。《社会保险法》在很大程度上，帮助工人解决了各种生活上的难题，因此受到了广大美国人的认可和赞许。

由于社会保险制度的部分费用需要联邦政府来负担，当时国库并不充足，无奈之下，罗斯福实施了一项破天荒的征税政策，规定美国公民凡是纯收入达到5万美元、遗产达到4万美元的，都要缴纳31%的税；遗产超过500万美元的，要缴纳75%的税。以前所有公司缴纳的税率均为13.75%，经过新税法调整，收入不同的公司负担的税率有了变化，收入为5万美元以下的公司税率降至12.5%，收入超过5万美元以上的公司税率增至15%。罗斯福政府通过税收的杠杆，不仅有力保证了社保制度的全面实行，而且通过"劫富济贫"的方式重新分配了社会资源，在一定程度上减少了贫富差距。

为了缓和阶级矛盾，调整商品市场的供求关系，1937年5月24日，罗斯福拟写了一份有关限定最低工资和最高工时的立法咨文，咨文写道："美国人口的1/3，其中绝大多数从事农业或工业，吃不好，穿不好，住不好。""必须铭记目标是要改善而不是降低那些现在应该不良、穿得不好、住得很糟的那些人的生活水平。当工人的一大部分还没有就业的时候，超时工作和低水平的工资是不能提高国民收入的。"国会最初没有理会这一咨文。

同年10月12日，罗斯福再次提起了限定最低工资和最高工时法案，但没有被批准，直到1938年6月14日，相关法案才得以通过。法案对最低工资和最高工时做了明确规定，国家规定工人的周工资最低不得少于12美元，每小时的薪水不得低于40美分，工作时长每周不得超过40个小时；禁止工厂雇佣16岁以下的童工，禁止18岁以下的未成年人从事高危工作。通过立法，工人的待遇和生活水平有了很大的改善，劳资关系显失公平的现象有所缓解，美国社会逐渐变得越来越进步，越来越和谐了。

　　罗斯福新政的最大意义在于帮助美国一步步从经济危机的阴霾中走了出来，并且有效缓和了社会矛盾，开创了资本主义世界国家干预经济的先河，对后世资本主义经济的发展产生了广泛而深远的影响。

身残志坚的救世总统

　　富兰克林·罗斯福通过新政挽救了美国经济，以卓越的政绩赢得了美国人民的支持，成为了美国历史上唯一一位连任4届的总统。在1982年历史学家投票的总统排行榜中，他被列为仅次于林肯的伟大总统，排名在国父华盛顿之前，其影响力可见一斑。

　　罗斯福之所以在政绩方面有非同凡响的表现，跟他的成长背景是分不开的。他的父亲是活跃在外交界和商界的名流，母亲出身上流社会，受过良好的教育。罗斯福很小的时候，就在家庭教师的指导下学习拉丁语、法语等多门外语以及欧洲历史。5岁那年，父亲带他去见总统克利夫兰，总统似乎在这个聪明可爱的孩子身上发现了某种潜质，于是，给了他一个非常奇怪的祝愿："祈求上帝永远不要让你当美国总统。"有趣的是，罗斯福长大后不仅成为了美国总统，而且成了美国历史上执政时间最长的总统。

　　14岁那年，罗斯福进入格罗顿学校学习，这所学校是政治家的摇篮，办学宗旨就是为社会培养优秀的政治家。父母送他到这样的学校学习，说明两人素来对他寄予厚望，希望他日后能成为名流政要。罗斯福在校期间表现出色，不仅学习成绩优异，拥有漂亮的成绩单，而且展露出非凡的组织能力和管理能力，在橄榄球运动风靡校园的时候，他组织过啦啦队，当过管理员。他本人擅长各种运动，喜欢打网球和高尔夫，还酷爱骑马和驾驶帆船。少年时代的罗斯福是一个活跃而引人注目的人物，他精力充沛，阳光开朗，深受老师和同学喜欢。

从格罗顿学校毕业以后，罗斯福立志成为海军军官，打算报考安纳波利斯海军学院。一心想要把他培养成政治家的父亲坚决反对他从军，迫于压力，他放弃了自己的海军梦，进入了哈佛大学学习。同年，父亲去世，留给他12万美元的遗产。大学时代的罗斯福学习成绩远没有中学时代那么出色，不过他仍十分热衷于各类社会活动，各方面的表现都非常突出。为了扩大自己的影响力，罗斯福邀请堂叔西奥多·罗斯福到学校演讲。当时西奥多·罗斯福是纽约的州长，他的到来引起了学校高度的重视。堂叔的到访，使得罗斯福成功进入了校刊《绯红报》，并从一名助理荣升为主编。可见，年轻的罗斯福尚没有走出校门，就已经知道如何提高自己的声誉以及如何让自己变得更有号召力。

22岁那年，罗斯福进入哥伦比亚大学深造。次年，与埃莉诺结婚。时任总统西奥多·罗斯福亲自参加了他们的婚礼。罗斯福夫妇收获了很多祝福，婚礼办得隆重而盛大，但人们关注的焦点并不在这对新人身上，而在总统身上。这件事使罗斯福很受刺激，激发了他从政的雄心。后来他加入了民主党，开始投身政界。此举引起了共和党人西奥多·罗斯福的强烈不满，罗斯福遭到了训斥和谩骂，对此他毫不理会，依旧每天开着红色的私家车到处演讲，最终成功当选为纽约市参议员。

1913年，罗斯福31岁，被任命为海军助理部长，在任7年，他积极参与美军的海军建设，立志为国家培养出强大而富有作战能力的优秀海军。1917年，美国放弃了中立政策，宣布加入协约国，参加第一次世界大战。罗斯福于次年亲自赶赴欧洲战场考察，目睹了残酷的战争给人类造成的种种灾难。1919年，罗斯福作为一名政坛新秀，开始参加副总统竞选，为了实现目标他奔忙了一年，可惜没有成功。虽然初战不利，罗斯福却一点也不灰心，他相信只要继续努力，就有机会迈向政治巅峰。39岁的他智慧、干练、雄心勃勃，时刻准备着问鼎总统之位，然而就在他踌躇满志，为了高远的目标积攒力量时，一场灾难正不期而至。

1921年8月，罗斯福带着全家在风景如画的坎波贝洛岛上度假。不料岛上森林突然着火，罗斯福来不及多想便开始灭火，好在大火没有蔓延开来，火势很快得到了控制。扑灭林火之后，罗斯福又累又热，汗流浃背，为了迅速降温，他纵身跳进了冰冷的温迪湾游泳。事后罗斯福高烧不退，时常感到麻木、疼痛，身体的活动受到了限制。经医生诊断，他极有可能终身残疾。

起初，罗斯福非常乐观，相信自己的病情能够好转，事实上他的情况越来越糟。他的两条腿失去了活动功能，脖子变得僵直，连双臂也渐渐失去了知觉。他的后背和大腿痛得厉害，每天他都感觉疼痛难忍，更糟糕的是疼痛后来从局部蔓延到全身，时时刻刻折磨着他的神经。比起肉体上的痛苦，更让他受不了的是精神上的绝望。他本来是一个前程无量、年轻力壮的硬汉，而今却变成了一个辗转卧榻、生活不能自理的废人。这种落差任何人都接受不了。

卧床不起的日子里，罗斯福备受煎熬，认为自己完全被上帝抛弃了，希望之光已经熄灭，自己将堕入永久的黑暗。不过，他并没有被命运打倒。经历过痛苦和挣扎以后，他渐渐明白，事实已经无法挽回了，除了坚强面对他别无选择。无奈地苦笑过之后，他选择了挑战命运，挑战人生。

为了恢复行走能力，他让人在草坪上安装了一高一低两根横杆，每天他都坚持在横杠之间练习挪动身体，一练就是好几个小时。除了例行的双杠运动以外，罗斯福还为自己设定了其他的康复计划。比如他给自己树立了一个目标：徒步走到距离斯普林伍德1/4英里的邮政街。他经常挂着拐杖，吃力地向前挪动着脚步，每日争取比前一天多走几步。床

211

上方的天花板上安装了两个吊环，罗斯福依靠这两个吊环，慢慢恢复了臂部的力量。

尽管罗斯福很努力，但他仍然不能像正常人一样行走或活动，医生为了让他过上正常的生活，特地为他配备了一种用皮革和钢制成的架子，它就像某种特殊的固定装置一样，从人的手臂一直固定到脚腕。借助这个架子，罗斯福可以站立，凭借手臂的力量和身体的支撑，笨拙地"走路"。开始他很不习惯，经常摔倒，经过长时间练习以后，才逐渐适应，不过手臂经常被架子夹得发痛。

1924年，美国大选，由于上届选举失利，民主党人非常希望罗斯福能参加竞选。罗斯福明确对外表示："在甩掉丁字形拐杖走路以前我不想竞选。"他虽不想拖着残废的身躯参加总统竞选，但已经打算重返政界。一天，在儿子的帮助下，他拄着拐杖蹒跚地登上了讲台，发表了激情昂扬的演说。台上，他引用了林肯总统的名言："对任何人都不怀恶意，对所有的人都充满友善。"当时他的双腿已经被架子夹得麻木了，全身的重量都压在手臂上，他用桌子支撑着手臂，不顾身体的痉挛，声音浑厚有力，感染了在场所有的人。

1929年，罗斯福当选为纽约州州长。1932年，他开始参加总统竞选，提出了振兴经济的新政纲领。政敌们为了打压他，经常对他身体的残疾发表攻击言论。罗斯福一次又一次被羞辱、被揭伤疤，但他并不介意，用卓越的口才和新颖的施政纲领博得了民众的信赖，最终于1933年成功当选为美国的第32任总统。凭借着顽强的毅力和无与伦比的乐观精神，罗斯福带领陷入困境的美国人一步步走出了危机，挽救了已经走向崩溃的美国经济，成为了美国历史上政绩最为突出的伟大总统之一。

对法西斯说"不"的底气

1929~1933年，资本主义世界爆发了前所未有的经济危机，这场百年不遇的大危机使得德、意、日最终走上了法西斯的道路，而深陷经济危机的美国，离法西斯专政其实也只有一步之遥，那么是什么力量最终挽救了美国，又是什么原因使经济危机远没有美国严重的国家陷入罪恶的法西斯深渊的呢？

首先我们要明白，经济上的大萧条影响的不仅是经济层面，还有社会层面、政治层面和思想层面。经济危机导致失业率高居不下，人们普遍陷入恐惧和绝望的情绪中，所有人都渴望有一位拯救者横空出世、力挽狂澜，把自己从困境中解救出来。美国人等来了罗斯福，德国人等来了希特勒，意大利人等来了墨索里尼，日本人把希望寄托在天皇身上。所不同的是，罗斯福确实给美国人带来了希望与光明，而希特勒、墨索里尼和日本天皇给自己的国家带来的却是更多的灾难。那么美国的领导者何以与其他的领导者完全不同呢？这还得从美国独特的政治经济制度说起。

美国自建国以来，素来崇尚自由民主，在欧洲各国实行君主立宪制时，美国首先抛弃了君主，成立了世界上第一个联邦制国家，因此法西斯专制制度在美国是不可能建立起来的。在美国，民主理念深入人心，根本就没有专制思想的土壤，再加上美国是一个移民国家，种族众多，民粹主义无法在美国立足。美国的历届从政者，所接受的都是民主教育，不可能成为推动法西斯思想泛滥的始作俑者。

意大利和德国走向法西斯道路，有着极其相似的原因。首先德、意两国的经济在"一战"中均受到了严重打击，国民经济尚未完全恢复，又赶上席卷全球的经济危机，国内民众普遍对目前的政府感到失望，都盼望有一个强有力的人上台解决问题。墨索里尼和希特勒上台以后，一边宣扬民粹主义，一边加强了法西斯统治，成功地将国内的经济政治矛盾从国内转向了国外，为第二次世界大战的爆发埋下了伏笔。

在经济危机时期，人们陷入恐慌和混乱之中，比较容易受到蛊惑，民粹主义、极端民族主义因此得以滋生，德意日的民众就是这样被引向法西斯歧途的。美国民众在面临生存压力和巨大的危机时，虽然也对政府感到失望，甚至怀疑过美国制度的合理性，但是因为美国是以民主精神立国的，民众不可能信奉法西斯。

在关键时刻，罗斯福突破了传统观念的束缚，开创性地开启了国家干预市场经济的新型执政模式，在不触动资本主义制度的前提下，合理地调控国家经济，恢复了银行的信贷体系，调整了工农业的生产，使得企业倒闭的数量明显减少，提升了就业率，稳定了农产品价格，并通过建立社会保障措施，使处于水深火热中的美国人民看到了希望。

罗斯福的新政措施，使美国公民恢复了对民主制度的信心，挽救了美国的民主制度。以前胡佛当政时期，美国百姓连基本的温饱都得不到解决，很多人露宿街头，靠从垃圾箱里翻检食物为生，日子过得艰辛而屈辱。人们普遍抱怨政府无作为，甚至把所有跟贫穷有关的东西，都以美国总统的名字命名。如果这场危机继续持续下去，后果将不堪设想。

罗斯福执政以后，完全改变了柯立芝、胡佛时代无为而治的治国策略，把以前的"小政府"变成了权力空前庞大的大政府，政府对国家的干预体现在社会生活的各个层面，其影响力第一次渗入到美国百姓的日常生活中来。美国是一个三权分立的国家，司法权、立法权、行政权相对独立，即使处于权力之巅的总统，行使权力时也会受到各种约束和限制，这种彼此制约、互相牵制的制度，对于防止权力滥用、维系官员廉洁是大有好处的。罗斯福推行新政，虽然在一定程度上扩大了总统的权力，但并未动摇民主制度的根基，他在推行具体的法案和若干措施时，也曾受到过各种力量的阻挠，这足以说明即便到了危急时刻，美国也不会彻底走向集权，更不可能向法西斯靠拢。

罗斯福实施新政时，采取了一系列抑制大资本，激活小企业、救济穷人等措施，为不同阶层的人找到了利益平衡点。穷人得到了最基本的生活保障，小企业免于破产，推动了经济的复苏，而经济的恢复又给大资本带来了利益。在新政的推动下，各种社会矛盾得到缓解，各种消极思想日趋消亡，极端的法西斯主义自然也没办法在美国落地生根了。

在罗斯福大刀阔斧地实施改革，紧锣密鼓地重振美国经济时，法西斯头目希特勒在忙着颁布《国家元首法》，将集权主义一步步推向高潮。他们领导下的国家，一个通过积极地变革巩固了民主制度，一个因为迷信集权和暴力滑向了罪恶的深渊。在同一历史时期，与德国相比，美国无疑是幸运的，它有不可撼动的民主制度为依托，又有像罗斯福那样执政水平高超的总统，所以它丝毫没有受到法西斯的影响，最终走出了经济低迷的时期，慢慢恢复了往日的活力与生机。

第十章
二战时期——从中立到火线支援

一战结束后,由于要支付巨额的战争赔款,又赶上了席卷世界的经济危机,德国陷入了困境,民族复仇情绪高涨。为了报复欧洲,转移国内矛盾,希特勒发动了第二次世界大战,并伙同意大利、日本展开了对其他国家的侵略活动。战争初期,美国选择了中立。美国人不希望国家卷入欧洲战争。但一向高瞻远瞩的罗斯福意识到法西斯不仅危害欧洲、危害世界,而且还威胁到了美国的根本利益,所以在日本偷袭了珍珠港以后,他成功说服了国人支持美国加入反法西斯战争。

美国参战以后,立即扭转了战争局势,连顽固的日本人在美军的猛烈攻势下,也连连败退,最终被迫宣布无条件投降。美国的参战对反法西斯战争意义重大,如果没有美国的加入,这场异常残酷的世界大战恐怕要延续更长的时间。这种代价是全世界所支付不起的,好在历史没有如果,在关键时刻,美国站在了反法西斯盟国一方,击垮了法西斯力量,为维护世界和平做出了贡献。

处身事外的中立政策

在一战中落败的德国，由于要支付巨额的战争赔款，压力巨大，而那场席卷资本主义世界的经济危机，对于脆弱的德国经济来说，无疑是雪上加霜。一时间德国民不聊生，复仇情绪高涨，希特勒在一片高呼声中走向了政治舞台的中央，掌权不久，他立即伙同意大利、日本等信奉法西斯的国家创建了轴心国，开始对欧洲国家及部分亚洲国家展开疯狂的报复和侵略活动，第二次世界大战全面爆发。世界反法西斯国家组成了同盟国，双方展开了残酷的斗争。

第二次世界大战从1939年9月德国闪击波兰开始，直到1945年9月结束，历时6年，先后有61个国家和地区卷入战争。如此大规模的战役，在战争初期却没有美国的参与，正如第一次世界大战的表现一样，美国最初奉行的是中立政策，无论是民众还是从政者多数都不想让战火蔓延到美国本土。

美国的地理位置十分特殊，它不像欧洲国家那样拥有许多的邻国，能同其他地区连成一个整体，作为一个被两大洋夹持的内陆国，孤立主义情绪在本土尤为盛行。美国人普遍认为，美国的命运是和美洲大陆为一体的，其他大陆的事情与美国无关，美国没有必要卷入欧洲国家的纠纷和战争。

二战爆发前夕，美国正处在恢复经济的阶段，美国人只关心本国的经济复苏和个人的就业问题，对于欧洲发生的战事一点儿兴趣也没有。美国人认为美国是新大陆国家，与旧大陆已经完全隔离开来，旧大陆发生的事情与新兴国家美国丝毫没有瓜葛，美国既没有义务也没有责任理会欧洲事务。美国的民意如此，政治人物的想法也都大同小异，政坛上活跃着不少孤立主义的坚定拥护者。他们不断制造舆论，宣传孤立思想，还向总统施压，阻止美国参战。

罗斯福在第一届任期内，深受孤立主义势力的影响，不得不对外推行中立政策。罗斯福第二次当选总统时，国际形势发生了变化，美国的利益受到了损害，参战的可能性增加。但是，即使在本国利益受损的情况下，美国的孤立主义势力仍然认为世界的动乱并不会从根本上威胁到美国的安全，并一再强调美国必须继续保持中立。罗斯福却不这样想，他认为如果侵略战争蔓延到了全球，美国绝不可能幸免，西半球也不可能独善其身，于是，在芝加哥发表了一场著名的演说，大声呼吁"爱好和平的国家必须共同努力，起来制止目前那些破坏条约，不顾人类天性，制造国际混乱的国家……"

罗斯福态度鲜明地反对孤立主义，并且谴责了德、意、日的侵略行径。他的这番言论在孤立主义思潮大行其道的美国，掀起了轩然大波。孤立主义者不但强烈抨击了罗斯福发表的演说，还对他进行了猛烈的人身攻击，大骂他是"战争贩子"。反对党也趁机批评罗斯福，说他蓄意发动对外战争，目的在于转移视线，让人们看不清他在国内施政的错误做法，有些情绪激动的议员甚至直接威胁说要启动弹劾总统的程序。还有人召集了2500万人联合签名，发动了"使美国置身于战争之外"的请愿活动。

二战爆发以后，罗斯福即使想有所作为，也很难摆脱国内孤立主义势力的牵制，他一度被一股强大的孤立力量束缚住了手脚。在德意日法西斯加紧对各国的侵略步伐的时候，美国一再姑息和纵容法西斯的不义行为，推行中立政策和绥靖政策，助长了法西斯的嚣张气焰。

美国不想加入反法西斯阵营，除了深受孤立主义思想影响以外，还有经济方面的原因。美国和德国经济往来密切。一战结束以后，美国有大量的资本输入德国。在1924～1931年短短7年的时间里，美国给德国的贷款就达到了22.5亿美元。美国的垄断集团如洛克菲勒财团和福特财团与德国关系密切，曾经为德国生产过摩托车、汽车和发动机等产品。德国在发动第二次世界大战之后，开始疯狂扩军，美国的军火商或是其他大财团因此而大发战争横财。

在美国，不同利益的群体因为各种各样的原因竭力反对政府加入欧洲战争。共和党和民主党的保守派，中西部的农场主和工厂主，与德国垄断资本关系密切的大财阀，统统反对美国参战。虽然很多民众看不惯德、意、日法西斯的卑劣做法，对他们的侵略行为感到厌恶，对于受侵略的国家十分同情，但仍不希望美国介入欧洲和亚洲的战争，因为他们不想看到年轻的美国人死在炮火和子弹之下。

根据1939～1940年的民意调查显示，超过96%的人坚决反对美国卷入第二次世界大战。1940年11月11日，美国迎来了纪念第一次世界大战结束的节日，全国30多个城市举行了声势浩大的集会活动，人们甚至将纪念日那一天定为"美国和平动员日"。此后，各地经常出现集会和游行，人们纷纷走上街头，高喊"美国人不愿参战"的口号，进行反战宣传。总统罗斯福为了得到民众的支持，只好对民众承诺："我们不参加外国的战争，除非遭到攻击，我们决不派遣我们的陆海军到美国以外的领土作战。"

第二次世界大战爆发以后，英法两国虽然已经对德国宣战，但仍继续对德推行绥靖政策，希望借助这场战争削弱社会主义国家苏联的影响力。美国虽然对德、意、日法西斯活动有所警觉，但仍觉得法西斯对美国本土不构成威胁，美国只要一直保持中立政策，就能一直隔岸观火。有些利益集团还想通过向交战双方售卖军需物资，大发战争横财。基于种种的原因，在第二次世界大战爆发之初，美国选择了置身事外，这种选择在一定程度上延缓了法西斯战争的结束，但从美国自身的角度来讲，它使得美国免于受到战火的荼毒，在欧洲国家再次饱受战争蹂躏，人间再次经历毁灭性浩劫的时候，美国将自己的损失控制到了最小，中立的策略符合实用主义原则。

震惊世界的珍珠港事件

第二次世界大战初期，美国一直扮演着中立国的角色，但日本海军联合舰队司令官山本五十六却认为，美国是日本实现侵略东南亚的最大障碍。倘若有朝一日美国参战，美国部署在太平洋的舰队主力必然会从珍珠港出击，从侧翼包围驻守在东南亚的日军。因此，从长远来看，美国是日本的心腹之患，要想解除后顾之忧，日本必须先发制人，效仿德国闪电战的做法，以迅雷不及掩耳之势摧毁美国海军在珍珠港的主力。

山本五十六经过一番深思之后，制订了"Z作战计划"，决心冒险赌一场，他认为胜败全凭运气和天意，曾经直言不讳地说："或是大获全胜，或是输个精光。假如我们袭击珍珠港失败了，这仗就干脆不打了。"狡猾的日本人一边派大使赴美进行和平会谈，一边秘密地进行模拟进攻珍珠港的军事训练。当日方代表和美国人装模作样地畅谈和平之道时，日军已经派出舰机回到日本本土活动，模拟航空母舰编队队形，故意频频使用无线电互相联络，以此迷惑美国人，使其误以为日本的舰机仍然留在本土。

1941年11月22日，日本的突击舰队抵达千岛群岛附近，3天后，突击舰队驶向夏威夷。12月7日，舰队悄悄侵入距离美军海军基地珍珠港200海里远的预定海域，派出两架飞机进行侦察活动。紧接着指挥官渊田美智雄向南云机动部队下达了进攻命令，日本飞机一架接一架飞离了航母，在不到一刻钟的时间里，183架飞机统统离开了甲板，编好了队形，在渊田美智雄的指挥下，气势汹汹地飞向了珍珠港。

驻守在珍珠港基地的美军毫无防备,由于是星期天,军队放假,大多数的军官和士兵都离开了岗位,整个珍珠港呈现的是一片祥和和欢乐的景象,谁也没有想到会有什么大事发生。日军趁美军欢度假日,一举摧毁了太平洋舰队周围的希凯姆机场、惠列尔机场和福特岛机场,将机场上停放的数百架美机炸毁,只花了几分钟的时间,就把珍珠港的防空设施变成了一堆堆废铜烂铁。执行完任务以后,日军迫不及待地向南云机动部队发送了袭击大功告成的信号:"虎!虎!虎"。

防空设施被全面摧毁以后,日军开始用鱼雷机袭击美军军舰。日本鱼雷机从各个方向向停泊在福特岛东西两侧的美国军舰发射一枚又一枚鱼雷。没过多久,日本水平轰炸机投下炸弹轰炸了位于福特岛东侧的美军战列舰和高炮密布的依瓦机场。一时间浓烟滚滚、大火蔓延,整个珍珠港笼罩在火光和烟雾中。赶来作战的美国军舰还没来得及反击,就被炸沉。第一波进攻,对于日军来说,一切都进展得很顺利。

美国在突然遭受袭击时,一片慌乱,几乎没有任何招架能力。在被日军狂轰滥炸了6分钟之后,美军才刚刚反应过来,开始操作高射炮对敌机零星发射了几枚炮弹,但击落的战机非常少。珍珠港内的军舰在遭受打击的几分钟内,没人知道究竟发生了什么。排在舰队末尾的"内华达"号刚刚升起旗舰,国旗就被火力打烂了。升旗手心惊胆战地又升起了几面美国国旗,每面国旗都被迅速打烂了。战列舰"亚利桑那"号被鱼雷命中时,美国人还没有弄清发生在自己身上的灾难。在战列舰"马里兰"号上,升旗手在不慌不忙地升旗,一名水兵亲眼看到有一群飞机正扑向附近的机场,他丝毫也不感到紧张,以为天上飞的全是自己的飞机。还没等他反应过来,炸弹便从天而降,夺去了他的生命。

当美军太平洋舰队终于明白自己遭遇了偷袭以后,立即向海军部发送了一份紧急电报:"珍珠港遭到空袭,这不是演习。"当时,美军的"俄克拉荷马"号和"西弗吉尼亚"号由于受到轰炸,舰体已经裂开。

"亚利桑那"号连同1000名美国水兵全部沉入海底。美军的高射炮并没有控制住日军，空军仓促上阵，与日军展开了血战，由于寡不敌众，纷纷被日本的战斗机击毁，有的被本国的高射炮击落。美国的俯冲战斗机和"空中堡垒"式飞机，刚刚飞到珍珠港基地的上空，就受到了日本飞机的疯狂攻击。有名美国飞行员惊慌失色地大喊："不要开炮！不要开炮！这是美国飞机！"话音刚落，他便失去了音讯。在长达两个小时的时间里，日军牢牢地控制住了珍珠港的海域和上空，对美军军事基地进行了一系列的轰炸和扫射。圆满完成任务以后，第一波日军全部返航。

日军第二波攻击的队伍由岛崎率领，共出动了168架飞机。飞机从瓦胡岛东部进入珍珠港，俯冲轰炸机负责攻击美国舰船，水平轰炸机负责袭击美国机场，战斗机负责掩护。袖珍潜艇负责发射鱼雷击沉美国军舰。美国国务卿赫尔通过日本外交部递交的最后通牒得知了日军的军事行动以后，气愤不已地说："在我50年的职业生涯中，从来没有看到过这样一份充满卑鄙谎言和歪曲的文件。"日本使者自知理亏，无言以对，尴尬地退了出去。房门关上以后，赫尔忍不住破口大骂："无赖，该死！"

上午10点，日本的第二波飞机全部返航，渊田美智雄非常得意，对于这次空袭行动的效果十分满意，试图再发动一次袭击，将珍珠港内的修船厂、油库全部炸毁，还建议利用搜索机搜寻美国的航空母舰。南云机动部队认为这次军事行动已经耗光了舰船的油料，如果再发动袭击，舰船就不能顺利回到日本了。就这样，日本结束了空袭行动，悄无声息地溜走了。美国人还处在震惊之中，战争已经结束了。

珍珠港一战，历时短短1个多小时，美军有40艘舰船被击毁，265架飞机被摧毁，2403人当场阵亡，受伤人数多达1778人。日军只损失了29架飞机和6艘袖珍潜艇，仅有55名飞行员阵亡。毫无疑问山本五十六赢得了这场赌博，他以出其不意的冒险方式给美军带来了沉重的打击,几乎摧毁了珍珠港内美军大部分军事设施和重型武器,杀死了2000多名士兵,这一战使他扬名世界,也使他成为世界海战史上最残忍、最狡猾的枭雄之一。

血战太平洋

　　珍珠港事件的爆发打破了美国保持中立的幻梦,孤立主义几乎在一夜之间退出了历史舞台。美国人开始明白在法西斯横扫世界的背景下,呼吁和平是不现实的。美国士兵的鲜血让主张反战的美国人瞬间清醒了,他们忽然意识到,美国离战场并不遥远,法西斯的目标是称霸世界,在欧亚各国遭受毁灭性打击的情况下,美国不可能幸免于难,若再不出手反击,就会陷于被动。

　　罗斯福总统听到珍珠港遇袭的噩耗后,立即前往国会,尽管行动不便,但为了鼓舞国人,他坚决拒绝坐轮椅。在长子的搀扶下,他步履蹒跚地走进了大厅,情绪激动地向参议院、众议院发表了一段6分钟的演讲。会上,他直截了当地说:"昨天,1941年12月7日,美国遭到了蓄意的猛烈攻击,这个日子将永远是我们的国耻日!——美利坚合众国受到了日本帝国海空部队的蓄意进攻……"罗斯福竭力想要说明,这次空袭活动绝不是偶然事件,而是日本法西斯蓄谋已久并精心策划的结果,美日两国已无谈判的可能,因为两国已经进入了战争状态。参、议两院被说动了,同意了总统对外宣战的请求。当天下午,美国宣布对日宣战。

　　英国首相丘吉尔听到美国参战的消息,激动地流下了眼泪。曾几何时,为了把美国拖进反法西斯阵营,他绞尽了脑汁,真没想到最后是日本人的莽撞行动帮了他的大忙。弄清了事情的来龙去脉以后,丘吉尔高兴地说："好了！我们总算赢了。"在他看来，只要美国参战，盟国便胜券在握了。

希特勒得知日本偷袭珍珠港基地的消息以后大为恼火，认为日本人的愚蠢举动毁了轴心国征服世界的战略布局。依照计划，德国一步步征服欧洲，然后一举摧垮苏联，最后击败英国，步步为营地消灭所有反法西斯的力量。但大前提是：美国始终保持中立，不介入第二次世界大战。为了稳住美国，希特勒曾亲口下令不准德国潜艇攻击大西洋上的美国船队。珍珠港事件的爆发打乱了希特勒精心布下的一盘棋，他怎能不恼火呢？

美国参战是第二次世界大战的重要转折点。自对法西斯宣战以后，美国军队在太平洋战场、北非地区、欧洲战场密切配合盟军的行动，为反法西斯联盟最终取得胜利起到了决定性作用。在太平洋战场上，美军有效牵制了日军陆海空的兵力，与日军展开了一次又一次的殊死较量。凭借着先进的设备和强大的作战能力，美军一步步掌握了战争的主动权，成功将战火烧到了日本的本土上。

偷袭完珍珠港以后，日本派出40万大军兵分数路横扫中国香港、印度尼西亚、马来西亚和缅甸，又陆续占领了位于太平洋中部的数个岛屿，随后对美国控制的菲律宾群岛发起了猛烈袭击。美国著名将领道格拉斯·麦克阿瑟率领2万美军和10万菲律宾军队对蓄谋登陆的日军展开了阻击行动。双方在巴丹半岛上激战了4个月。由于当时美国高层决定把人力和物力优先投放到大西洋——欧洲战场上，在菲律宾作战的军队既得不到援军，也得不到军需物资上的补给，被迫以蛇、蜥蜴为食，还要在酷热的热带丛林里与装备精良、兵力雄厚的日军作战，都不同程度上患上了疟疾、坏血病等各类疾病。

由于疾病、饥饿、缺乏支援等多种原因，美菲联军在陷入绝望的情况下被迫向日军投降，近8万人成为了俘虏。日军对战俘进行了惨无人道的虐待，强迫战俘在高温天气下不间歇地徒步行军，数千人因为体力不支倒下了，沿途被刺死和枪杀的士兵不计其数，据不完全统计，大概有近4万人在被押解到战俘营的过程中失去了生命。巴丹行军因此被称为"死亡行军"。

日军为了防范美军袭击日本本土，决定进攻中途岛，摧毁美军在太平洋上的海上力量。中途岛在珍珠港附近，地处北美、亚洲之间的太平洋航线的中枢位置，是美军在夏威夷的重要门户。中途岛一旦沦陷，珍珠港的安全岌岌可危，美国太平洋舰队的影响力将不复存在。

1942年4月18日，美国B-25型轰炸机飞离"大黄蜂"号航空母舰，直扑日本东京，进行了一系列空袭和轰炸行动。日本朝野无比震惊，山本五十六为此事再三向天皇请罪，并坚定了进攻中途岛摧毁美军航空母舰的决心。同日，美日两国的航空母舰舰队在新几内亚南面的海域上展开了激烈的海战，史称"珊瑚海之战"。战斗结束后，美军的一艘航空母舰被击沉，一艘受到了破坏。日军一艘小型航空母舰被击沉，大型航空母舰受到重创，两艘航母上的舰载机全部损毁，许多出色的飞行员在战斗中死亡。

"珊瑚海之战"的失利大大刺激了日本，山本五十六决定一定要拿下中途岛，然后在岛上建一个飞机场，部署足够的火力，专门用来打击美军基地的军舰船只。山本五十六制订了巧妙的作战计划，他打算派出日本海军进攻美国控制的阿留申群岛，以此分散美国的注意力，利用声东击西法扰乱美军的判断力，完成夺取中途岛的计划。

与偷袭珍珠港一样，日本袭击中途岛时，把军事行动的保密活动看得极为重要。临危受命的美国海军上将尼米兹意识到了情报的重要性，在破译日军电报密码的工作中做出了巨大的努力。由于行动仓促，日军来不及更换新密码，仍在使用老密码。日本的情报专家认为自己设置的密码无懈可击，根本就不能被破译。

经过分析，美军破译小组发现日本发过的太平洋的电报中，不止一次地出现过"AF"两个字母，"AF"显然是指一次重大的秘密军事行动。日本水上飞机袭击珍珠港时日方的电报就曾经出现过"AF"，电文上说日机奉命飞往"AF"附近的珊瑚岛上加油。经过推断，破译小组认定"AF"指的就是中途岛。就这样美军不仅获悉了日本企图进攻中途岛的计划，还掌握了对方具体的行动步骤和战略部署。虽然日军飞往中途岛执行命令时，电报密码已经更换了，但关键情报信息已经被美军全部掌握。

当日本海军按照原计划进攻阿留申群岛时，美军并没有上当，舰队全力守卫中途岛。为了达到占领中途岛的目的，日本海军投入了大半兵力，与美军守军展开了浴血搏斗。日本进攻编队刚刚出现在中途岛，就被美国的侦察机发现了。日本的航母和飞机暴露在美军的视线之下，而对于美军舰队的动向日本却一无所知。日军沉浸在攻击中途岛的快意中，根本就没想到自己已经成为了对方的猎物。

第一波进攻结束后，日军轰炸了岛上的油库和机场，击落了15架美国战机，南云上校似乎察觉到了异样，发布命令对中途岛发起第二波进攻时，一连犯了好几个错误。在这次军事行动中，他心烦意乱、犹豫不决，使得日军的行动陷入一片混乱。在激烈的交战中，由于美军早有防备，并将计就计制订了反扑日军的计划，日军连连失利。日方有4艘重型航母和1艘巡洋舰被击毁，战机被击落253架，3500名士兵葬身海底。

南云彻底失去了继续作战的信心，山本五十六却不服输，决定跟美军拼死一战。美军没有理会日军亡命徒式的作战方式，在重创敌军之后巧妙地躲开了对方的进攻。山本五十六见大势已去，不得不下令撤退，日本的两艘军舰在逃跑途中被美军击沉。中途岛海战胜利以后，美军进入战略反攻阶段，日本丧失了在太平洋战场上的战略主动权，整个战局开始向有利于盟军的方向扭转。

残酷的硫磺岛争夺战

在华盛顿广场上，至今屹立着一座巨大的英雄雕像，反映的是 5 位英勇的海军陆战队队员奋力将美国国旗插上山顶的感人故事，它的灵感来自一张拍摄于二战时期的真实照片，表现的是美日血战硫磺岛的场景。

硫磺岛位于日本首都东京和马里亚纳联邦首府塞班岛之间，战略地位十分重要。虽然这个小岛只有区区 20 平方公里，人烟稀少，大部分地区均被火山灰覆盖，终年雾气弥漫，空气里散发着难闻的硫磺味，但却是兵家眼里的必争之地。

1944 年 7 月，美军占领了马里亚纳群岛，修建了航空基地，从基地出动轰炸机袭击日本本土。由于马里亚纳航空基地与日本本土相隔近 1500 海里，长距离空袭对于美军作战不利，所以美军迫切需要兴建新的军事基地，对日本本土实施空袭打击。硫磺岛位于马里亚纳群岛和东京之间，距东京仅为 650 海里，如果美军轰炸机能从硫磺岛出发，轰炸东京及日本的其他地区就会变得易如反掌。

驻守在硫磺岛上的日军，利用岛上独特的天然洞穴和松软的土质修建了坚固的防御工事，守军战斗经验丰富，兵力充足，想要攻下这个小岛并不容易。自从日本失去马里亚纳群岛以后，计划将输送到那里的人员、物资全部都运送到了硫磺岛，使得该岛兵力猛增，重型设备数量越来越多。

在陆军指挥官栗林忠道的布局下，整个小岛变成了一个固若金汤的军事要塞，日军将山体、机场、地下坑道、混凝土工事以及天然洞穴有机结合起来，大大提高了基地的作战能力和防御能力。核心阵地折钵山几乎被全部掏空了，日军修筑的坑道足有9层之多。栗林忠道在美军可能抢滩登陆的海滩事先埋下了大量的地雷，并隐蔽地架起了机枪、大炮，布置好了密集的火力网。力图最大限度地打击美军。在战略战术方面，栗林忠道和那些死忠但却有勇无谋的军事将领不同，他严令禁止士兵进行自杀冲锋，要求每一位沙场上的士兵在阵亡前至少要消灭10个美军。他还采用诱伏的战术，把战争上升到了谋略的高度。

尼米兹深知攻下硫磺岛，美军必将付出惨重的代价，但是为了更快地打击日本本土，加速反法西斯战争结束的步伐，硫磺岛他志在必得。从8月开始，在长达半年的时间里，只要天气不阻碍飞机飞行，美国都会大批量地派出轰炸机大规模轰炸硫磺岛，还会派出战列舰对岛上的军事目标实施打击。截至1945年2月，美国向硫磺岛投下的炸弹已经达到了6800吨，发射的舰炮炮弹多达2.2万枚。可以毫不夸张地说，美军一直在对硫磺岛实施地毯式的轰炸，几乎把小岛从头到尾炸了若干遍。

面对美军的狂轰滥炸，躲藏在地下10米深的防御工事中的日军，一点儿也不害怕，炸弹并不能伤他们分毫，对他们而言，只要把地下工事修筑得更牢固，地面上的东西就算被炸成废墟也不要紧。美国意识到空袭的成效是有限的，只好派遣地面部队登陆硫磺岛。1945年2月19日6时40分，美军大举向硫磺岛进发。奇怪的是，岛上的日军守军并没有进行顽强阻抗，任由美军大摇大摆地登陆。人们或许会以为，经历了半年的躲藏和被轰炸，日军士气低迷，无心恋战。事实却并非如此，一切都是栗林忠道布下的圈套。他对日军下令，美军刚刚登岛时，不要还击，以防保留自己的阵地。等到美军走到没有任何遮挡的海滩上，再大规模地冲上去，痛击他们。

美军登陆部队并不知道日本人打的是什么算盘，还误以为自己的登陆行动进展得很顺利。等到他们毫无戒心地登上海滩时，无数发炮弹呼啸着从天而降，密集的子弹从四面八方连贯地射出，美军被打得血肉横飞，海滩上细细的黑沙被血水染成了刺目的殷红色。战斗进行到9点30分，美军的登陆部队在坦克的掩护下继续前进。坦克在别的战场上也许能发挥重大作用，但在硫磺岛却不能，由于岛上覆盖着厚厚的火山灰，大部分坦克没行进多久就陷入了火山灰里，立即变成了一堆毫无用处的废铁，只有少数几辆坦克能勉强前进，不过速度相当缓慢，很快就被日军的火力摧毁了。

万般无奈的情况下，美军只好抛弃坦克，依靠士兵身背炸药包，手持火焰喷射器，一步步地艰难向前推进，每前进一步都要接受残酷的伤亡考验。3个小时以后，美军的先锋部队才往前推进了450米的距离，激战到下午2点，美军终于攻下了一号机场。美军的另外一支部队就没那么顺利了，他们被日军布设在悬崖上的永备发射点袭击，伤亡极其惨重。为了清除日军的永备发射点，美军想出了一种绝妙的方法：先用登陆艇向打击目标发射曳光弹，巡洋舰再依据曳光弹的位置进行射击。这种作战方法非常有效，到了日暮时分，敌人的火力点已经被全部摧毁。

残阳如血，缓缓坠落，美军在付出566人阵亡、1858名士兵负伤的惨重代价之后，3万大军终于成功上岸。夜幕降临以后，美军担心日军借助夜色的掩护突然发动大规模袭击，便不断地向岛上发射照明弹，把原本黑漆漆的硫磺岛照射得如同白昼一般。让人大感意外的是，美军只是遇到了小股日军的骚扰，整个晚上两军几乎相安无事。这是因为栗林忠道自知日军落于下风，不愿在毫无胜算的情况下拼死冲锋。

第二天的战斗依旧打得非常辛苦，美军动用了坦克、手榴弹、机关枪、火焰喷射器等武器，甚至把推土机都派上了战场，费了九牛二虎之力，才把队伍推进了180米，而伤亡率却一直居高不下。截至2月22日，战死在硫磺岛上的美国士兵已经达到了1204人，负伤人数超过了

4100人。消息传到美国本土以后，举国哗然，激进的新闻界人士甚至强烈呼吁："让陆战队喘口气，给日本人放毒气。"毒气的杀伤力当然优于火焰喷射器，美日两国均未签署严禁在战场上使用毒气的《日内瓦公约》，在这种情况下，美军是可以考虑使用毒气的，但是尼米兹认为大规模地使用像毒气这样的杀伤性武器是违背人道主义精神的，所以宁肯让美军继续浴血奋战，也不愿效法法西斯随意滥用致命性武器。

2月23日，美军的攻击巡逻队在哈罗得·希勒中尉带领下经过浴血奋战，终于攻入了日军的阵地，登上了折钵山山顶，并在山顶插上了一面美国国旗。4个小时后，士兵又竖起了一面更大的星条旗。美联社的记者把士兵插旗的一幕用照片记录了下来，后来人们根据照片的场景在华盛顿广场建造了一座巨大的雕像。山下的陆战军队和军舰上的海军看到高高飘扬的国旗，士气大增。

在接下来的时间里，美军依然损失惨重，但他们丝毫没有退却，选择了与日军死战到底，终于在3月26日那天，打败了岛上最后一股日军的力量，夺得了硫磺岛战役的胜利。栗林忠道兵败之后，羞愧地切腹自杀。这次战役美军的伤亡超过了日军，是美军对外战争中赢得最险也是经历最残酷的战役。日军又一次失败了，说明法西斯势力正一步步走向穷途末路，无论付出多么沉重的代价，反法西斯战争都必将获得最后的胜利。

铁雨之战：登陆冲绳岛

美国占领硫磺岛以后，又派出舰队驶入冲绳海域，计划把冲绳当成进攻日本本土的理想跳板。冲绳与日本九州相距只有区区500海里，美军一旦攻下冲绳，日本本土的安全就将受到严重的威胁。日本当然知道冲绳岛对于自己意味着什么，所以对该岛的防御极为重视，曾经花费了大量精力加强岛上的防御工事和兵力防守。

由于双方都非常重视冲绳岛，冲绳的争夺战注定无比激烈。为了成功登陆冲绳，美军聚集了19艘航空母舰和大量的战列舰、巡洋舰及补给船，英军也派出了一支航母编队，盟军出动的人数多达18万。1941年4月1日，美国启动代号为"冰山行动"的军事行动，实施登陆冲绳岛的计划。在舰炮的掩护下，6万美军成功登岛。这次登陆行动出奇地顺利，美军几乎没有遇到阻抗，就完成登陆活动了。

其实，日军不抵抗是因为改变了战斗策略，为了避开美军舰炮的火力，日军不想跟美军在海滩上纠缠不休，他们有意放美军登上冲绳，然后利用岛上坚固的防御工事，与美军打持久的阵地战，以此来消耗和拖垮美军的有生力量。日本将军牛岛满总结了硫磺岛之战的经验教训，认为两军在海滩上拼死搏杀，虽然能给敌方以重创，但自己的伤亡也很大，与其两败俱伤，还不如将主力部署在洞穴和掩体内，以微小的代价守住冲绳岛。

牛岛满麾下共有7.5万训练有素的日军，为了快速补充兵力，他强迫2.5万没有经受过任何军事训练的冲绳百姓参军入伍，充当炮灰。经过一番布局以后牛岛满将日军的主力部署在南方战场，只派了一小股兵力赶赴北部与美军周旋。日军最重要的军事堡垒是一座兴建于13世纪的古城——首里城，首里城城墙坚固如铜墙铁壁，据说可以抵挡美国战列舰的炮击。

美军登陆以后，迅速占领了位于小岛中央的大平原，北部战场进行得很顺利，有两个师的兵力成功抵达了牛岛满在南部战场建立的处于隐蔽状态的主战线。但是事态却不容乐观。美军的海军受到了日本狂暴的轰炸，日军的上百架战斗机以自杀袭击的方式不管不顾地冲向美军的舰队，美军的军舰被炸沉炸毁，航母受损严重，损失极为惨重。

美军的陆战部队在与日军作战的过程中也吃尽了苦头。美军的炮火在日军面前基本没有用武之地。狡猾的日军大多躲藏在掩体和暗堡中，不仅可以保护自己，还能出其不意地射杀美军。美军步履维艰，行动处处受阻。交战过程中，忽然天降大雨，地上一片泥泞，到处都是水洼泥潭，美军的坦克根本不能正常前行，日军毫不费力地击毁或俘获了美军的坦克装备。

美军的损失越来越大，日军似乎在运筹帷幄地掌控着整个战场的局面。尼米兹对登陆部队的表现极为失望，差点儿解除指挥官西蒙·巴克纳的职务。牛岛满看到美军受挫，忍不住得意起来，他认为美军已经丧失了夺岛的信心，便决定不再全力防守，开始策划着组织军队进行全线反击。

日军在条件不成熟的情况下抛弃了防御工事，走出掩体和暗堡，盲目地进行反击，使得军人脆弱的血肉之躯暴露于美军的密集火力之下。美军充分利用这次机会，大规模地消灭日军。在反击战中，足有7000多名日本士兵战死沙场。败军之将牛岛满失去了往日的狂妄，不得不带着残部狼狈退守到西南阵地。他们躲在泥泞的战壕里继续坚持战斗，直到6月18日才最终放弃抵抗。

冲绳岛之战打得非常惨烈，日本人将这场战役称为"铁雨"，由此可以想象战场上的火力有多么密集。在枪林弹雨中，无数的战士埋骨沙场，连美军指挥官巴克纳将军也未能幸免，他因为被榴弹击中，当场死亡。牛岛满因为没有守住阵地，切腹自杀。日军战死和被俘的人数超过10万，美军的伤亡人数超过了8万。据官方统计，冲绳岛上的平民共有4.2万人丧生，事实上平民的死亡人数已经超过了10万，除了部分被强征入伍死在战场上的人之外，多数人是被残暴的日军屠杀致死的，还有的是在日军的逼迫下自杀而死的。无辜的平民再次沦为了战争的殉葬品。

由于日军奉行武士道精神，即使败局已定，依然负隅顽抗，不肯投降，被逼到穷途末路以后更加残忍和疯狂，给美军造成了巨大的损失。美军高层经过推算，估计要想彻底打败日本，美军至少要伤亡百万，当场阵亡的人数将达到 30 万。这样的代价是美军承受不起的，那么怎样才能在减少美军伤亡的情况下快速结束第二次世界大战呢？美国的高层思来想去，决定如果日本坚持不投降，就向日本本土投放两枚刚刚制造出来的原子弹，用新型的杀伤武器逼迫日本投降。

当时，人类尚未使用过原子弹，并不知晓原子弹的真实威力，但是对它的杀伤力有一定的预估。时任总统的杜鲁门在使用核武器的问题上十分谨慎，他以原子弹相威胁，逼迫日本投降，希望战事出现转机。可惜日本听到劝降的广播之后，不为所动，对杜鲁门的警告置之不理。美国被逼得没有选择了，便于 1945 年 8 月 6 日，向日本广岛投下了一枚名为"小男孩"的原子弹，广岛瞬间被炸成平地，超过 7.5 万人当场殒命，伤亡人数超过了 20 万。3 日之后，美军的轰炸机载着代号为"胖子"的原子弹来到了日本的长崎市，然后将"胖子"投掷了下去，市内近 2/3 的建筑物被完全摧毁，伤亡人数达到了 8.6 万人。日本天皇迫于压力，于 8 月 15 日宣布无条件投降，第二次世界大战终于结束了。

第十一章
美苏争霸——两极格局的形成与对抗

第二次世界大战是人类历史上的一场浩劫，它摧垮了繁荣一时的欧洲，使得很多欧洲国家的经济濒临崩溃，无数繁华的大都市变成了冰冷的废墟。美国却在这片废墟中崛起了，由于参战时间比较晚，战争不在本土，美国受到的破坏最小，因此一跃成为遥遥领先的强国。苏联虽然同样因为战争损失惨重，但军工业受战争的刺激得到了迅速的发展，一跃成为了可与美国抗衡的大国。两大强国在同盟关系瓦解之后，陷入了长久的冷战和对峙。

为了遏制苏联的扩张和发展，美国实施了振兴欧洲的"马歇尔计划"，加强了同盟国的联系，并采取了一系列措施阻止苏联势力的蔓延。由于担心东南亚国家倒向以苏联为首的社会主义阵营，美国发动了朝鲜战争和越南战争，在局部地区与苏联展开了对抗。但是两大核武器拥有国都不想引发万劫不复的第三次世界大战，在战场上表现得都格外克制。即便到了危急时刻，发生了古巴导弹危机，也因为彼此懂得妥协和退让，消除了由冷战演变成大规模热战的可能。

雅尔塔体系与两极格局

第二次世界大战结束以后，欧洲各国满目疮痍，多个城市沦为了废墟，到处都是断壁残垣和一堆瓦砾，社会经济和工农业生产也遭到了巨大的破坏，国力进一步衰落。美国因为参战比较晚，战场又不在美国本土，受到的损失比较小，在作战期间，美国通过军火生意又发了一笔横财，国力日渐强盛了起来，一跃成为了军事和经济强国。苏联在第二次世界大战中虽然蒙受了巨大损失，但军工业和军事力量却借助战事发展起来，再加上从美国获得了100多亿美元的借款，拥有了重振经济的资本。

二战之后，美苏之间的同盟关系也宣告结束了，两国又恢复了竞争关系，但作为战胜国，两国还需要相互配合着完成一个共同的任务——瓜分胜利果实。正如一战一样，二战之后重建国际秩序成为了战胜国讨论的焦点，涉及的内容无非是规定战败国如何割地赔款，战胜国如果划分势力范围等。美苏之间没有经过吵吵嚷嚷的讨价还价，便干脆利落地重新划分了世界格局，它们所依据的是之前签订的《雅尔塔协定》。

《雅尔塔协定》是二战接近尾声时，美、苏、英三国签署的，它直接决定了战后的世界秩序，奠定了美苏两国瓜分天下的格局。1945年2月，罗斯福、斯大林、丘吉尔在苏联克里米亚半岛的雅尔塔聚首，关于战后安排达成了协定，史称"雅尔塔协定"。雅尔塔协定的内容主要包括战后如何处置德国，如何划分波兰的边界，成立联合国以及苏联对日作战等。

首次会议是在利瓦吉亚宫举行的，斯大林要求罗斯福主持会议。当时的罗斯福第4次被选为总统，他不仅深受美国人爱戴，在国际上也享有良好的口碑和声誉，事业如日中天，但他的健康状况却每况愈下，非常令人担忧。

会上三国首脑协商战后如何占领和管理德国，以便在德国境内彻底摧毁军国主义和纳粹制度，防止极端思想和法西斯主义死灰复燃。经过磋商，最后决定德国由美国、苏联、英国、法国四国占领和分管。起初，斯大林不愿让法国参与进来，只想让美、苏、英三国瓜分德国，但丘吉尔坚持要给法国分一杯羹，其目的在于利用法国牵制和平衡苏联在欧洲的势力。两国元首无法达成共识，丘吉尔说："我不知道美国能同我们一起占领德国多久？"罗斯福很快表态说："两年。"

斯大林听到这个答案很震惊，误以为自己听错了，要求罗斯福再重复一遍。罗斯福说美国不能长期在欧洲驻军，在德国驻军至多两年。斯大林感到很高兴，心想如果苏联最大的竞争对手美国无意染指欧洲，那么苏联就没有后顾之忧了，于是爽快地答应了丘吉尔的请求，允许法国参与战后对德国的占领。

谈到波兰问题，斯大林态度比较强硬，他斩钉截铁地说波兰边界问题没有谈判空间，在历史上，敌国入侵俄国，都会把波兰当成现成的走廊，波兰关乎苏联国家安全。基于以上因素考虑，苏联会从波兰东部占据部分领土，作为补偿，波兰的领土可以向西扩张，德国部分领土将划分给波兰。这就意味着数以百万计的德国人要离开自己的家园，背井离乡迁居到其他地区生活。

丘吉尔同意了斯大林的提议，他还特意用三根火柴对边界的划分做了形象的解释，三根火柴分别代表苏联、波兰、德国，按照斯大林的意思，它们应该全部向西移动。最后确定波兰领土的边界位于寇松线和奥德河之间。丘吉尔觉得这种分割很合理，用平静的语调宣称波兰人"不能指望比这更好的方案了"。

三巨头在会上还商讨了创建联合国的问题，罗斯福和丘吉尔同意让苏联的乌克兰和白俄罗斯加盟共和国作为联合国创始会员国，美、英、法、苏、中为五大常任理事国，国际事务必须遵循常任理事国一致同意的原则。

斯大林承诺，苏联在结束欧洲战争后，将在2~3个月内出兵对日作战，但是苏联出兵是有条件的。斯大林说："我希望讨论俄国对日参战的政治条件。"罗斯福为了拉拢苏联联合抗日，提出了一系列让苏联心花怒放的条件，比如将萨哈林岛南半部和千岛群岛交给苏联，帮助苏联在远东寻找不冻港，将中国的大连港国际化，允许苏联人租用旅顺港等。苏联还提出了承认外蒙古独立以及由中苏合办的公司共同经营满洲里铁路的建议，罗斯福觉得这并没有什么不妥，至少没有损害美国利益，便很爽快地答应了。关于美、苏之间的秘密协定，中国一无所知，作为战胜国，中国不但没有分享到胜利果实，主权和利益反而受到了损害。这是非常不公正的。

雅尔塔协定暂时缓和了美苏之间的矛盾，使得两个大国站在了反法西斯同盟的统一战线上，但双方之间仍然缺少信任，各国均以自己的最高利益为基准，其间不惜牺牲别国的利益作为妥协条件，互相之间既合作又防范，遗留下了很多历史问题。在大国的安排下，部分国家的领土被分割，国土被分区占领和分区统治，同一国家意识形态上出现对立，这种做法直接造成了民族和国家的分裂。德国后来分裂成东德与西德，分别被划分到社会主义阵营和资本主义阵营，朝鲜被分为南朝鲜和北朝鲜，均与雅尔塔协定塑造的国际格局有着密不可分的关系。

在雅尔塔体系下，美苏成了最大的赢家。所有人都认为美国得到了想要的一切，所获得的利益甚至超出了预期，丘吉尔也认为，雅尔塔协定符合英国基本利益。盟国认为西方在谈判中获得了胜利，一位观察家甚至这样写道："西方至少在纸上取得了重大的胜利，其中罗斯福轻而易举地取得了最大的胜利。"斯大林通过谈判，促使苏联有了和美国平分天下、平起平坐的机会，自然也十分得意。第二次世界大战结束以后，美苏两国按照协定都获得了最大的实惠，但是在共同的敌人法西斯被消灭以后，两国都急于进一步扩张自己的势力，彼此之间的摩擦和冲突不断，最终不可避免地走向了对立。

冷战中的对峙

　　罗斯福在参加完雅尔塔会议两个月之后，便因病去世了。由于在意识形态方面和苏联存在巨大分歧，生前他对苏联充满了不信任，既希望苏联作为重要的抗日力量，又不想看到苏联打进日本本土，扩大在远东的影响，所以一直比较纠结。继任总统杜鲁门对苏联更是没有什么好感，一方面是因为除了苏联以外，没有哪个国家能挑战美国这一世界头号资本主义强国，另一方面是因为苏联代表的是社会主义，其力量不断发展壮大，势必给资本主义世界带来严峻的挑战。

　　杜鲁门具有反苏情结，英国前任首相丘吉尔也是如此。1946年3月，丘吉尔应邀来到美国密苏里州富尔敦城，前往美国总统杜鲁门的母校威斯敏斯特学院发表演讲。在演讲过程中，他不断抨击苏联，谴责苏联的扩张行动，他说："从波罗的海边的什切青到亚得里亚海边的的里雅斯特，已经拉下了横贯欧洲大陆的铁幕。"指出铁幕后面有无数中欧和东欧国家，已处在苏联的控制之下，呼吁英美两国建立特殊的同盟关系，帮助西方国家团结起来，共同遏制苏联势力。

　　丘吉尔发表的讲话被称为"铁幕演说"，这段长达40分钟的演说直接拉开了冷战的序幕。苏联方面立即做出了回应，大骂丘吉尔"采取了战争贩子的立场"。美国的国会也出现了激烈的讨论，有人力挺丘吉尔，有人则认为丘吉尔是想让美苏陷入战争，使英国渔翁得利。杜鲁门的立场其实和丘吉尔是一致的。他们反苏不是因为一时心血来潮，而是因为受到当时国际形势的影响以及基于国家利益的需要。经过战争的摧残后，大英帝国沦为了二流强国，丧失了最强话语权，美国因此取而代之，成为了资本主义世界的主宰，美国人想要领导西方世界，必须要做出表率，向以苏联为首的社会主义国家施压。英美两国都不希望苏联势力继续膨胀，基于共同的利益诉求，杜鲁门选择和丘吉尔站在了一起。

冷战序幕揭开以后，美苏之间的矛盾越来越深，英国在两国博弈的过程中又起了催化剂的角色，使得两大强国的摩擦不断升温。1947年2月21日，英国声称由于经济困难，没钱援助希腊和土耳其政府镇压国内革命，希望美国给予这两个国家以必要的援助，以免它们走上极权道路。3月12日，杜鲁门发表了国情咨文，声称美国必须要担起"自由世界"守护神的角色，一定要守住希腊，希腊若是失守，就会引发"多米诺骨牌效应"，土耳其、中东以及整个西方民主制度国家都将受到威胁。

在讲话中，他再次表达了对苏联的敌视，声称当今世界已经被划分成"极权政体"和"自由国家"两大敌对阵营。言下之意，美苏领导的"资本主义阵营"和"社会主义阵营"已经发展成了水火不相容的关系。镇压革命可以防止一个国家走向"极权"和共产主义，是遏制苏联的有效手段。国会在杜鲁门的建议下，很快批准了援助希腊和土耳其的法案，在3年时间里，美国累计支出6.59亿美元。希腊革命在美国的干预下被扑灭了。

杜鲁门推行的这些外交政策被称为"杜鲁门主义"，它标志着美苏关系的破裂以及冷战的开始。杜鲁门主义和当时推行的马歇尔计划共同支配着美国的外交政策，使美国在与苏联抗衡的同时，逐步奠定了世界霸主的地位。

马歇尔计划又叫欧洲复兴计划，由美国国务卿乔治·马歇尔提出。

第十一章·美苏争霸——两极格局的形成与对抗

1947年6月5日,乔治·马歇尔在哈佛大学的开学典礼上发表了振兴欧洲经济的演说,强调现在的欧洲已经成为千疮百孔的废墟,经济上一蹶不振,如果任由欧洲没落下去,美国和整个世界都会受到灾难性的影响。马歇尔的演说在美国和欧洲引起了强烈的反响。西欧国家纷纷响应马歇尔计划,盼望着借助美国的力量重新恢复昔日的强盛与繁荣。

最初,马歇尔提出美国可以给予苏联及一些东欧国家同等的经济援助,但前提条件是,苏联必须遵照美国的意愿在政治和经济方面做出变革,并允许西方将势力范围扩展到苏联控制的区域。苏联当然不可能接受这样的条件,因此它和东欧各国都退出了马歇尔计划。马歇尔认为援助欧洲将使欧美国家共同受益,一个富强繁荣的欧洲比一个衰败的欧洲对美国来说更有益,如果欧洲恢复了元气,就能有效抑制苏联势力在欧洲国家的扩张和渗透。苏联早就看穿了美国的意图,指出马歇尔计划不过是美国实行对外扩张的工具而已。

复兴欧洲计划受到了广大西欧国家的欢迎,马歇尔很是欣慰,他唯一担心的是美国国会是否愿意拨付一大笔钱支援欧洲。有一天,他听说国会拨款委员会不久将举行一次听证会,商讨他提出的欧洲重建计划,心里十分紧张。为了说服国会拨款委员支持这一计划,他手下的两位专家整晚都在忙着起草发言稿。他们在稿件中列举了大量的事实,说出了一堆令人信服的理由,并一再强调该计划不仅能挽救欧洲,而且对美国大有好处。

两位专家精心拟写完发言稿,把它交给了马歇尔。马歇尔匆匆阅览了一遍,半晌没有发话,良久才说:"我不打算用这个稿子了。"专家们以为自己撰写的稿子不合乎要求,感到分外沮丧。马歇尔看穿了他们的心思,马上解释说:"你们的稿子写得不错,不过听证会想知道的是我本人对这个计划的真实看法,而不是你们两位的看法。如果我依照这篇发言稿宣读,他们会明白稿子是出自你们二位之手,不能代表我本人的观点。所以我认为还是不带稿子为妙。我会事先发表声明，然后回答他们提出的问题。无论如何，我都会认真阅读这篇稿子的，然后我会依据你们拟写的内容回答各种问题……"

马歇尔的想法是对的，他成功说服了拨款委员会支持欧洲复兴计划。1948年4月，马歇尔计划正式启动，国会通过了《1948年对外援助法》，总统杜鲁门签署了这项对外拨款50亿美元的法案，截至1952年，美国对西欧各国的援助已经达到了131亿5000万美元。受援助的国家经济得到了不同程度的恢复和发展，西欧呈现出一片繁荣的景象。该计划虽然是美国借助经济手段团结西方世界抗衡苏联的一个工具，但在客观上促成了欧洲一体化的进程，在马歇尔计划实施期间，西欧各国之间的关税和贸易壁垒被打破了，各国之间的经济联系更加密切了。崛起后的欧洲并没有成为美国的附庸，但都认可了美国的领导地位，成为了对抗苏联阵营的主要力量。

惨烈无情的越南战争

朝鲜战争结束之后，美国总统艾森·豪威尔将战略目标转向了东南亚国家联盟。第二次世界大战结束以后，由于欧洲国家国力衰落，越南、老挝、柬埔寨经过民主解放斗争，推翻了殖民统治，先后取得了独立。1945年9月，胡志明在越南河内成立了临时政府，建立了越南民主共和国。吴庭艳在美国的支持下，于同年10月在西贡建立了越南共和国政府（又称"南越"）。

艾森·豪威尔不遗余力地支持越南共和国推行美式民主，试图将越南变成东南亚地区的模范国家，以此彰显美国民主制度的优越性。由胡志明创建的越南民主共和国，成功实现了大规模的土地改革，得到了广大农民的支持，引起了南越和美国的恐慌。同朝鲜半岛的局势一样，南越和北越都想消灭对方，完成统一大业，内战不可避免地爆发了。

1961年越南战争爆发，北越游击队和南越军打得如火如荼，美国担心南越垮台，经常援助南越军队。1964年7月末，负责支援南越的美国驱逐舰受到了北越的袭击，随后美军采取了报复措施，大面积轰炸了北越的海军军事基地，这一事件就是历史上有名的"北部湾事件"。北部湾事件爆发以后，美国更加仇视北越。

1965年1月，时任总统的约翰逊批准了出兵越南的军事行动。同年3月，约翰逊批准了代号为"滚雷行动"的作战计划。美国开始出动大批轰炸机对北越进行大规模的地毯式轰炸。在短短两年多的时间里，美国向越南境内共投下了86.4万吨炸弹，其吨位数大大超出了太平洋战场和朝鲜战场上投放的炸弹量，一时间生灵涂炭，越南人几乎每天都能听到炸弹的轰鸣声，无数的平民深受其害，哭喊声、尖叫声混成一片，越南沦落成了恐怖的人间地狱。

约翰逊总统声称美军轰炸的只不过是军事目标，平民没有受到任何伤害，这一谎言被富有正义感的美国记者哈里森·索尔兹伯里拆穿。索尔兹伯里亲自赶赴河内战场，详细报道了越战的真实情况，否定了美国的轰炸行动，谴责了美军给当地平民造成的深重苦难，并指责总统约翰逊是战争贩子。约翰逊总统却并没有因此感到羞愧，他继续打着正义的旗号轰炸越南，还聚集了澳大利亚、新西兰、泰国、菲律宾等国的军队组成联合国军干涉越南内政。

南越得到了美国的军事支持，但北越也并非势单力薄，中国出动了大量的人力、物力支援北越，苏联虽然没有直接跟美国对抗，但给予了北越以优厚的资金和军备武器方面的援助，大大增强了北越军队的战斗力。毫无疑问，越南内战同样以一种微妙的形式演变成了大规模的国际混战。其实滚雷行动的打击力度是十分有限的，北越的工厂大多已经地下化了，轰炸并没有给北越造成多少损失。北越军队作战灵活，经常神出鬼没，美军和北越的战争势必会成为一场消耗战和持久战。

为了防止北越的正规军支援南方游击队，美国对胡志明小道进行过数千次轰炸，但仍然没有切断这条隐秘的交通要道。在中苏船只或运输部队的掩护下，大批的北越军队通过胡志明小道，成功与南方游击队会合。胡志明小道不仅是胡志明带领的北方军队支援南方的秘密通道，还是北越军向南部运输武器装备和军需物资的交通干线，美军为了毁掉它，可谓是绞尽了脑汁，不仅动用了大量的航空兵，还使用了先进的传感器，可是依然不奏效。

面对歇斯底里式的疯狂空袭，北越军格外冷静，他们把运输卡车喷上了一层绿漆或是精心盖上了树枝作为伪装。由于运输车辆和当地的环境完美地融于一体，有效减少了损失。尼克松总统批准了4次代号为"突击队猎杀战役"的行动，北越被炸坏和炸毁的卡车数量达到了4.6万辆，为了继续向南方运送兵力和武器，北越每年都需要从中苏两国进口4500~8000辆卡车。

美军为了阻止北越军队通过"特殊通道"运输物资，竟然用飞机沿途向森林大面积地喷洒落叶剂，给当地的自然环境造成了巨大的破坏。在落叶剂的摧残下，大片的树林只剩下了光秃秃的枝丫，这样美国空军就可以毫无障碍地看清打击目标了。其实美军在毁坏森林的同时，也在蚕食自己的健康。由于落叶剂中含有有毒的致癌成分，多年以后，很多参加过越南战争的军人都患上了癌症。

胡志明带领的北越军队和南方游击队与美军展开了一系列斗智斗勇的伏击战和攻坚战，给美军带来了沉重的打击。在多个战场上，美军尸体横陈，无人掩埋，血水和着污水、泥土在阳光下泛着可怖的墨绿色。偶然经过的路人，纷纷拿着长棍拨弄一具具散发着恶臭的尸体，以期找到什么值钱的东西。在战地医院里，随处都能看到缺胳膊少腿的伤兵，护士每天处理掉的残肢多达4~5袋。

在苏联看来，美国军事介入越南战争是非常不明智的，用每年数百亿美元的军费支出和无数美国士兵的生命维持南越的局面，实在是得不偿失。显然，美国已经被不理智的政客拖进了战争的泥潭，苏联不会犯同样的错误。对于北越的援助，苏联仅限于资金、武器和专家方面的支援，并没有大规模地派遣部队。1965年，苏联给予北越1亿美元的军备援助，后来又将援助增至5亿美元。武器方面的援助包括先进的米格－21、米格－17等战斗机和防空导弹。苏联还派遣了大批军事顾问抵达越南战场，据统计，在1965~1967年短短两年时间里，苏联派出的军事专家就达到了3000人。

苏联声称如果美国不放弃对北越的轰炸，苏联就将一直给予北越必要的援助。在整个越南战争期间，苏联派去的军事专家和军人超过了1万名，但从整体来说，苏联采取的是"有限介入"的政策，苏联方面在不断加大对北越援助的同时，积极推动美越走向谈判。在苏联的积极斡旋下，美国和北越的代表在巴黎展开了谈判。北越希望美国停止轰炸，美国希望北越停止对南方的渗透，由于双方都不肯率先让步，谈判陷入了僵局。

苏联又和美国进行了数次沟通，试图用外交途径解决越南问题。美国多次暂停对北越的轰炸，为日后的外交和谈创造了良好的氛围。然而在战争接近尾声的时候，久战不胜的美军失去了耐心，行为开始失控，为了发泄心中的不满和仇恨，他们居然对手无寸铁的平民下手了，人为地制造了一起又一起悲剧。无数的村庄遭到了洗劫式的狂轰滥炸，凝固汽油弹从天而降，老百姓受到了很大惊吓，慌忙四处奔逃，到处都是一片混乱的景象。有个9岁的小女孩衣服着火了，她的背部被烧伤了。小女孩忍着剧痛，边脱衣服边跑，赤身裸体地夺路狂奔，带着哭腔喊道："烫死了，烫死了。"这一幕深深地触动了一名美联社华裔战地记者的心,他快速按下了快门,拍下了一张名为《逃离美军燃烧弹袭击的孩子们》的照片。

《纽约时报》刊载了这张照片,美国掀起了反战浪潮。全国各地都开展了反战游行活动,学生罢课示威,要求政府尽快结束战争。1970年,10多万学生涌入华盛顿举行了抗议游行活动。迫于国内外压力,尼克松不得不选择和越南谈判,1973年,美国和北越签订了《巴黎协定》,随后美军撤出了越南。1975年4月末,北越军队占领了南越的首府西贡,统一了越南,长达20年的越南战争彻底落下了帷幕。

越南战争是美国历史上最长的对外战争,在作战10多年的时间里,美军有5.6万人阵亡,负伤人数超过30万,军费耗资超过4000亿美元。这场战争给美国带来的损失和伤害是无法用数字估量的,但美国并不是最大的受害者,弱小的越南付出的代价更为惨重,无情的战火吞噬了160多万越南人的生命,在整个印度支那地区,难民的数量超过了1000万。

有个叫伦道夫·巴克的美国人在越南战场上失去了双腿,在接受采访时,他困惑而气愤地说:"(政府)要我们为了自由和理想去(越南)战斗,而战争却使我永远失去了自由,而且至今我也不知道自己为了一种什么样的理想和自由去战斗。"美国资深参议员乔治·麦戈文一针见血地指出:"印度支那战争是我国历史上最大的军事、政治、经济和道义的错误。"

越南战争不仅给越南人带来了深重的苦难,给美国人带来了精神创伤,还彻底改变了美苏争霸的格局,美国由于巨额的军费支出,出现了财政赤字,经济实力有所下降,苏联由于损失较小,处在了战略攻势地位。

末日边缘：古巴导弹危机

1961年4月17日，一群流亡到美国的古巴叛乱分子在中央情报局的支持下，企图登陆古巴西南海岸猪湾向卡斯特罗政府发动入侵袭击。古巴军民与叛军展开了72小时的激战，最终粉碎了美国策划的阴谋，这一事件史称"猪湾事件"。猪湾事件发生之后，美古关系进一步恶化，苏联趁机主动与古巴改善关系，试图把古巴变成制衡美国最重要的一颗棋子。

古巴的地理位置十分特殊，它与美国隔海相望，距离美国仅有145公里。在美苏冷战的环境中，古巴就好比伸向美洲大陆的桥头堡，苏联如能控制住古巴，就能给美国带来巨大的压力和安全威胁。由于古巴和苏联都是社会主义国家，两国很容易结成同盟关系，这对美国来说是一件非常头疼的事情。如果把拉丁美洲比作美国后院的话，那么古巴无疑就是这个后院中的一根挑动美国神经的芒刺。为了拔掉这根芒刺，美国采取了一系列行动，中央情报局对古巴领导人菲尔德·卡斯特罗秘密实施过数百次暗杀，结果均以失败告终。

美国对古巴的敌意，让古巴人分外不安。为了对抗美国，保证自身的安全，古巴毫不犹豫地投入了苏联的怀抱。这是很容易理解的，一个小小的岛国受到近在咫尺的大国的威胁，除了向另外一个大国求援，几乎没有其他的选择。更何况小国在两个大国的博弈间比较容易生存。美国、苏联、古巴各有各的打算，不过美苏两国都想控制古巴。美国希望颠覆古巴现在的政权，苏联则想通过给予古巴政治、军事、经济上的援助和支持，有力地制衡美国。

由于各种错综复杂的原因，古巴和美国越来越疏远，和苏联的关系越来越密切了。1962年7月，古巴国防部长劳尔·卡斯特罗（菲德尔·卡斯特罗的弟弟）出访苏联，引起了美国高度关注。美方认为两国可能在协商有关军事合作方面的事宜。出于谨慎起见，美国密切关注着古巴的一举一动。不久美国的侦察机拍下了古巴安装苏联防空导弹的画面，照片中还能清晰地看到运送导弹的苏联船只。时任总统的肯尼迪立即发表声明抗议苏联援助古巴的军事行动，要求其立即将部署在古巴境内的导弹发射设施全部拆除，否则美国就会毫不犹豫地予以摧毁。

面对肯尼迪强硬的态度，赫鲁晓夫很快做出了答复，声称运送到古巴的导弹仅仅是属于防御性质的，它的作用在于捍卫古巴的革命成果，不是为了威慑或打击任何国家。肯尼迪不肯听信苏联的一面之词，继续不依不饶地说从古巴发射的导弹足以对美国的各大城市造成毁灭性的打击。肯尼迪的言论并非危言耸听，美国人曾经使用两枚原子弹摧毁过日本的广岛和长崎两座城市，当然知道核武器的威力，在古巴部署核导弹，就好比在美国门口埋下了一颗巨大的地雷，导弹一天不清除，美国的安全隐患就不能解除。

1962年10月16日，肯尼迪和国家安全委员会执行委员会讨论迫使苏联将导弹从古巴境内撤走的办法，会上大家提出了各种解决方案。有人主张通过谈判方式解决问题，有人提出空袭古巴导弹基地，有人建议最好诉诸联合国。他们的意见由于不够成熟，被肯尼迪一一否决了。肯尼迪认为跟苏联谈判没有任何意义，苏联根本不会理会美国的态度，依旧会以各种理由继续在古巴部署导弹；空袭古巴导弹基地是一个冒险计划，空袭不可能将古巴境内的导弹全部摧毁，残留下来的导弹可能成为苏联及古巴大肆报复美国的工具，到时美国将付出惨重的代价，最严重的后果是美苏两国开展核战，人类有可能因为核打击走向毁灭；向联合国申诉通常不会有什么结果，无非是继续延续争吵不休的状态而已。

最后有人提出对古巴实施封锁，阻止苏联继续向古巴境内输送杀伤性武器，给苏联一定的压力，迫使其撤出在古巴部署好的导弹设施。肯尼迪认为这个计划可行，假如封锁成功，苏联将撤出导弹，封锁失败，美国可以再考虑替代方案。如此一来，美苏两国不会直接发生武装对峙，第三次世界大战也不会爆发，显然这样做是比较稳妥的。

在危急时刻，肯尼迪展现出了强硬的鹰派作风，他在电视上发表完演说之后，派出了大量的军舰和士兵封锁古巴。赫鲁晓夫大吃一惊，传令加快向古巴运送导弹的速度。美国快速出击，出动了庞大的舰队在古巴领海周围拉开了警戒线，将所有进入封锁区的航船全都拦截了下来。赫鲁晓夫很是愤怒，警告美国说，如果苏联的舰船遭到美国的无理拦截，苏联将毫不客气地予以回击。面对苏联的强硬表态，肯尼迪做出了更强硬的回应，他马上派出陆军第一装甲师挺进临近古巴的地区，又向另外5个师发布命令，让他们进入紧急戒备状态，在轰炸机上装载上核武器待命。当时肯尼迪并没有打算跟苏联进行一场核战争，他只是想通过恫吓的方式逼迫赫鲁晓夫撤走导弹。

赫鲁晓夫虽然一再对美国示强，但是也不想将事态扩大，因为苏联一旦和美国开战，就会背负引发第三次世界大战的罪名，再者，两大强国两败俱伤，不符合两国的利益。思来想去，赫鲁晓夫做出了退步，从古巴撤走了所有的导弹。美国及时做出了承诺，宣布今后绝不会再入侵古巴。一场有惊无险的危机终于过去了，虽然冷战还在继续，但是和平仍然是大国之间的共识，人类幸免于经历再一次浩劫，这是一件幸事。

超级大国的诞生

20世纪80年代末90年代初，国际格局发生了巨大的变化，随着东欧剧变、苏联解体等一系列事件发生，两极格局的时代彻底结束了，美国成为了世界上首屈一指的超级大国。随着欧盟、中国、日本、俄罗斯的崛起，一超多强的格局形成了。

有关苏联解体，至今流传着多种说法，有人认为美国总统里根推行"星球大战"计划，迫使苏联陷入了无休止的军备竞赛，拖垮了苏联的经济，最终导致了苏联解体。有人认为美国蓄意操纵国际上的石油价格，使得严重依赖能源出口的苏联陷入了困境，是苏联解体的关键原因。还有人认为美国固然在苏联解体的历史事件中扮演了某种重要角色，但促使苏联垮台的并非是外界因素，而是自身的原因。僵化的体制、失败的改革、思想和信仰上的混乱，都是使这个超级大国走向瓦解的原因。美国采取的一系列不利于苏联的行动，不过是压死骆驼的最后一根稻草罢了。

苏联的衰落和解体，使得美国成为了世界范围内无可匹敌的超级强国。无论在硬实力还是在软实力上，美国始终稳居世界首位。1993年，美国的GDP达到了6.3万亿美元，遥遥领先于其他国家。在军事方面，美国在1991~1995年期间，年平均军费支出3173.4亿美元。仰仗着强大的军事实力，美国开始无所顾忌地在全球推行霸权政策，扮演上了世界警察的角色。

自联合国体系和布雷顿森林体系（美元与黄金挂钩的金融体系），美国成功实现了政治和经济上的霸权。美国作为话语权最大的常任理事国，对联合国施加的影响力是不可估量的。在美苏争霸时期，美国利用自己在联合国的地位，成功聚集了多国军队组成了联合国军，时常对外发动战争。冷战结束以后，美国虽然不需要利用联合国拉拢盟国了，但是它依然非常重视和盟国保持亲密关系，一边加强"北约"组织（美国与西欧、北美国家建立的军事集团组织）的建设，一边拉拢解体的"华约"（苏联为了对抗北约，创建的国际军事联盟组织）成员国加入"北约"，不断地扩大自己的势力范围，最大限度地压缩俄罗斯战略空间，以防俄罗斯再度崛起，成为自己的竞争对手。

布雷顿森林体系奠定了美元的霸权地位，在相当漫长的时间里，它对美国的经济和世界经济产生了不可估量的影响。虽然尼克松总统最后向世界宣布美元与黄金脱钩，但美元的霸权地位从没有被撼动过，因为美国又设计出了更巧妙的金融制度，将美元和石油等大宗战略商品的定价权挂钩。从理论上说，美国政府可以根据自身的利益需要无限发行美元，美元对世界经济的操控能力不但没有降低，反而加强了。在对外贸易中，世界各国都以大量持有美元为荣，美国通过大额举债，实现了很多宏伟的目标，又通过使美元贬值，成功使债务缩水，减轻了自身的负担。

毫无疑问，美国是一个综合实力非常强大的国家，在实力不断增强的同时，扩张的欲望也随之蠢蠢欲动。凭借武力、购买等多种手段进行一系列扩张以后，美国已经变成了一个面积十分广大的国家，因此在新时期已经不需要耗费精力开疆拓土，但这并不意味着所有的扩张计划全面终止了。曾几何时，美国只想控制美洲，只想控制西半球；曾几何时，美国把目光从广袤的大陆移向了辽远的海洋；曾几何时，美国不甘心与苏联平分秋色，想要赢得全球霸权。苏联解体以后，美国迫切要实现的目标就是获得全球霸权，因此历届总统在制定战略时，不会局限于某个区域，而会囊括整个世界，美国对外战略就是全球战略。

由于与欧洲各国文化信仰方面一脉相承，美国的价值理念成为了西方世界的代表，美国当之无愧地成为了西方国家的领导者。